Heinrich Heine

Heine - Briefe

Zweiter Band

Verlag
der
Wissenschaften

Heinrich Heine

Heine - Briefe

Zweiter Band

ISBN/EAN: 9783957009241

Auflage: 1

Erscheinungsjahr: 2016

Erscheinungsort: Norderstedt, Deutschland

Hergestellt in Europa, USA, Kanada, Australien, Japan
Verlag der Wissenschaften in Hansebooks GmbH, Norderstedt

Verlag
der
Wissenschaften

Heine-Briefe

Gesammelt und herausgegeben von
Hans Daffis

· Zweiter Band ·

4. Auflage

Pan=Verlag   Berlin 1909

Die Übersiedelung nach Paris ist nicht nur im äußeren Leben Heines ein bedeutungsvoller Abschnitt, auch das Bild des Dichters und nicht zum wenigsten des Briefschreibers erhält wesentliche neue Züge. Naturgemäß wird die Art und Weise seiner Briefe nur allmählich eine andere, und es ist deutlich, wie er zunächst offensichtlich sich bemüht, den alten Ton festzuhalten; aber man mag etwa an den Briefen, die er in seiner Pariser Zeit an Varnhagen geschrieben, verfolgen, wie verhältnismäßig rasch Zeit und Ferne ihn wandeln. Jene plauderseligen „Briefe im Negligé-Gewand", die nicht den kleinsten Reiz der Briefe aus der Frühzeit Heine's ausmachen, werden seltener und seltener, ja sie verschwinden zuletzt so gut wie völlig; auch den Jugendfreunden, auch Mutter und Schwester gegenüber, ist er oft beinahe karg mit Worten. Manch ein festes Band, das ihn mit Menschen und Dingen seiner Lehr- und Wanderjahre verbunden hatte, wird loser und zerreißt am Ende ganz, auch da, wo er es nicht in unverständlicher Raschheit zerschneidet, wie er es Moses Moser, dem Beichtvater seiner Jugendzeit gegenüber getan hat. Schreibfaulheit ist nicht die ausschlag-

gebende Ursache, auch nicht der Mangel an Zeit, den
er einmal D e t m o l d gegenüber anführt: „Ich stehe
mit niemandem in Briefwechsel, aus dem Grunde, weil
ich nur kurz antworte auf lange Briefe, die mir nie
lang genug sind. Ihr aber, was Ihr nie bedenkt, seid
im geruhsamen Deutschland, wo jeder Tag 25 Stunden
hat; ich aber bin an einem Ort, wo die Zeit sich selber
kaum die Zeit nimmt, zu verfließen. Ich habe hier gar
keine Zeit." Die letzten Gründe, warum die ganze
Haltung seiner Briefe sich wandelt, sind die, daß ihm
die Gefährten seiner jüngeren Jahre ferner rücken, ihm
die Erinnerung an gemeinsam Durchlebtes blasser wird,
ohne daß Neues an die Stelle rückt und daß Heine selbst
hier in Paris, nach dem unruhigen Hin und Her der
Heimatjahre, langsam aber unaufhaltsam Wurzel faßt,
was nicht ohne Einfluß auf seinen Charakter und dessen
Äußerungen bleiben konnte. Er wird ruhiger und
sachlicher sich selbst und den andern gegenüber. Da, wo
er früher, oft allzu rasch, flüchtig einen langen Brief
heruntergekritzelt hatte, geht er nun mit sich selbst zu
Rate, und wenn er überhaupt davon schreibt, tut er es
in aller Kürze ab. So finden wir manchen guten Be=
kannten aus dem ersten Briefbande selten oder gar
nicht wieder; aber dafür tritt eine ganze Reihe neuer
Menschen in den Kreis der Korrespondenten. Zwar
niemand, dem er, wie einst Freund M o s e r, in gleich
behaglich egoistischer Breite alle die kleinen und großen
Nöte des Lebens beichtet oder den er, wie er es mit
I m m e r m a n n getan, als freudig begrüßten Gleich=
strebenden in alle Phasen seines literarischen Treibens
einführt, aber was seine Briefe vielleicht an intimstem

IV

Bekennen hier wie dort verlieren, gewinnen sie sicher an
Plastik des Gedankens wie des Stils. Waren sie vor=
her ein treuer Spiegel des eigenen Ich's, so werden sie
jetzt, darüber hinaus, ein lebendiges Stück Zeit=
geschichte. Heine hat sich, seine Mitspieler und ihre
Bühne mit geübtem Blicke scharf erfaßt und getreulich
geschildert. Hatte er in jenen frühen Briefen gleichsam
Augenblicksbilder von genialem glücklichen Wurf ge=
geben, so schenkt er uns nunmehr sorgsam ausgeführte
und durchdachte Werke, wie sie der Meister bildet. Auch
seine Sprache und sein Stil werden gleichmäßiger,
fester, klarer. Es ist, als ob im fremden Lande sein
Verantwortungsgefühl dem heimischen Sprachgut
gegenüber wächst.

*　　*　　*

Im Mai 1831 traf Heine nach mancherlei Um=
wegen in Paris ein und, nachdem er sich ein wenig ein=
gelebt hatte, beeilte er sich, den Freunden in der Heimat
Bericht zu erstatten. Seine Briefe sind zunächst wenig
hoffnungsfreudig und behaglich. Wenn man ihm auch,
wie er an Varnhagen schreibt, in Deutschland zuletzt
alle Lebensquellen vergiftet hat, so dauerte es doch ge=
raume Zeit, bis er in der Fremde wirklich heimisch wird.
Land und Leute gefielen ihm zwar im ganzen außer=
ordentlich und zu den einflußreichsten und angesehensten
Vertretern des geistigen Frankreichs bildeten sich bald genug
vertraute Beziehungen heraus, wie auch die länger oder
vorübergehend in Paris weilenden Deutschen zu seinem
Kreise gehörten. So traten Männer wie Hiller,

V

Berlioz, Chopin, Liszt, Meyerbeer, Mendelssohn, Rossini, Alexander von Humboldt, die große Schar der Saint-Simonisten, Mignet, Thiers, Guizot und viele andere ihm nahe. Die einen tauchten nur flüchtig auf, um rasch wieder zu verschwinden, mit anderen knüpften sich aber dauernde Bande. Auch alte Bekannte wie Michel Beer, Graf Breza und vor allem Börne, mit dem es aber bald zu einer Entfremdung kam, stellten sich ein. Im öffentlichen Leben, in Politik und Presse wehte ihm eine freiere, frischere Luft entgegen. Nicht lange dauerte es, da war er so etwas wie ein Vermittler zwischen deutscher und französischer Art und Kunst geworden, indem er dort im „Morgenblatt" und der „Allgemeinen Zeitung", hier in der ‚Europe littéraire‘ fortlaufende Berichte veröffentlichte. So sind auch die größeren Arbeiten Heines, die in diesen ersten Pariser Jahren entstanden, die ‚Französischen Zustände‘, die ‚Romantische Schule‘, der ‚Salon‘ mehr oder minder umgearbeitete und erweiterte Zusammenfassungen dieser journalistischen Tagesausbeute. Auch sein körperliches Befinden scheint durch den Ortwechsel günstig beeinflußt worden zu sein. Zwar hören die alten Klagen über quälenden Kopfschmerz nicht auf, aber sie werden seltener und ein wiederholter Aufenthalt am Meer schafft Linderung.

Von entscheidender Bedeutung für Heines Leben wurde im Herbst des Jahres 1834 die Bekanntschaft mit Creszentia Eugenie Mirat, die auf dem Lande groß geworden, augenblicklich Verkäuferin in einem Schuhwarengeschäft war. Sie war neunzehn Jahre alt und wußte den fast doppelt so alten Heine durch die Schönheit ihrer äußeren Erscheinung und die Anmut ihres Wesens völlig zu bezaubern und gab sich ihm willig hin, da sie seine rasch entflammte Liebe leidenschaftlich erwiderte. Nachdem der erste wilde Taumel der Sinne vorüber war, kam es im nächsten Jahre, als die ungleichen Charaktere der beiden hart aneinander geraten waren, zu einer Trennung. Heine atmete zunächst auf: „Ich glaube, mein Geist ist von aller Schlacke jetzt endlich gereinigt; meine Verse werden schöner werden, meine Bücher harmonischer", schreibt er in dieser Zeit, die er zum Teil auf dem gastfreien Schlosse der ihm befreundeten Fürstin Belgiojoso, zum Teil am Meer in neuer Arbeit verbrachte. Aber, bei der Rückkehr nach Paris wurde die alte Glut wiederum rasch entfacht, und er entschloß sich mit „Mathilde", (so nannte er die Geliebte) eine gemeinsame Wohnung zu mieten und betrachtete sie völlig als seine Gattin. Trotz allem Gegensätzlichen der beiden Naturen ist er ihr Zeitlebens treu und leidenschaftlich ergeben geblieben. Für die vielen liebenswürdigen Seiten ihres Charakters und Temperaments war er herzlich dankbar, gegen ihre kleinen und großen Schwächen war er von Anfang an nachsichtig und wurde es immer mehr. Von seiner Liebe und seinem Zusammenleben mit Mathilde spricht Heine oft in seinen Briefen, aber so oft er unter den ungestümen Launen der wenig ökonomischen „Verbringerin", wie er sie mit Vorliebe nennt, zu leiden gestehen muß, immer wieder bricht das Glück über ihre Nähe und ihren Besitz hindurch. Und mehr! Der oft kleinliche Eigennutz seiner jüngeren Jahre, den seine

Briefe nur allzu lebhaft spiegelten, tritt bescheiden zurück hinter der ehrlichen Sorge um den Lebensunterhalt und die Zukunft der Gefährtin seines Lebens, noch bevor er ihren Bund durch eine förmliche Eheschließung legitimiert hatte. Auch neuen Arbeitsmut bringt ihm das Bewußtsein, daß er nun für zwei Menschen zu sorgen habe. Die „Florentinischen Nächte" werden begonnen und im Folgejahre beendigt, an den „Memoiren" wird gearbeitet, allerlei Lyrisches entsteht, aber für eine Biographie Grabbes, eine Gesamtausgabe der eigenen Werke, eine große Pariser Zeitung endlich, bleibt es, trotz allerlei Vorarbeiten, beim Entwurfe. Nicht wenig mochten dazu die Verfolgungen beitragen, denen seine literarischen Freunde im deutschen Vaterlande ausgesetzt waren. Durch diese Verfolgungen, die ihnen voraufgehenden Angriffe Wolfgang Menzels und die ihnen folgenden Bundestagsbeschlüsse war Heine mit einem Schlage eines der Hauptmitglieder einer durch gemeinsame Not zusammengeschmiedeten literarischen Gruppe, des „Jungen Deutschlands" geworden. Auch ihm spielt die Zensur mit, und die Briefe an Campe in dieser Zeit sind voller Klagen über die Verstümmelungen, welche seine Werke erfahren.

Eine ernstliche Erkrankung drängten alle Pläne vorläufig zurück; auch das Erscheinen des dritten Teils des „Salons", in dessen Vorrede er mit Menzel ins Gericht ging, verzögerte sich bis zum Sommer 1837. Das Bestreben und der Zwang, sich neue Geldquellen zu erschließen, brachte ihm den Gedanken einer vollständigen Sammlung seiner Schriften, die ein großer literarisch-persönlicher Rechenschaftsbericht, „der Roman seines Lebens" eröffnen sollte, immer wieder nahe und ließ ihn mit Campe einen Vertrag schließen, in welchem er ihm das alleinige Verfügungsrecht über seine Schriften für 20 000 Franks vorläufig auf elf Jahre verkaufte. Später, als er Mathilde geheiratet hatte und sie, bei wachsender Kränklichkeit, für den Fall seines Ablebens sichern wollte, schloß er einen neuen Vertrag, der eine jährliche Rente verhieß, die auch seiner Witwe verbleiben sollte. Sein körperliches schlechtes Befinden stellte alle Entwürfe, wie den Plan eines Almanachs, einer größeren Anthologie, die Proben der deutschen schönen Literatur seit Goethes Geburt enthalten sollte, eine literarische Monatsschrift und anderes immer wieder in Frage. Zu den nervösen Kopfschmerzen, seinen alten Begleitern, waren Läh= mungserscheinungen und quälende Augenschmerzen ge= treten. Immer wieder suchte er — wie einst in der Jugend — Heilung am Meer und Shakespeare wie die Bibel sind seine Lektüre. So waren diese Jahre im ganzen wenig produktiv. Eine Einleitung zum „Don Quichotte", der begleitende Text zu einer Sammlung von Stahlstichen, „Shakespeares Mädchen und Frauen", waren Lohnarbeiten, der „S c h w a b e n s p i e g e l", jene Abrechnung mit den ihn befehdenden Dichtern der sogenannten „Schwäbischen Schule" und der „offene Brief" in der Zeitung für die elegante Welt: „Schriftstellernöten", in dem er gegen Campe, der seine Werke nicht allzu willig und geschickt der Zensur gegen= über vertreten hatte und in dem von ihm verlegten „Telegraphen", der unter Gutzkows Redaktion er=

schien, den Feinden des Dichters Raum gegeben hatte,
auftrat und ihm Bundesgenossenschaft mit seinen Gegnern vorwarf, im letzten Grunde rein persönliche Er-
klärungen, über die sich sein Buch über „Börne",
das von der Anklage gegen einen Einzelnen ein Feldzug
gegen eine ganze Geistesrichtung wurde, weit erhob.

Der „Börne" erschien im Juli 1840 und brachte
Angriffe von allen Seiten. Ja, das Buch führte schließ-
lich sogar zu einem Duell mit Salomon Straus,
dem Manne der von Heine ungerechtfertigterweise in
dem Buche angegriffenen Freundin Börnes, die damals
noch Frau Wohl hieß. Unter dem Drucke eines un-
gewissen Ausganges dieses Zweikampfes hatte Heine
sich am 31. Juli 1841 mit Mathilde trauen lassen.
Er ging nun eifriger wieder an die Arbeit, nahm vor
allem die Tätigkeit an der „Allgemeinen Zeitung" wieder
auf (unter dem Namen „Lutezia" hat er die Berichte dieser Jahre später gesammelt). Ein Buch über
die Julirevolution blieb allerdings im Entwurfe stecken,
aber der „Atta Troll" wurde verhältnismäßig
rasch abgeschlossen und die lyrische Ausbeute dieser
Jahre war nicht unbedeutend. Aber gerade in dieser
Zeit tüchtigen Schaffens nahm ihm das alte Augenübel, das sich mit einer partiellen Lähmung der Gesichtsmuskeln verband, die Feder bald wieder aus der Hand.
Todesgedanken, die ihm all die Jahre nie gefehlt hatten,
wurden nun, auf der Höhe des Lebens und Schaffens,
besonders drängend. So entschloß er sich, im Oktober
1843, nach zwölfjähriger Abwesenheit, die Heimat und
vor allem Hamburg wiederzusehen. Glückliche Tage
verbrachte er im engsten Familienkreise, mit der zärt-

lich geliebten Mutter und Schwester. Zu Salomon
Heine stellten sich gute Beziehungen her, seine Jugend=
liebe Therese Halle sah er wieder. Auch geschäftlich
hatte er Erfolge, in dem er jenen erwähnten neuen
Verlagsvertrag mit Campe zustande brachte, der eine
jährliche Rente von 2400 Fr. sicherte. Dieser Aufent=
halt in Hamburg bedeutete für ihn und Mathilde die
erste längere Trennung seit Jahren und die Briefe, die
er ihr in dieser Zeit geschrieben, sind in ihrer Mischung
von tändelnder Zärtlichkeit, aufrichtiger Besorgnis und
leidenschaftlicher Hingebung das beredteste Zeugnis für
die Wärme und den Ernst seiner Empfindung. Der lite=
rarische Ertrag seiner Reise war der Plan zu
„Deutschland, ein Wintermärchen“,
das in den ersten Monaten des neuen Jahres entstand,
in dem er wiederum, im Juli, nach Hamburg reiste, dies=
mal in Begleitung seiner Frau, die allerdings nach
kurzer Zeit, an das Krankenbett ihrer Mutter gerufen,
nach Frankreich zurückkehrte. Aus der Kritik der
sozialen und politisch=kulturellen Zustände in Deutsch=
land, die er nun wieder genauer kennen gelernt hatte,
gingen die „Briefe über Deutschland“ hervor. Schon
während seiner Anwesenheit in Hamburg war der Ge=
sundheitszustand seines Oheims Salomon bedenklich ge=
wesen, gegen Ende des Jahres 1844 erhielt Heine die
Nachricht von seinem Tode. Damit begann der lang=
wierige, viel Staub und Schmutz aufwirbelnde Erb=
schaftsstreit. Zwar zunächst war der Dichter in dieser
Beziehung ganz beruhigt. Aber bald erfuhr er, daß
der Verstorbene von einer Weiterzahlung der Pension
in seinem Testamente nicht gesprochen, sondern ihm nur

ein kleines Legat ausgesetzt habe. Sein Vetter Karl Heine erklärte zwar, einen Teil der Rente weiterzahlen zu wollen, aber unter für Heine so beschämenden Bedingungen, daß er nicht darauf eingehen mochte. Er rief Freunde und Gönner in der Heimat als Helfer und Zeugen auf, und bestand darauf, die Pension in Höhe von 4800 Franken, die nach seinem Tode zur Hälfte seiner Frau verbleiben sollte, weiter zu beziehen, verpflichtete sich dagegen, nie eine Zeile zu schreiben, die seine Familie verletzen könnte. Aber erst im Februar 1847 konnte er der Mutter den günstigen Abschluß der Angelegenheit melden: „Mit Karl Heine bin ich ganz aufs Reine, ja, ich bin sogar sehr mit ihm zufrieden. Nicht bloß, daß er mir die Pension, ganz wie ich sie früher von seinem Vater bezogen, bis an mein Lebensende auszahlt, sondern er hat mir noch außerdem das feierliche Versprechen erteilt, daß nach meinem Tode (Gott erhalte mich!) die Hälfte der Summe, nämlich 2400 Franken, als lebenslängliche Pension auf meine mich überlebende Frau übergehen solle." Die Unsicherheit seiner äußeren Lage und wachsende Kränklichkeit hatten in den Jahren nicht allzu viel Poetisches zur Reife kommen lassen. Die „Neuen Gedichte" erschienen und brachten zugleich das Wintermärchen, der Text zu zwei Balletts „Die Göttin Diana" und „Faust" wurde entworfen, Gedichte überarbeitet und neu entworfen. Aber es fehlte die rechte Lust und Kraft zum Schaffen. Die Lähmungserscheinungen, die eine Zeitlang nachgelassen hatten, wurden stärker und Heine selbst, der immer noch gehofft hatte, wurde kleinlaut. So schrieb er etwa

an Campe: „Meine Meinung geht dahin, daß ich nicht
mehr zu retten bin, daß ich aber vielleicht noch eine
Weile, ein oder höchstens zwei Jahre, in einer trübseligen Agonie mich hinfristen kann." Freunde aus der
Heimat, wie L a u b e , die ihn längere Zeit nicht gesehen hatten, waren ganz entsetzt über die Veränderung,
die mit ihm vorgegangen war. In Deutschland ging die
Nachricht von seinem Ableben durch die Blätter, und
Heine konnte seinen eigenen Nekrolog lesen. Vor Ausbruch der Februarrevolution wurde er in eine Heilanstalt gebracht und die Wirren und Krisen, der „Welt
Kuddelmuddel", erschreckten ihn, der einst revulutionäre
Bestrebungen lebhaft ermuntert hatte, nun auf dem
Krankenbette in der heftigsten Weise. Eine neue Erschütterung brachte wenige Monate später die Zeitungsfehde gegen ihn, die wegen der Pension losbrach, die er
seit Jahren aus den Fonds der Regierung Ludwig
Philipps bezogen hatte. Eine anscheinende Besserung
seines Befindens ließ sehr bald wieder nach, auch ein
längerer Landaufenthalt brachte keine Linderung. Er
kehrte nach Paris zurück und sah mit erstaunlicher Ruhe
und Würde dem Unabwendbaren entgegen. Merkwürdig reich strömte in diesen Leidensjahren der Quell
seiner Lieder die im „Romanzero" gesammelt, ihren
Siegeszug antraten. Daneben war es ihm eine Herzensangelegenheit, vom eigenen Leben und Streben zu erzählen. Viel Liebe und Sorgfalt umgab ihn. Seine
Frau wurde ihm eine treue Pflegerin. Und noch einmal, kurz vor der Schwelle des Todes, ergriff ihn, dem
die Frauen im Leben so viel gegeben und versagt hatten,
eine leidenschaftliche Neigung. 1855 lernte er seine

XIII

„Mouche", Elise Krinitz, kennen, die unter dem Namen
Camille Selden lebte. In der geistvollen Beweglich-
keit und reizbaren Zartheit ihrer romantischen Natur
fand er sein Frauenideal noch einmal verkörpert. Ihm
galten seine tiefsten, letzten Lieder. Die Briefe an die
Mouche sind der wundervolle Epilog dieser Sammlung.

————————

Heine-Briefe

1. An Varnhagen von Enſe.

Paris, den 27. Juni 1831.

Lieben Freunde!

La force des choses! Die Macht der Dinge! Ich habe wahrhaftig nicht die Dinge auf die Spitze geſtellt, ſondern die Dinge haben mich auf die Spitze geſtellt, auf die Spitze der Welt, auf Paris — ja, geſtern morgen ſtand ich ſogar auf der Spitze dieſer Spitze, auf dem Pantheon. „Aux grands hommes la patrie reconnaissante!" ſo, glaube ich, lautet wieder die goldene Inſchrift. — Welcher Hohn! Die kleinen Menſchen errichten ſolche Tempel für die großen Menſchen nach ihrem Tode — man ſollte ſolche Inſchriften lieber auf Véry's Reſtauration ſetzen, und die großen Männer bei Lebzeit gut füttern, ſtatt ſie nach ihrem Hungertode oder ſonſtigen Qualtode zu verehren. Aber Véry iſt das Pantheon der lebenden kleinen Menſchen und da ſitzen ſie und eſſen und trinken und erfinden ironiſche Inſchriften.

Der arme Lafontaine hat in Chateau-Thierry, ſeiner Vaterſtadt, eine Marmorſäule, die 40 000 Fr.

gekoſtet. Ich lachte herzlich, als ich ſie im Vorbeifahren
ſah. Der arme Schelm verlangte bei Lebzeiten ein Stück
Brot, und nach dem Tode gibt man ihm für 40 000 Fr.
Marmor. Jean Jacques Rouſſeau und ähnliche
Menſchen, die in ihrem Leben kaum ein Dachſtübchen
erlangen konnten, denen dediziert man jetzt ganze
Straßen. — Ich will Ihnen heute nur Unſinn ſchreiben;
denn ſchreibe ich Ihnen etwas Sinniges, und der Brief
kömmt in unrechte dumme Hände, könnte er Sie kom‐
promittieren. Ich will Ihnen überhaupt deshalb nicht
mehr ſchreiben; haben Sie mir mal was zu ſagen, ſo
laſſen Sie mir's wiſſen unter Madame Valentins oder
Maurice Schleſingers Adreſſe. Oder ſchreiben Sie
mir per Adreſſe des Dr. Donndorf, à l'Hôtel d'Hollande, rue neuve des bons enfants à Paris. Ja, dieſe
letztere iſt meine Hauptadreſſe und die ſicherſte, wenn
man ſonſt keine königl. preuß. Poſtamtseinbiskretion zu
fürchten hat. Ich bin umgeben von preußiſchen
Spionen; obgleich ich mich den politiſchen Intrigen
fernhalte, fürchten ſie mich doch am meiſten. Freilich,
da man mir den Krieg macht, ſo wiſſen ſie, daß ich
losſchlage, und zwar nach beſten Kräften.

Ach, vor ſechs Monaten ſah ich alles voraus und
hätte mich gern in die Poeſie zurückgezogen und anderen
Leuten das Schlächterhandwerk überlaſſen — aber, es
ging nicht, la force des choses, wir werden auf die Spitze
getrieben.

In Frankfurt, wo ich acht Tage mich aufhielt und
mehrere Kongregationiſten ſprach, entdeckte ich die
Quellen mancher eigener Übel, die mir unerklärlich
waren. Ich habe zuletzt in Hamburg ein unerquickliches

2

Leben geführt, ich fühlte mich nicht sicher, und da mir
eine Reise nach Paris schon längst im Gemüte dämmerte,
so war ich leicht beredet, als mir eine große Hand gar
besorglich winkte. Indessen: Fliehen wäre leicht, wenn
man nicht das Vaterland an den Schuhsohlen mit sich
schleppte! Ich parodiere Danton mit Schmerzen. Es
ist schmerzlich, im Luxemburg spazieren zu gehen und
überall ein Stück Hamburg oder ein Stück Preußen
oder Bayern an den Schuhsohlen mit sich herumzu=
schleppen.

Ich bleibe wahrscheinlich noch vier Wochen hier,
dann geh' ich nach Boulogne ins Bad, und dann hierher
zurück — auf wie lange? Es kann mir hier nicht
schlechter gehen, wie in der Heimat, wo ich nichts als
Kampf und Not habe, wo ich nicht sicher schlafen kann,
wo man mir alle Lebensquellen vergiftet. Hier freilich
ertrinke ich im Strudel der Begebenheiten, der Tages=
wellen, der brausenden Revolution; obendrein bestehe
ich jetzt ganz aus Phosphor, und während ich in einem
wilden Menschenmeer ertrinke, verbrenne ich auch durch
meine eigene Natur. Leben Sie und Frau von W. recht
lieb und wohl, vergessen Sie mich nicht. Trübe
Ahnungen beklemmen mich.

2. An Moses Moser.

Paris, den 27. Juni 1831.

Dein Bruder hat mir gestern Deinen Brief vom
25. Mai überbracht. Du willst mein Stillschweigen
als eine Poeteneitelkeit ausbeuten, diesen Irrtum muß

ich Dir entziehen. Ich war nie empfindlich über irgend
ein Urteil von Dir, das den P o e t e n betraf; auch
ob Du irgend eine meiner Handlungen, die ich als
M e n s ch übte, getadelt oder gelobt hast, war mir, wenn
auch nicht gleichgültig, doch keineswegs verletzlich; ich
bin überhaupt weder von Dir verletzt, noch beleidigt,
und mein Stillschweigen ist keine stumme Klage. Ich
klage nur über die Götter, die mich so lange Zeit in
Irrtum ließen über die Art, wie Du mein Leben und
Streben begriffest. Du hast letzteres nicht verstanden,
und das ist es, was mir Kummer macht. Du verstehst
es noch nicht, hast nie mein Leben und Streben ver=
standen, und unsere Freundschaft hat darum nicht auf=
gehört, sondern vielmehr nie existiert. Wir verlangen
von einem Freunde nie Beistimmung, sondern Ver=
ständnis unserer Handlungen, er mag sie loben oder
tadeln je nach seinen eigenen Prinzipien, aber immer
soll er sie verstehen, ihre Notwendigkeit begreifen, von
unserem besonderen Standpunkte aus, wenn auch der
seinige ganz verschieden ist. —

Leb wohl, besorge Einlage nicht durch die Stadt=
post, sondern durch besondere Zuschickung, und sei über=
zeugt von meiner Achtung und Liebe.

3. An den Grafen Magnus v. Moltke.

Paris, den 25. Juli 1831.

Herr Graf!

Die Schrift, die ich gegen Sie herausgegeben, ist
mir selbst noch nicht zu Gesicht gekommen. Besitzen Sie

4

dieselbe, so würden Sie mich sehr verpflichten, wenn Sie sie mir s o b a l d a l s m ö g l i ch auf einige Stunden leihen wollten. Die Einleitung ist leider in Haß und Leidenschaft geschrieben, und es ist beim Druck noch allerlei Mißliches vorgefallen. Es ist möglich, daß ich die Schrift in dieser Gestalt noch desavouieren muß. Auf jeden Fall, sind Sie, Herr Graf, etwa nicht glimpflich genug darin behandelt, so bitte ich Sie um Verzeihung. So viel ich mich erinnere, konnte ich in dem Lob, das Ihnen der Verfasser persönlich spendet, keine Ironie entdecken.

Ich will mir gern morgen früh das Vergnügen machen, Sie zu besuchen.

Mit Hochachtung und Ergebenheit

H. H e i n e.

4. An Johann Friedrich v. Cotta.

Paris, den 31. Oktober 1831.

Herr Baron!

Ich kann es kaum aussprechen, wie sehr ich erfreut war, als mich Herr Donndorf von Ihren freundschaftlichen Gesinnungen versicherte und gar, als Kolb, dem ich immer unbedingt traue, mir die Versicherung erteilt, daß diese Gesinnungen nie unterbrochen gewesen und daß ich mich über obwaltendes Mißverständnis nur frei gegen Sie auszusprechen brauche, um es bald beseitigt zu sehen.

Sie dürfen, Herr Baron, bei einem deutschen Schriftsteller voraussetzen, daß er nicht einmal die

Schändlichkeiten, die man seinen Feinden nachsagt, so
genau im Gedächtnisse behält, wie dasjenige, was er in
betreff seiner Honorare verabredet hat. . . . . Jetzt
bin ich beruhigt. Ich hoffe, wir stimmen überein. Ich
will gern bei Ihnen hoch angeschrieben sein, aber nicht
in Ihrem Schuldbuche, wenn auch der ganze deutsche
Parnaß darin paradiert. Ich lasse mich nicht gern auf
diese Weise in der Tasche tragen, wenn es auch sonst
nicht drückend ist. In Geldsachen bin ich ein
Philister, ... zumal in Zeiten wie die jetzigen!
Trübselige Umstände machen es nötig, daß ich noch eine
Reihe Jahre in fremden Ländern herumwandern muß,
das Leben in Paris, wo ich so lang als möglich bleiben
will, ist just nicht wohlfeil, auf viele frühere Ressourcen
muß ich verzichten, und seit der großen Woche bin ich
sehr reduziert worden, ebenso gut, wie meine meisten
Freunde in Berlin und Hamburg, die alle viel Geld
eingebüßt. Auch hier ist das Geld bei den reichsten
Leuten sehr geschmolzen, mehr als man ahnt. Ach, lieber
Baron, der Reichtum hat freilich, im großen Wochen=
bette, die Freiheit zur Welt gebracht, aber diese Freiheit
hat ihrer Mutter das Leben gekostet. Hier ist jetzt alles
still. Wird es lebhafter und passiert etwas Bedeutendes,
so sollen Sie darüber Berichte für die „Allgemeine
Zeitung" erhalten, wie ich Kolb versprach, der mich
versicherte, daß ich Sie bereit finde, meine Bedingungen
für solche Mitteilungen zu genehmigen. Zur Einleitung
einer solchen Korrespondenz will ich schon morgen den
ersten Brief schreiben. Ganz große ausgearbeitete über
die politischen Zustände hierselbst denke ich späterhin
ebenfalls für die „Allgemeine Zeitung" zu schreiben, wie

letztere derselben, nach Kolbs Meinung, für die Zukunft
bedarf, und für solche große Arbeiten verlange ich ein
Honorar von zehn Carolin für den Druckbogen.

Ich weiß nicht, inwieweit nach dem Abdruck des
überschickten Gemäldeberichts meine obenerwähnte Verpflichtung in betreff einer Lieferung von sechs bis
sieben Bogen für das „Morgenblatt" erfüllt ist; ist dies
der Fall, so wünsche ich über zirka fünfzehn Carolinen,
die mir alsdann noch zukommen werden, gelegentlich zu
verfügen. Kolb hat mir versprochen, daß Sie sich für
jenen Aufsatz bei der Zensur besonders interessieren
würden, damit ich nicht verstümmelt werde. Ich habe
dem Aufsatz ein koloriertes Bild, welches sich darauf
bezieht, hinzugefügt, und bitte Sie, solches der Frau
Baronin v. Cotta zu übergeben, damit sie sich dieses
entfernten Schützlings freundlich erinnere. Ich wünsche,
wenn Kolb von England zurückkehrt, ihn zu persua-
bieren, länger, als er beabsichtigt, in Paris zu verweilen,
um für die Zukunft sich publizistische Quellen zu erwerben. Denn ist auch die „Allgemeine Zeitung" das
beste Blatt Deutschlands, so wimmelt es doch von Spe-
kulanten, die schon jetzt eine Rivalisation mit ihr angetreten hätten, wäre nicht plötzlich die politische Luft
verfinstert worden, die aber immer noch ihre Pläne in
der Tasche tragen. Ich kann dieses besser als jeder
andere wissen, da dergleichen Leute, indem sie mich
irrigerweise für betriebsam halten, mich mit ihren Anträgen beständig belästigen. Besonders in der großen
Form der französischen Journale möchten sie gern Zeitungen herausgeben, an den Fonds, die in französischer
Aktienweise zusammengeschossen werden, fehlt es nicht,

es fehlt nur an der Hauptsache, an den politischen
Federn, deren Deutschland noch lange entbehren wird.
An deutschen Schriftstellern mangelt es hier nicht, und
ihr Gespräch ist unerträglich. Wenn Köchinnen zu=
sammenkommen, so sprechen sie über ihre Herrschaft, und
wenn deutsche Schriftsteller zusammenkommen, so
sprechen sie über ihre Verleger. Auch an Repräsentanten
des deutschen Buchhandels fehlt es hier nicht. Wir
haben deren sogar mit Schnurrbärten . . . . . ,

5. An Johann Friedrich v. Cotta.

Paris, den 1. März 1832.

    Herr Baron!

    Kolbs Abreise hat mir sehr leid getan, er wird
wohl bereits dort angelangt sein und meine freund=
lichsten Grüße überliefert haben. Er wird Ihnen, Herr
Baron, auch von der Unbequemlichkeit meiner hiesigen
Stellung unter den Patrioten erzählt haben, und Sie
werden dadurch einsehen, daß bei meinen Aufsätzen,
deren Vertretung nach unten weit schwieriger ist, als
nach oben, eine ungewöhnlich gnädige Zensur statt=
finden muß. Den beiliegenden Aufsatz, den ich schon
selber hinlänglich zensiert, und worin keine einzige
Äußerung über deutsche Interessen vorhanden, hoffe ich
unverändert gedruckt zu sehen. Ich hoffe, er gefällt;
er ist auf jeden Fall besser als der vorhergehende und
entspricht den Wünschen Kolbs, der in den Ton der
„Allgemeinen Zeitung" mehr Leben bringen will. Dies
tut wahrlich not. Die Staatszeitung in Preußen hat

8

schon gefühlt, daß sie wenigstens den ästhetischen Nei=
gungen ihres Publikums nachgeben muß, und sie sucht
es durch Literatur=Artikel zu kirren. Die Blätter der
„Freien Presse“ bedürfen kaum des guten Stils, da sie
die Menge durch das Leben selbst hinreißt. Mit einem
Abgeordneten der Zweibrückener freien Preßhefte hat
Kolb eine Entrevue gehabt, wovon er Ihnen in betreff
der „Allgemeinen Zeitung“ wohl gesprochen. Hier hat
sich unterdessen eine Assoziation für freie Preßblätter
gebildet, die schon viele hundert Glieder zählt, und wobei
mein Name als Lockvogel, mehr als mir lieb ist, ge=
braucht worden. Der Republikanismus der „Tribünen“=
Leute ist mir fatal, und ich sehe schon die Zeit heran=
nahen, wo sie mich als Verteidiger der Institution des
Königtums noch bitterer befehden werden als andere;
aber es geschieht den Königen ganz recht, sie haben die
Liberalen, die nur gegen Adel und die Pfaffenherrschaft
eiferten, nicht hören wollen, und jetzt bekommen sie den
blutigsten Jakobinismus auf den Hals. Es bleibt ihnen
am Ende nichts übrig, als sich in ihre Purpurmäntel
zu hüllen und wenigstens mit Anstand unterzugehen.
Wir Gemäßigten gehen mit zugrunde, und damit büßen
wir vielleicht ab, was in unserem Oppositionsstreben
zuweilen nicht aus den reinsten Absichten entsproß. Über
kurz oder lang wird in Deutschland die Revolution
beginnen, sie ist da in der Idee, und die Deutschen haben
nie eine Idee aufgegeben, nicht einmal eine Lesart; in
diesem Lande der Gründlichkeit wird alles, und dauere
es noch so lange, zu Ende geführt. Hier ist es still.
Zwiespalt zwischen den Kammern, woran das Volk
keinen Anteil nimmt. — Leben Sie wohl, Herr Baron,

grüßen Sie mir allerbestens Frau v. Cotta, die geist=
reich edle Dame. — Passierte nur etwas Wichtiges,
so sollten Sie öfter von mir Briefe haben.

Hochachtungsvoll verbleib ich unterdessen Ihr er=
ergebener   H. Heine.

6. An Friedrich Thiersch.

Paris, den 15. März 1832.

Mein teurer, hochgeehrter Herr Hofrat!

Ich ergreife mit Vergnügen die Gelegenheit Ihnen
meine heitersten Grüße zukommen zu lassen. Der Über=
bringer ist Herr Prevost, ein Schweizer von gutem
Geiste und schönem Willen, der deutsche Philosophie
studiert und wegen letzterer nach Deutschland reist. Er
verdient die freundlichste Anerkennung für Bestrebungen,
die für die Verbindung des französischen und des deut=
schen Volks von ernster Wichtigkeit sind. — Sie, lieber
Hofrat, haben unterdessen Griechenland erobert, und im
Geiste habe ich Sie auf Ihren Reisen mit Liebe überall
gefolgt.

Was mich betrifft, ich habe unterdessen, seit neun
Monaten hier in Paris, die großen Dinge erwarten
helfen, die noch nicht passiert sind. Sie werden aber
endlich passieren, und ich werde sie ruhig und un=
parteiisch beschreiben, wie es meines Amtes ist. Die
Vorstudien zur Geschichtschreibung der Gegenwart be=
schäftigen mich unablässig. Schwerlich ermüßige ich
die Zeit zu meinem Vergnügen mal wieder nach München

zu kommen. Es wäre aber hübsch, wenn Sie mal her=
kämen; wenigstens sähen Sie, wie hier alle Poesie auf
konstitutionellem Wege zugrunde gerichtet wird. —
Leben Sie wohl, empfehlen Sie mich Frau Hofrätin
und bewahren Sie mir Ihre freundschaftliche Gesinnung.

Mit Hochachtung und Ergebenheit

H. Heine.

7. An Varnhagen von Ense.

Paris, Mitte Mai 1832.

Lieber Varnhagen!

Schon an die zwei Monat schleppe ich mich mit
dem Gedanken, Ihnen zu schreiben. Aber da kam
unterdessen die vermaledeite Cholera, und jetzt leide ich
ungewöhnlich heftig, seit 14 Tagen, an meinem Kopfe.
Wiewohl ich, auf innigstes Verständnis rechnend, keines=
wegs glaube, daß Sie mein langes Stillschweigen miß=
deuten könnten, ist es mir doch drückend, Ihren letzten
Brief ohne danksagende Beantwortung zu lassen, und
diese Zeilen haben nur die flüchtige Absicht, Sie freund=
lich zu grüßen. Ich bedarf des Bewußtseins Ihrer und
Frau v. Varnhagens Teilnahme jetzt noch ebenso sehr,
wie im Beginne meiner Laufbahn; denn ich stehe jetzt
ebenso einsam in der Welt, wie damals. Nur daß ich
jetzt mehr Feinde habe, welches zwar immer ein Trost,
aber doch kein genügender ist. — Sie können mir, wenn

Sie wollen, jetzt auch öfter schreiben, ohne Furcht vor
kompromittierenden Interzeptionen; ich stehe jetzt auf
Friedensfuß mit allem Bestehenden, und wenn ich auch
noch nicht desarmiere, so geschieht es nur der Dema=
gogen wegen, gegen welche ich einen schweren Stand
hatte und noch habe. Diese Leute, aller Mäßigung
feind, wollten, als ich mich zu keinem Mitwahnsinn
verstand, mich durchaus zwingen, als Tribun abzu=
danken. Dazu hatte ich aber keine Lust. — Jetzt hat
mich gottlob die Cholera von manchem überlästigen Ge=
sellen befreit, nämlich die Furcht vor derselben. — Es
war nicht eigentlicher Mut, daß ich nicht ebenfalls von
Paris entfloh, als der panische Schrecken einriß; ehr=
lich gesagt, ich war zu faul. — Börne hatte längst
reisen wollen, und man tut ihm unrecht, wenn man
seine Abreise der Furcht beimaß. Indessen, ich hatte ihn
vierzehn Tage vorher nicht gesehen, wir stehen sehr
schlecht, er hatte einige jakobinische Ränke gegen mich
losgelassen, die mir sehr mißfielen. Ich betrachte ihn
als einen Verrückten. — Wenn meine Artikel in der
„Allgemeinen Zeitung" Ihnen gefallen, ist es für mich
tröstlich. Denn ich traue ihrem Werte nicht; ich schrieb
sie, teils um mich auch auf diese Weise geltend zu machen,
teils des baren Vorteils wegen. Halten Sie es der
Mühe wert, ein Dutzend solcher Artikel als Buch später=
hin in die Welt zu jagen? Es ist eine wenig gebrauchte
Form. Ich beschäftige mich jetzt viel mit der franzö=
sischen Revolutionsgeschichte und dem Saint=Simonis=
mus. Über beide werde ich Bücher schreiben. Ich muß
aber noch viel studieren. Habe jedoch im letzten Jahre
durch die Anschauung des Parteitreibens und der saint=

simonistischen Erscheinungen sehr vieles verstehen ge=
lernt: z. B. den „Moniteur" von 1793 und die Bibel.
Mir fehlt jetzt nur Gesundheit und eine sorglose Existenz.
Hatte unterdessen manchmal Gelegenheit, mir eine solche
zu erwerben, aber es sollte unter Bedingungen geschehen,
wogegen ich, nicht als Patriot, sondern als vornehmer
Mann, eine bestimmte Repugnanz hatte. — Was Sie
mir in betreff des St. Simonismus schreiben, ist ganz
meine Ansicht. Michel Chevalier ist mein sehr lieber
Freund, einer der edelsten Menschen, die ich kenne. Daß
sich die St. Simonisten zurückgezogen, ist vielleicht der
Doktrin selbst sehr nützlich; sie kommt in klügere Hände.
Besonders der politische Teil, die Eigentumslehre, wird
besser verarbeitet werden. Was mich betrifft, ich in=
teressiere mich eigentlich nur für die religiösen Ideen,
die nur ausgesprochen zu werden brauchten, um früh
oder später ins Leben zu treten. Deutschland wird am
kräftigsten für seinen Spiritualismus kämpfen:
mais l'avenir est à nous. — Meine Adresse ist;
H. H. par Adresse du Dr. Donndorf, rue
neuve des bons enfants, hôtel de Hollande. —
Fürst Pücklers neuere zwei Bände hab' ich noch nicht
gesehen. — Humboldt wird jetzt dort sein. Grüßen Sie
mir Chamisso, ich werde ihm nichts schicken, aber ihm
schreiben. Frau v. Varnhagen brauchen Sie gar nichts
zu sagen. Sie weiß, was ich fühle, d. h. leide. — Leben
Sie wohl und behalten Sie lieb

Ihren ergebenen

H. Heine.

8. An Friedrich Merckel.

Dieppe, den 24. August 1832.

Teurer Freund und Gönner!

Obgleich an einer lahmen und einer schwachen Hand leidend, bekomme ich doch plötzlich den Drang, Dir zu schreiben. Längst hatte ich dazu Lust, zumal seit Dr. Christiani der Mirabeau der Lüneburger Heide geworden ist. Das ist ein Spaß, womit mir der liebe Gott beweisen wollte, daß er ein noch größerer Ironiker ist, als ich. — Da ich Dich kenne, liebster Freund, so weiß ich voraus, daß Du ganz bestimmt Dir einbildest, ich schreibe Dir, weil ich die Absicht hege, einige Bücher herauszugeben (Plapperlotte wird es Dir wohl gesagt haben), und weil ich alsdann wünschte, daß Du dabei Deine kritischen Augen in Bewegung setzest.

Indessen, soviel ich weiß, ist die Hauptabsicht dieser Zeilen, Dich zu bitten, mir mal zu schreiben, wie es in Deutschland aussieht, mir immer zu schreiben, was dort vorgeht, so faktisch als möglich, und hauptsächlich politische Verhältnisse betreffend. Du tust zugleich ein patriotisches Werk, indem ich tätiger bin, als Du weißt, und oft im Dunkeln tappen muß. Haben während der letzten Jahre die Blätter, die ich hier in Frankreich gar nicht sehe, etwas enthalten, was mich besonders ehrenrührig betrifft, so bitte ich es mir zu notifizieren; in der Vorrede zu dem ersten Werk, welches erscheint, will ich dergleichen berühren. — Ich bin im Begriff, wieder nach Paris zu reisen, wo ich mein Hauptquartier behalte und wo ich Deine Briefe erwarte. — Ich erlebe viele große Dinge in Paris, sehe

die Weltgeschichte mit eigenen Augen an, verkehre ami-
calement mit ihren größten Helden, und werde einst,
wenn ich am Leben bleibe, ein großer Historiker. Im
Schreiben von belletristischer Art habe ich in der letzten
Zeit wenig Glück gehabt. Der Strubel war zu groß,
worin ich schwamm, als daß ich poetisch frei arbeiten
konnte. Ein Roman ist mir mißglückt; doch werde ich
wohl in einer Sammlung, welche ich diesen Winter besorge, und worin ich auch den „Rabbi" hineinschmeiße,
einige Romanstücke geben. — Ich habe wenig Gedichte
gemacht, und doch muß ich sie bei einem besonderen Abdruck des „Neuen Frühlings" hinzufügen, damit dieser
etwas buchlich erscheine. — Ich bin übrigens fleißiger,
als sonst, und zwar aus dem einfachen Grunde, weil
ich in Paris sechsmal so viel Geld brauche, als in
Deutschland. — Und nun leb wohl, schreib bald, wie
es Dir geht, und schreib viel und sei nicht eigensinnig.
— Wenn ich Dir wenig schreibe, so ist die Ursache
keine andere, als daß ich Dir viel zu sagen hätte. —
Je suis,

Monsieur l'ami

Votre dévoué

H. Heine.

9. An Ferdinand Hiller.

Paris, den 24. Oktober 1832.

Gestern, Liebster, sagte mir Dr. Donndorf, daß Sie
nach München reisen, und Brief dorthin von mir verlangten. Ich merke, Sie wissen nicht, daß der Verfasser

des „Paria" in diesem Augenblick die Hauptstadt des
Königs von Bayern mit seiner Gegenwart ziert. Dieser
(nicht der Paria, sondern der Beer) wird glücklich sein,
Sie in München herum zu präsentieren und gleichsam
die Honneurs der Stadt zu machen.

Auf jeden Fall besuchen Sie den Legationsrat
Dr. Lindner und grüßen ihn freundlichst von mir. Ich
hoffe ihn wohl in Paris wieder zu sehen. Fragen Sie
ihn, ob Tjutchefs noch in München sind, und was sie
machen. Vergessen Sie das nicht. Sagen Sie Lindnern,
er könnte wohl mir schreiben. Wir hätten ja jetzt Frieden
und Ruhe, die Demagogen seien jetzt still, und vernünftige Leute könnten wieder ungestört miteinander reden.
Ich hätte mit Vergnügen gehört, daß Figaro und Fiffi
sich als wahre Freunde des Throns und des Altars bewiesen haben. Welche Hunde! Wie verschieden sind sie
von jenem jakobinischen Hunde der großen Woche, der
bei den Juliuskämpfern am Louvre begraben liegt! Sie
sollen aber dem Dr. Lindner noch mehreres sagen, was
mir jetzt nicht einfällt.

Fragt Sie jemand, wie ich mich hier befinde, so
sagen Sie: „Wie ein Fisch im Wasser", oder vielmehr,
sagen Sie den Leuten, daß, wenn im Meere ein Fisch den
andern nach seinem Befinden fragt, so antworte dieser:
„Ich befinde mich wie Heine in Paris."

Grüßen Sie in Frankfurt den Professor Oppen-
heim, den Kopisten meines Gesichtes, und bitten
ihn, im Fall er von meiner Lithographie ein oder zwei
Exemplare mir als Geschenk zukommen lassen will,
Ihnen solche mitzugeben. Grüßen Sie mir dann auch
Ihre Familie; Herrn E. sagen Sie viel Freundliches

von mir. Vor allem aber kehren Sie bald zurück. Sie finden mich noch immer im alten Logis und bis am Hals im süßesten Gesellschaftsleben schwimmend. Ich habe, wie jedes Jahr, wieder zwei Monate am Meere zugebracht und mich, zum ersten Male, am Meere ennuyiert. Ich bin jetzt ein fleißiger Besucher der Oper, ein Anhänger von Ludwig Philipp, meine Backen sind rot. Zwei Finger an der linken Hand sind gelähmt, ich trage helle Röcke und bunte Westen. — Sie werden mich kaum wiedererkennen.

Und nun leben Sie wohl. Ach, vergessen Sie auch nicht, Herrn Rousseau von mir zu grüßen.

Ihr

H. Heine.

10. An Karl Immermann.

Paris, den 19. Dezember 1832.

Teuerster Immermann!

Seit Jahr und Tag schieb' ich es auf, Ihnen zu schreiben, und nun muß ich plötzlich Ihnen schnell vor Abgang der Post einen Geschäftsbrief schreiben. Es betrifft ein französisches Journal, die Europe littéraire, deren Redakteure Ihnen noch besonders schreiben und einen Prospekt schicken werden. Dieses Journal, welches in Folio-Format dreimal die Woche herauskommen wird, durchaus der Politik fremd bleibt, und sich nur mit Wissenschaft und schönen Künsten beschäftigen soll, ist eine bedeutende Erscheinung. Die bedeutendsten Schriftsteller Europas werden daran teilnehmen, und ich

namentlich werde großen Anteil daran nehmen. In
diesem Augenblick schreibe ich schon dafür eine Reihe
Artikel über die deutsche Literatur w ä h r e n d u n =
f e r e r Z e i t, und ich hoffe, daß dieses Tableau auch
für Deutschland wichtig sein wird. Der süddeutschen
mauvaise foi muß, unter uns gesagt, entgegengearbeitet
werden, und Paris ist eine gute Tribüne zu diesem Zweck.
Ich bin hier sehr tätig und hoffe, auch Sie bald den
Franzosen bekannt zu machen und auf Ihre Lorbeeren
von hier aus ein Licht zu streuen, worüber Ihren Fein=
den die Augen übergehen sollen. Das planmäßige In=
trigieren gegen Sie, das perfide Herabläftern, hat mich
in der letzten Zeit aufs widerwärtigste berührt. In
dieser Absicht müssen Sie mir auch helfen. Ich habe
nämlich, außer dem „Trauerspiel in Tirol“ und dem
„Friedrich“, hier nichts von Ihnen, und demnach be=
dürfte ich der drei Trauerspiele, die bei Schulß in Hamm
erschienen, ferner des „Cardenio und Celinde“ und des
„Periander“. Diese drei Piecen muß ich bald haben,
Sie müssen sie mir anschaffen, und ich kann sie Ihnen
auch zurückbesorgen. —

Aber das ist’s heute nicht, was mich zum Schreiben
zunächst drängt. Ich wünsche, daß Sie für die Europe
littéraire einen Aufsaß über den Zustand der Malerei
in Deutschland gäben. Da ich Ihre Verbindung mit
Schadow kenne, so dachte ich, daß es Ihnen nicht gleich=
gültig sei, in welche Hände der Bericht über die deutsche
Malerei komme, und daß Sie hinlänglich imstande sind,
die jetzigen Malerschulen zu charakterisieren. — —

Es wird Ihnen in Düsseldorf nicht an Notizen
fehlen über das, was jetzt in Berlin und München

18

gemalt wird. Ich bitte, wenn Sie etwa ebenfalls, wie ich, die Münchener Tendenzen verdammen, sie scharf zu geißeln. Dort wird, wie in der Wissenschaft, so in der Kunst alles Schlimme gebraut. Schelling hat die Philosophie an die katholische Kirche verraten. Der dortige Parnaß, unser Ami Beer dabei — — nur mündlich will ich über letzteren Sie sprechen, wenn so unbedeutende Wesen der Besprechung überhaupt wert sind. Sehen Sie zu, daß ich Ihre erwähnten Tragödien bald erhalte. Auch den „Alexis" habe ich noch nicht zu Gesicht bekommen. Deutsche Journale sehe ich hier gar nicht. Wenn Sie mir schreiben, so lassen Sie mir zugleich wissen, was in Deutschland irgend Geschwaßtes mich interessieren könnte. — Von der Politik stehe ich jetzt ferne. Ich werde von den Demagogen gehaßt. Durch die Vorrede zu den „Zuständen", die Sie wohl nächstens sehen, habe ich nur zeigen wollen, daß ich kein bezahlter Schuft bin.

Halten Sie mich doch beileibe für keinen Vaterlandsretter.

Ich umarme Sie.

Ihr

H. Heine.

Sie könnten in dem Aufsatz der neudeutschen Malerei auch, soviel Sie wollen, über neudeutsche Literatur sprechen. Sie verstehen mich: die Literatur, das sind wir und unsere Feinde.

11. An Julius Campe.

Paris, den 28. Dezember 1832.

Verheirateter Campe!

Eben erhalte ich die Vorrede, worin ich vor den Augen von ganz Deutschland als ein trübseliger Schmeichler des Königs von Preußen erscheine — stände nicht auch darin, daß Professor Raumer der beste unter den Schriftstellern sei, es wäre nicht zu ertragen. (NB. Im Manuskript stand: „er ist von allen schlechten Schriftstellern noch der beste.") — Ich bin betäubt vor Kummer, und erst mit nächster Post erhalten Sie die Ihnen gebührenden Scheltworte. Die Post geht ab.

Eben weil es jetzt so schlecht geht mit der Sache des Liberalismus, muß jetzt alles getan werden. Ich weiß, daß ich mir Deutschland auf Lebenszeit versperre, wenn die Vorrede erscheint, aber sie soll ganz so erscheinen, wie das Manuskript ist, und nebst der Vorrede zur Vorrede, die Sie vor mehreren Wochen schon erhalten. Der Titel der Broschüre ist „Vorrede". Sie hätte mit dem Buch zu gleicher Zeit erscheinen müssen. — Das ist ein großer Kummer. Sie darf auch wenig kosten. Nur schnell! Das Manuskript von G. erwarte ich jetzt mit jedem Posttag, unter Adresse Dr. Donndorf, Hôtel de Hollande, rue neuve des bons enfants. Mein Name braucht gar nicht auf dem Brief zu stehen. — Zugleich schicken Sie doch an Heideloff einige Dutzend Exemplare meines Buchs mit der fahrenden Post und fügen dazu zwölf Exemplare für mich. Ich muß so schnell als möglich Exemplare haben, da über das Buch in den hiesigen besten Journalen Artikel gemacht werden sollen, welches günstig nach Deutschland zurückwirkt. — Ich kann nicht eher honett schlafen, bis die „Vorrede" in der Welt ist. Merken Sie sich das. — Suchen Sie, daß trotz der unterdrückten Presse nicht bloß die Obskuranten mein Buch rezensieren. — So wie Ihre Neujahrsgeschäfte vorbei, muß ich meine Rechnung haben, ich brauche enorme Gelder, muß mit meinen Finanzen geregelt sein, mein Budget für nächstes Jahr, wo bedeutende Bücher von mir erscheinen können, muß bestimmt sein. Umgehend geben Sie mir den Betrag an, wofür ich auf Sie trassieren kann. — Merckel ist schadenfroh; sagen Sie ihm, ich sei begeistert wie ein Mensch, welcher weiß, daß er den Sieg dessen, wofür er sich in alle möglichen Miseren hineinschreibt, nicht erlebt. Es kann jetzt dreißig Jahr' still bleiben. Aber meine „Vorrede" muß doch schnell, schnell gedruckt werden.

Ich glaube nicht, daß die Briefe aufgemacht werden. Unsere Despoten haben noch gar nicht nötig, so pfiffig zu sein. Schreiben Sie mir daher direkt oder indirekt. Wir leben jetzt wieder im Schoß der Ruhe. — Schreiben Sie mir nur gleich — ich bin wütend auf Sie. — Gutzkow wird meinen Brief erhalten und Ihnen vielleicht von meinen übrigen Arbeiten etwas gesagt haben. —

Leben Sie wohl und hole Sie der Teufel! Ich kann gewiß nicht schlafen, ehe die „Vorrede" gedruckt ist. Es wär' besser gewesen, es wäre noch mehr davon unterdrückt worden. Wieviel Schererei um diese Bagatelle, wofür ich nur Not und Verfolgung eienrtete! Ich habe in weniger Zeit, als mir die „Vorrede" kostete, fast ein halbes Buch geschrieben, nämlich eine Geschichte der deutschen Literatur seit dem Verfall der Schlegel. — Der Teufel hole Sie!

Ihr Freund

H. Heine.

—

12. An Varnhagen von Ense.

Paris, den 28. März 1833.

Ich kann Ihnen noch immer nicht schreiben. Sowie ich die Feder ergreife, um Ihnen ein Wort zu sagen, ist mir der Kopf wie betäubt und die Brust in der schmerzlichsten Bewegung. Und ich bin sonst so ruhig und die Selbstbeherrschung selbst.

Aber es fallen auch in diesem Augenblick Dinge vor in meinem Leben, die auch einen Stein erschüttern könnten. Diesen Morgen erhalte ich die Todesnachricht meines Oheims v. Geldern in Düsseldorf, der zu einer Zeit starb, wo ich dieses Unglück tiefer als je empfinden mußte. Ach, lieber Varnhagen, ich fühle jetzt die Be= deutung jener römischen Worte: Leben ist Kriegführen. So stehe ich nun auf der Bresche und sehe, wie die Freunde rings um mich her fallen. Unsere Freundin hat immer wacker gestritten, und hat wohl einen Lorbeer verdient. Ich kann in diesem Augenblick vor Weinen nicht schreiben — ach! wir armen Menschen, mit Tränen in den Augen müssen wir kämpfen. Welch ein Schlachtfeld, diese Erde!

Heute Morgen ist bei Heideloff allhier ein Buch von mir ausgegeben worden, nämlich ein Artikel über

22

Literatur (die ich für die Europe littéraire geschrieben)
in deutscher Sprache. Ich will Ihnen beide Versionen
schicken: es sind gute Schwertschläge drin, und ich habe
meine Soldatenpflicht streng ausgeübt.

Ich weiß, ich tröste Sie schlecht, lieber Varnhagen.
Aber trösten kann kein Mensch, sondern nur die Zeit.
Die Zeit, der schlaue Saturn, er heilt uns von jeder
Wunde, um uns mit seiner Sense bald wieder eine
neue Wunde ins Herz hineinzuschneiden.

Warum ich bei Roberts Erlöschen und bei dem
Absterben seiner Frau Ihnen nicht schrieb, werden Sie
wohl begriffen haben.

Leben Sie wohl und schreiben Sie mir bald: Rue
des Petits-Augustins, No. 4, Hôtel d'Espagne. —
Ich leide noch immer an meiner paralysierten Hand.
Koreff ist mein Arzt. War sehr krank. Dennoch bleib'
ich tätig. Ich gebe das Schwert nicht aus Händen, bis
ich hinsinke. So lange bleib' ich auch

Ihr Freund

H. Heine.

13. An Heinrich Laube.

Paris, den 8. April 1833.

Mein lieber neuer Freund!

Sie sind mir nicht ganz unbekannt. Herr Campe
hatte Sie mir bereits angekündigt. Sie haben mir mit
Ihrem Briefe viel Vergnügen gemacht, er kam mir recht
tröstlich zu einer Zeit, wo der Tod mir viele Schmerzen
und das Leben fast noch größere verursacht hat. Ich habe

solcher bösen Zeit wegen Ihnen nicht gleich antworten
können. Ich schickte Ihnen mein Programm zur
deutschen Literatur, und erst heute erfahr' ich zufällig,
daß es nur bis zur Grenze frankiert werden konnte,
so daß ich unverschuldeterweise Ihnen wohl viel Porto
koste. Aber ich halte das Büchlein selber für merk=
würdig. Es war nötig, nach Goethes Tode dem
deutschen Publikum eine literarische Abrechnung zu
überschicken. Fängt jetzt eine neue Literatur an, so ist
dies Büchlein auch zugleich ihr Programm, und ich,
mehr als jeder andere, mußte wohl dergleichen geben.
— Ich hoffe, in diesem Jahr sehr tätig zu sein, je
nachdem es not tut.

Ich will Ihnen die Kopie meines Gesichtes liefern
in vier Wochen. In sechs Wochen auch eine Selbst=
biographie. Ob Lieder, weiß ich noch nicht. Bin sehr
überbeschäftigt. — Was Sie über mich geschrieben, inter=
essiert mich sehr. Schicken Sie mir doch die Nummer
der „Eleganten", worin das steht, und zwar mit der
Post unter Kreuzkuvert. Meine Adresse ist: H. H.,
rue des Petits-Augustins, Nr. 4, Hôtel d'Espagne,
à Paris. — Ihre Anfrage in betreff meiner Lieder,
die im „Freimütigen" stehen sollen, begreife ich nicht.
Ich lese hier das Blatt nicht und weiß nicht, welche
Lieder von mir drin stehen. Der hiesige Schlesinger,
Sohn des Berliner, welcher Herausgeber des „Frei=
mütigen" ist, hat vorig Jahr mal Manuskript von mir
verlangt. Aber ich weiß nicht mehr was, und ob das
in den „Freimütigen" gekommen. Übrigens stand ich
mit Willibald Alexis sehr gut, soviel ich weiß, sogar
bis jetzt, und ich will ihm deshalb schreiben, da Herr

Schlesinger nicht mehr hier ist. Oder auch schreiben Sie mir lieber umständlich, wovon es sich handelt; ein darauf sich beziehender literarischer Streit, dessen Sie erwähnen, ist mir gänzlich unbekannt. Ja, ich mache in diesem Augenblick ein dummes Gesicht, wie einer, der nicht weiß, warum die Leute lachen. — Schreiben Sie mir bald wieder ein freundliches Wort. Kann ich Ihnen sonstig literarisch hier nützlich sein, so verfügen Sie ganz über mich. — —

14. An Heinrich Laube.

Paris, den 10. Julius 1833.

Alter Freund!

Ich habe Sie nämlich wirklich schon wie einen alten Freund behandelt, indem ich Sie ohne Antwort bis jetzt gelassen und doch mich gegen jedes Mißverständnis von Ihrer Seite gesichert dünkte. Haben Sie nur Geduld mit mir; mit Ihnen bin ich vollauf zufrieden. In dieser schlimmen Zeit war mir Ihr plötzliches Beitreten ein höchst erfreuliches Ereignis.

Sie haben keinen Begriff davon, wie es in diesem Augenblick um mich her tost und stürmt. Ich habe hier das Justemilieu, die heuchlerisch katholische Karlistenpartei und die preußischen Spione auf dem Hals. Meine „Französischen Zustände" sind nämlich in französischer Sprache erschienen, begleitet von meiner ganzen, unverstümmelten Vorrede. Diese ist jetzt auch bei Heideloff in deutscher Sprache erschienen und kann jetzt ungefähr schon in Leipzig sein, wo Sie sie sehen. Ich würde sie Ihnen schicken, wenn ich nicht fürchtete, daß Sie dadurch kompromittiert werden könnten. Nehmen Sie sich in acht. Hier nicht einmal ist man sicher. Vorigen Samstag sind hier mehrere Deutsche arretiert, und auch ich fürchte jeden Augenblick, arretiert zu werden.

Vielleicht ist mein nächster Brief aus London datiert. Ich bedeute Ihnen das alles, um Sie zur Vorsicht und Mäßigung zu bewegen. Halten Sie sich in diesem Augenblick so ruhig als möglich. Bewahren Sie uns die wichtige Festung, die „Elegante Welt", für die Folge. Dissimulieren Sie. Fürchten Sie nicht, verkannt zu werden. Auch ich habe dies nie gefürchtet. Die Herausgabe der Vorrede eben jetzt, in der allgemeinen Angst, wird wohl das Publikum belehren, daß es künftig mir vertraut, wenn ich auch etwas allzu gelinde flöte. — Ich werde seinerzeit schon die große Trompete blasen und bin diesen Augenblick mit der Abfassung einiger tüchtiger Trompeterstückchen beschäftigt. — Mit der Kopie meines Kopfes und versprochenen poetischen Schnurrpfeifereien werde ich wohl Sie unverzeihlichst dahin halten; aber wollen Sie das Ganze nicht auf nächstes Jahr verschieben? Nächstes Jahr kann man ruhiger sich zeigen. — Leider in diesem Augenblick, wo ich von den öffentlich und persönlich wichtigsten Dingen umlärmt bin, habe ich noch den ästhetischen Kram auf dem Hals, muß für Campe ein Buch zusammenkneten, auch über deutsche Literatur schreiben usw. usw. Der zweite Teil meines „Zur deutschen schönen Literatur" erscheint diese Woche bei

Heideloff hierselbst; werde Ihnen das Büchlein gleich
zuschicken.

Für alles, was Sie mir Freundliches geschrieben
und über mich gedruckt haben, danke ich mit ganzer
Seele. Seien Sie überzeugt, daß ich Sie verstehe und
also wahrhaft schätze und ehre. Sie stehen höher, als
alle andern, die nur das Äußerliche der Revolution
und nicht die tieferen Fragen derselben verstehen. Diese
Fragen betreffen weder Formen noch Personen, weder
die Einführung einer Republik noch die Beschränkung
einer Monarchie, sondern sie betreffen das materielle
Wohlsein des Volkes. Die bisherige spiritualistische
Religion war heilsam und notwendig, solange der
größte Teil der Menschen im Elend lebte und sich mit
der himmlischen Religion vertrösten mußte. Seit aber
durch die Fortschritte der Industrie und der Ökonomie
es möglich geworden, die Menschen aus ihrem materi=
ellen Elende herauszuziehen und auf Erden zu beseligen,
seitdem — Sie verstehen mich. Und die Leute werden
uns schon verstehen, wenn wir ihnen sagen, daß sie in
der Folge alle Tage Rindfleisch statt Kartoffeln essen
sollen, und weniger arbeiten und mehr tanzen werden.
— Verlassen Sie sich darauf, die Menschen sind keine
Esel. —

Ich schreibe diese Zeilen im Bette meiner schön=
heftigen Freundin, die mich diese Nacht nicht fortließ,
aus Furcht, daß ich arretiert würde.

Ihr

H. Heine.

15. An Rudolf Christiani.

Paris, ich glaube den 15. Julius 1833.

Mon cher cousin!

Wir können uns also jetzt wie die Könige anreden.

Mit größtem Vergnügen ersah ich diese Nachricht aus dem Schreiben meiner Mutter und Deinem Zwischenbrief, welchen ich diesen Morgen erhalten, und worauf ich zu gratulieren eile, damit ich es nicht vergesse. Du heiratest also mein liebes Mühmelein Charlotte und wirst ein wirkliches Mitglied unserer Familienmenagerie! Sonderbar! Die Sache kommt mir gar nicht befremdlich vor. Dunkel lag mir dergleichen im Sinn; denn als wahrer Dichter bin ich auch ein wahrer Prophet. Als ich Dich zuerst nach Ottensen führte, hatte ich ein sonderbares Vorgefühl. Ich erkläre Dir aufs heiligste, das ist mein voller Ernst, wie ich denn nie scherze.

Übrigens war es leicht vorauszusehen, daß Du gleich nach dem Tode Goethes heiraten würdest. Du wolltest nur erst warten, bis der zweite Teil des Faust herauskam. Jetzt bist Du aufs reine und heiratest. — Übrigens auch ist es Dir sehr nützlich, daß Du eben Charlotte heiratest; das ist für Dich eine sehr gute Übung im Französischen. Was mich betrifft, so fehlt es mir auch nicht an solcher Übung im Französischen. Was das aber eine große Übung ist, die man durch die Französinnen erlangt, das ist was Außerordentliches. Frag mal meinen Vetter Karl. Die schwierigsten Konjugationen werden einem fast spielend beigebracht. Das que, das merkwürdige Bindewort, das lernt man

erst durch den Gebrauch). — Grüße mir Karl, meinen
lieben Vetter. — Im Fall Dich dieser Brief in Hamburg
trifft, so grüße mir auch herzlichst Charlotte; ich will
ihr nächste Woche einen französischen Brief schreiben.
Auch meinem Oheim, dem Löwen unserer Menagerie,
schreib ich. Erschrick nicht gleich, wenn er mal brüllt.
Ist er doch von Herzen edel und gut. In der Fütterungs=
stunde ist er immer sehr zahm. — Und nun leb wohl
und bleib mein Freund, obgleich wir jetzt verwandt sind.
Du weißt, ich unterstreiche selten.

In einigen Wochen reise ich ins Bad meiner
armen gelähmten Hand wegen. Bin geistig sehr er=
müdet; hab in der letzten Zeit auch zuviel Übung im
Französischen gehabt. — Dennoch wirst du noch viele
tapfere Taten von mir hören.

Ich verbleibe

H. Heine.

16. An Varnhagen v. Ense.

Paris, den 16. Julius 1833.

Liebster Varnhagen!

Ich hoffe, daß Sie immer wissen, welchen Gründen
ein langes Stillschweigen beizumessen ist; daher keine
Entschuldigung. — Es geht mir äußerlich noch immer
sehr gut, ja besser als je, auch mein körperliches Unwohl=
sein ist in der letzten Zeit nicht so drückend gewesen.
Doch muß ich noch immer gegen mein Nervenübel
kämpfen; dieses hindert mich in meinen Arbeiten, und

doch habe ich viel zu tun, aber wieder lauter Kleinkram. Mein Leben ist ein wahres Geschäft geworden, ein grämliches Krämergeschäft.

Die verlangten Briefe hatte ich nicht schicken können, weil sie in Deutschland geblieben. Nur einen Brief habe ich mitgenommen, weil er eben eins der schmerzhaftesten Gefühle, die mich eben bewegten, am tiefsten aussprach. Mein größter Kummer vor zwei Jahren bestand nämlich darin, daß ich meine kleine Familie, besonders meiner Schwester jüngstes Kind, ver= lassen mußte. Und doch rieten Pflicht und Klugheit zur Abreise. Ich hatte die Wahl zwischen gänzlichem Waffenniederlegen oder lebenslänglichem Kampfe, und ich wählte diesen, und wahrlich nicht mit Leichtsinn. Daß ich aber einst die Waffen ergriff, dazu war ich gezwungen durch fremden Hohn, durch frechen Geburts= dünkel — in meiner Wiege lag schon meine Marschroute für das ganze Leben.

Diese Tage wird ein zweites Bändchen meiner Literaturgeschichte auf Deutsch bei Heideloff erscheinen, und es soll Ihnen gleich geschickt werden, obgleich Sie die Artikel schon im Französischen gelesen. Ich will noch doppelt soviel über deutsche Literatur schreiben, aber gebe es wahrscheinlich nicht in die „Europe". Erstens wird diese Zeitschrift sehr wackelig, zweitens habe ich zu vielen mißwollenden Einmischungen da zu begegnen. Die Gründer sind Legitimisten meistens, und besonders die katholische Partei hat da die Hand im Spiel. Letztere wird täglich mächtiger, ihre Verzweigungen sind furcht= bar, und ich muß mit dieser Hydra wieder einen fürchter=

lichen Kampf beginnen. Dazu sammle ich Kräfte —
ich werde aber nicht anfangen. Voyons. —

Mein Buch, die französische Übersetzung der „Zu=
stände", macht allgemein Glück. Ich hab dem Über=
setzer zu danken, daß die unverstümmelte Vorrede dazu
gekommen. Diese, das leidenschaftliche Produkt meines
Unmuts über die bundestäglichen Beschlüsse, versperrt
mir vielleicht auf immer die Rückkehr nach Deutschland;
aber sie rettet mich vielleicht vor dem Laternentod bei
der nächsten Insurrektion, indem jetzt meine holden
Landsleute mich nicht mehr des Einverständnisses mit
Preußen beschuldigen können. Schufte, wie Börne und
Konsorten, habe ich dadurch unschädlich gemacht, für
mich wenigstens.

Mein Buchhändler in Hamburg hatte die Vorrede
besonders gedruckt, und zwar mit fremden Zwischen=
sätzen. Obgleich ich ihm verbot, sie auszugeben, hatte
er doch einige Exemplare an Polen mitgeteilt, und mit
solch einem Exemplar und der französischen Ausgabe
hat ein hiesiger Deutscher die Vorrede ergänzt und auf
eigene Hand herausgegeben. — Ich erzähle Ihnen das,
damit Sie mich nicht der größten Torheiten beschuldigen.
— Ich habe wahrlich nicht die Absicht, demagogisch
a u f d e n M o m e n t zu wirken, glaube auch nicht
mal an die Möglichkeit einer momentanen Wirkung
auf die Deutschen. Ich ziehe mich übrigens von der
Tagespolitik zurück und beschäftige mich jetzt meistens
mit Kunst, Religion und Philosophie.

Die Rezension von Weiße hab' ich gelesen; mit
großem Vergnügen; denn von allen seinen Vorwürfen
trifft mich kein einziger. — P. sitzt hier wegen Schulden

in St. Pelagie. — Mit Michel Chevalier, der Sie tief=
innigst grüßen läßt, habe ich stundenlange Beratungen
über Religion. — In drei Wochen reise ich ins Bad.
— Nächstes Jahr reise ich vielleicht nach dem Orient.
— Mich befriedigen nicht die Obelisken, die man mir
nach Paris bringt. — Leben Sie wohl und bleiben
Sie freundschaftlichst zugewogen

Ihrem

H. Heine.

17. An H. C. Andersen.

Paris, den 10. August 1833.

Ich möchte Ihnen schon, wertester Kollege, einige
Verse hier aufs Papier kritzeln, aber ich kann heute
kaum leidlich in Prosa schreiben.

Leben Sie wohl und heiter. Amüsieren Sie sich
recht hübsch in Italien; lernen Sie recht gut Deutsch in
Deutschland, und schreiben Sie dann in Dänemark auf
Deutsch, was Sie in Italien gefühlt haben. Das wäre
mir das Erfreulichste.

18. An Betty Heine.

Paris, den 25. Oktober 1833.

Liebe gute Mutter!

Seit acht Tagen bin ich hier zurück von Boulogne,
wo ich mich in den letzten sechs Wochen sehr behaglich,
gesund und heiter befunden. Das Bad hat nun freilich

mir nicht übel getan, aber auch nicht so gut wie sonst. Ich fühle mich nicht wie sonst gestärkt dadurch an Leib und Geist, muß also ein anderes Heilmittel suchen. —

Dir, liebes Lottchen, sage ich für die Briefe Deiner Putchen den herzlichsten Dank, sage an Marie und Ludwig, daß ich, sobald ich Zeit, ihnen selber antworten werde.

Dein Jüngstes zu küssen. — Hoffentlich bist Du wohl, denke beständig an Dich, und glaubst kaum, wie ich Dich liebe, liebes Lottchen. — Gestern sah ich ein junges Frauenzimmer, das ganz aussah wie Du, als Du noch unverheiratet. — Christiani und Gattin sind noch nicht zurück von Bordeaur.

Dein Jammern, liebe Mutter, über das außerordentliche Malheur, mich nicht zu sehen, mußt Du einstellen. Von hierher kommen nach Frankreich, ist kein Gedanke, laß das nur fahren, oder sei überzeugt, ich reise nach Ägypten, wohin längst große Lust zu reisen habe. Ist es Dir nicht möglich, meines holden Anblicks länger zu entbehren, so weißt Du, daß ich kein ungehorsamer Sohn bin und daß ich jeden Deiner Wünsche erfülle, wenn er nicht mit Deiner eignen Wohlfahrt unverträglich ist. Übers Meer kann ich und will ich Dich nicht reisen lassen, durchaus nicht, ich gehe sonst nach Ägypten. Aber ich will, wenn Du es durchaus verlangst, diesen Sommer auf acht Tage nach Hamburg kommen, nach dem schändlichen Neste, wo ich meinen Feinden den Triumph gönnen soll, mich wiederzusehen und mit Beleidigungen überhäufen zu können. —

Daß ich mich wegen meiner politischen Stellung irgend einer Gefahr aussetze, glaube ich eigentlich nicht.

Aber Vorsicht ist in allen Dingen ratsam. Du darfst keiner Seele, außer Lottchen, ahnen lassen, daß ich nur den Gedanken hege, nach Hamburg zu kommen; sonst legen sich meine Feinde schon jetzt auf die Lauer. Komme ich aber unvermutet, so haben sie keine Zeit, zu überlegen und nach Hamburg zu kommen. Du wirst nächstens erfahren, wie aufsässig mir die Preußen sind, unter uns gesagt, ich übertreibe vielleicht die Sache, aber vorsichtig bin ich doch, und eben meiner großen Vorsicht wegen kannst Du immer wegen meiner außer Sorge sein.

Ich bin in Sicherheit überall, bin leidenschaftslos, ruhig, — und bekomme einen dicken Bauch wie der Burgmüller. —

Kommt Zeit, kommt Rat! — Jetzt sind meine Verhältnisse so unklar, daß ich nicht bestimmen kann, was ich in sechs Wochen tun will. Bis dahin aber hat sich manches vielleicht in der Welt verändert, und ich selber hätte unterdessen wenigstens Zeit und Gelegenheit, etwas wie eine Reise zu Dir, mit Ruhe vornehmen zu können. —

Warte daher, mache mir den Kopf nicht wirre. — Hab' viel im Kopf. —

Meine Wohnung in der Stadt, wo ich ein Jahr die völligste Ruhe genossen, hatte ich behalten, und ich unglücklicher Mensch, bei meiner Rückkehr ist eine Familie mit entsetzlichem Spektakel und Kindergeschrei gerade unter mir gezogen. —

Leb' wohl, melde mir, was Max schreibt. Hab' große Arbeit im Kopfe, hätte ich nur Ruhe! — Gott weiß, ich würde wenig Spektakel machen, wenn ich nicht immer dazu gezwungen wär. —

Schreib mir, liebes Lottchen. Sprich der Mutter
Vernunft ein. Schreib mir nur immer genau, wie
Mutter, Du und die Kinder Euch befindet.

19. An Charlotte Embden.

Paris, den 13. Februar 1831.

Liebe Mutter, lieber Max und liebes Lottchen!

Vor anderthalb Minuten erhalte ich den lieben
Brief, worin mir unsre glückliche Niederkunft gemeldet
wird. Ihr hattet mich also getäuscht, indem Ihr mir
sagtet, daß wir erst zum Frühjahr in die Wochen kommen.

Mit tiefem Seufzen sah ich dem Frühling entgegen.
Mein Herz ist jetzt so erleichtert, daß ich vor Freuden
tanzen möchte. Ich lasse mich bei Herrn Moritz von
Embden sehr bedanken, aber ich hoffe, daß er sich jetzt
in acht nehmen wird, uns nicht öfters solche Freuden zu
bereiten. — Ich umarme Dich, liebes Lottchen, und ich
sehne mich nach nichts in der Welt mehr, als daß ich
die alte Gluck und Dich, die junge Gluck, und Deine
kleinen Vögelchen wohl wiedersehe. Daß Max nach Ruß=
land reist, ohne daß ich ihn gesehen, macht mir viel
Kummer. Schreib nur gleich, wie Du Dich befindest,
ich fühle schon die Nachgeburt meiner Sorge. — Lebt
wohl und behaltet freundschaftlich im Andenken

Euren ergebenen

H. Heine.

20. An Betty Heine.

Paris, den 4. März 1834.

Ich muß mich bitterlich beklagen, liebe Mutter, daß ich, seitdem Ihr mir Lottchens Niederkunft gemeldet, ganz ohne Nachricht von Euch bin. Ein Wochenbett ist doch kein gewöhnlicher Zustand, und da gebührt es sich wohl, daß ich etwas von dem Wohlsein meiner Schwester erfahre. Ich merke, daß Euch nicht viel an mir gelegen ist, und daß ich ein Narr bin, Euch zu schreiben. Ihr habt nichts zu tun, und ich muß doch um jede Zeile betteln. — Ich befinde mich wohl und gesund, welches mir im Grunde leid ist; denn wäre ich krank, liebe Mutter, so würde ich es Dir heute schreiben, bloß um Dich zu ängstigen.

Wenn Ihr mich bei so wichtigen Umständen öfters ohne Brief laßt, kann ich wirklich krank werden. Ich habe mir fest und steif vorgenommen, recht wirklich krank zu werden, um mich an Dir wegen Deines langen Stillschweigens zu rächen. Ich fühle wirklich schon einige Diarrhöe; seit zwei Minuten kullert es mir sehr stark im Bauch, ist das vielleicht die Cholera? Mein teurer Herr Märchen schreibt mir auch nichts, warum erhalte ich keinen Brief von Euer Wohlgeboren? Wie lebst Du, wie geht es Dir, wo bist Du, wo wirst Du sein? Du könntest mir auch über deutsche Literatur schreiben, denn außer den Brockhausischen Blättern erhalte ich hier kein einziges deutsches Journal. — Den „Salon" habe ich endlich erhalten, es sind sehr ekelhafte Druckfehler darin; viele Zoten, dieses war politische Absicht. Ich wollte der öffentlichen Meinung eine ge-

wiſſe Wendung geben. Beſſer, man ſagt, ich ſei ein
Gaſſenjunge, als daß man mich für einen allzu ernſt=
haften Vaterlandsretter hält. Letzteres iſt in dieſem
Augenblick kein ratſam Renommee. Die Demagogen
ſind wütend über mich; ſie ſagen, ich werde bald öffent=
lich als Ariſtokrat auftreten. Ich glaube, ſie irren ſich.
Ich ziehe mich aus der Politik zurück. Das Vaterland
mag ſich einen anderen Narren ſuchen. Hier geht es
mir vortrefflich. Lottchen und die Kinder zu küſſen;
lebt wohl.

21. An Giacomo Meyerbeer.

Paris, den 29. März 1834.

Werteſter Freund!

Herr Roſenſtein aus Berlin hat die Ehre, Ihnen
dieſe Zeilen zu überreichen. Ich empfehle Ihnen dieſen
jungen Mann, der mir aufs vorteilhafteſte bekannt iſt,
aufs allerbeſte. Kenntniſſe in neueren Sprachen, guten
Willen, moraliſchen Lebenswandel finden Sie bei ihm
in ungewöhnlicher Weiſe, und ich denke, dieſe Eigen=
ſchaften erwerben ihm Ihr gütiges Wohlwollen und
Ihre einflußreiche Verwendung, wo Sie ihm nützlich
ſein können.

Empfangen Sie die Verſicherung meiner höchſten
Verehrung und meiner unbedingten Ergebenheit.

22. An Maximilian Heine.

Paris, den 21. April 1834.

Lieber Max, Euren lieben Brief, woraus ich er=
ſehe, daß Ihr alle Narren ſeid, hab ich erhalten, und da

in diesem Augenblick mein körperliches und geistiges
Mißbehagen mir nichts Besseres zu tun erlaubt, so will
ich auf der Stelle Deine Zeilen erwidern. Rate mir als
Arzt, was tue ich gegen Kopfweh, das mich seit zwei
Monaten stärker als je heimsucht? Es ist vielleicht
Folge großer Geistesbewegung. Nicht als hätte ich in
der letzten Zeit so viel gearbeitet, sondern vielmehr die
Widerwärtigkeiten, die ich, infolge der politischen Be=
gebenheiten, zu erleiden hatte, verhinderten mich meistens
am Arbeiten. Meine Lage ist nur von außen glänzend,
ich werde von den außerordentlichsten Ehrenbezeugungen
fast erdrückt. Du hast keine Idee davon, welche kolossale
Reputation hier auf mir lastet — aber das ist eine Last
wie jede andere und hat genug Not, Ärger, Verlegenheit,
Mühe und Qual zur Folge.

Ich begreife jetzt sehr gut, warum alle berühmten
Männer ein unglückliches Leben geführt. Rate mir,
lieber Max, soll ich dies Jahr wieder ein Seebad be=
suchen? Schlecht, eigentlich schlecht ist mir die See
noch nicht bekommen. Hat mir aber vorig Jahr nicht
viel geholfen. Auf jeden Fall kann ich erst August Paris
verlassen, denn ich lasse jetzt meine „Reisebilder" ins
Französische übersetzen, und mein Übersetzer ist so
schlecht, daß ich die meiste Arbeit dabei habe. Dann
habe ich noch eine Reihe Artikel über Deutschland zu
schreiben, versprochene Arbeit, die ich unterlassen würde,
wenn ich hier nicht enormes Geld brauchte. Enorme
Summen seit einem Jahre ausgegeben. — Sag an
Campe, er kann ganz sicher sein, daß ich ihm bald
Manuskript schicke. Die Zögerung liegt in den Zeit=
umständen, ich will jetzt nichts Politisches herausgeben

(obgleich ich deſſen genug geſchrieben), überhaupt will ich in dieſer Reaktionsepoche nur zahme Bücher herausgeben. Hätte ich nur keine Kopfſchmerzen!

Daß Deine „Bilder aus der Türkei" wegen Deiner Ruſſenliebe juſt nicht überall amüſieren, konnteſt Du Dir wohl vorſtellen bei der jetzigen Stimmung. Tröſte Dich aber damit, daß das Buch ſelbſt gut iſt. Das Buch iſt wirklich gut. Die Verſe ſind ſchlecht, die Proſa iſt aber vortrefflich. Ich verſtehe das. Habe jetzt zum drittenmal geleſen, und ich weiß nicht, warum ich nicht gegen meinen eigenen Bruder gerecht ſein ſoll. Die Deutſchen haben wahrhaftig nicht viel ähnliches in den letzten drei Jahren hervorgebracht, beſſeres gewiß nicht. Ich weiß, daß es nicht leicht iſt, mit Leichtigkeit zu ſchreiben, und gar über Krieg und Peſt. Ich ſtelle Dein Buch den „Briefen eines Verſtorbenen" an die Seite. Der Verfaſſer dieſes letzten Buches, der Fürſt Pückler, hat ſich verſchlechtert. Er hat mir ſein „Tutti frutti" geſchickt mit einem langen liebkoſenden Briefe, hat aber mein Urteil nicht damit beſtechen können. Der beſte deutſche Schriftſteller bin ich jetzt — parmi les aveugles le borgne est roi. Wer, wie ich, zwei Augen hat, iſt es alſo ganz gewiß. — Ich tauſche aber gleich mit Rothſchild — der Teufel ſoll Rothſchild holen, der dem Improviſator Langenſchwarz einen Empfehlungsbrief an mich gegeben hat, ſo daß dieſer langweilige Menſch mir dieſen Morgen mit dieſem Empfehlungsbrief ſeine Aufwartung gemacht und zwei volle Stunden gekoſtet hat. Das beſte an ihm iſt, daß er Dich kennt und von Dir zu erzählen wußte, daß Deine Geliebte in Petersburg ein wunderſchönes

Mädchen sei. — Grüß mir Karl, über den ich sehr böse bin, da er mir nicht schreibt. Sage ihm, ich könnte ihm die schönsten Sachen schreiben, z. B. daß ich Goldschmidt hier gesehen, welcher einen ungeheuer großen Schnurrbart trägt, so daß, wer ihn nicht kennt, ihn für einen kalabresischen Banditen, kurz für einen wütenden Bramarbas halten würde. Er ist aber doch noch der alte, und wenn er an der Wand den Schatten seines eigenen Schnurrbarts sieht, so erschrickt er.

Grüße mir alles Unterrockvolk in Hamburg, meine Mutter, Lottchen, meine drei Nichten, Madame Salomon Heine usw.

Hätte ich nur keine Kopfschmerzen!

Dein Freund und Bruder

H. Heine.

23. An Theodore Toussenel.

Boulogne sur mer, 15 juillet 1834.

Monsieur,

Je vous renvoie votre Goethe et comme j'ai oublié votre numéro, j'adresse le paquet au Bureau du Temps. Je vous remercie beaucoup de votre bonté. Ce livre est très intéressant; mais il n'explique rien, au contraire, l'intention de Goethe est de cacher les vrais motives de sa rupture avec Lilli et avec quelques autres femmes, dont il était épris et qu'il a cependant sacrifiées à son orgueil.

Depuis 10 jours je suis içi, jouissant d'une
parfaite solitude; car je suis entouré de la mer,
de bois et d'Anglais, qui sont aussi muets que le
bois — je ne veux pas dire aussi hölzern. — J'ai
lu avec grand plaisir votre second article sur
Zelter et Goethe.

Mille compliments et amitiés de
votre dévoué

Henri Heine.

24. An Helmina v. Chezy.

Paris, den 9. Januar 1835.

Vorgestern in der stärksten Kälte habe ich die
Nachtigall in ihrem Eherchemibi=Neste besuchen wollen,
und sie war ausgeflogen. Bei 99 Grad Kälte! Die
Varnhagen in drei Bänden habe ich zurückgelassen; bitte
nun auch den besprochenen Artikel bald fertig zu machen.

Sie haben mir gesagt, Sie hätten den Hölty. Ist
es der Fall, und ist es die Ausgabe mit der Vorrede von
Voß, so bitte ich Sie, Süßflötende, mir das Buch zu
leihen, und wenn es Ihnen zur Hand etwa liegt, dem
Überbringer mitzugeben. In einigen Tagen werde ich
wieder bei Ihnen vorsprechen:

Frau Kitze, Frau Katze,
Schön Feuerchen hatse, usw. in deutschem

Dialekt. —

Wohl ausgeruhten Morgen wünscht
dero ergebener

H. Heine.

25. An J. H. Detmold.

Paris, den 22. März 1835.

Lieber Detmold!

Dieser Brief ist nur die Taube, die Ihnen aus meiner Arche zufliegt mit einem Blatt im Munde; wenn Sie dieses Blatt richtig erhalten und mir wieder schreiben, mag eine regelmäßigere, sicherere Verbindung zwischen uns stattfinden. Ich stehe mit niemandem in Briefwechsel, aus dem Grunde, weil ich nur kurz antworte auf lange Briefe, die mir nie lang genug sind. Ihr aber, was Ihr nie bedenkt, seid im geruhsamen Deutschland, wo jeder Tag 25 Stunden hat; ich aber bin an einem Ort, wo die Zeit sich selber kaum die Zeit nimmt, zu verfließen. Ich habe hier gar keine Zeit. Sie können sich keinen Begriff davon machen, wie viel zerstreuende Erscheinungen mich umwogen, wie viel Not, Unsinn, Lebenskampf, Liebe, Haß und + mir um die Ohren saust. Was Sie in Deutschland etwa von mir hören, ist nur ein gelindes Echo hiesiger Schwertschläge. Ich bitte, schreiben Sie mir viel und oft; in späteren, ruhigeren Tagen verspreche ich, gleiches mit gleichem zu vergelten. Wie wäre es, wenn Sie mir alle sechs Wochen einen sehr großen Brief über die politischen und literarischen Vorgänge in Norddeutschland schrieben, den ich in fortlaufender Reihe auf Französisch übersetze und in die Revue des deux mondes abdrucken lasse. Auf Verschwiegenheit von meiner Seite dürfen Sie rechnen. Sie dürfen sich in dieser Korrespondenz ohne Gefahr Ihrer ganzen Laune überlassen, und da Sie diese Mitteilungen ganz f a k t i s ch

halten würden, wie es nötig ist, so dürfen wir uns
viel freudigen Spektakel dadurch versprechen. Ja, ich
bitte Sie, beginnen Sie gleich, und machen Sie, daß ich
bald den ersten Brief erhalte. Aus Vorsicht werde ich
Ihnen meine Briefe immer über Hamburg schicken, und
Sie adressieren die Ihrigen an M. Specht, employé
de la poste, rue saint-Lazare No. 106 à Paris.
Versteht sich, Sie unterschreiben nie Ihren Namen, —
schreiben aber desto deutlicher das Übrige.

Für die Mitteilung Ihrer Kunstkennerschaft danke
herzlich; das Büchlein ist vortrefflich geschrieben. In
stilistischer Hinsicht gebe ich Ihnen das unbedingteste
Lob, auch die Ironie ist vortrefflich, aber sie ist nicht
immer Swiftisch genug durchgeführt; der Ernst hat
Sie manchmal überrumpelt. Daß Sie sich als einen
bedeutenden Schriftsteller plötzlich gezeigt, hat gewiß
das Publikum sehr überrascht; für mich, Liebster, hatte
die Erscheinung nichts Überraschendes. Ich wunderte
mich vielmehr, daß Sie nicht früher aufgetreten sind.
— Ich habe sehr oft an Sie gedacht, und ich habe Sie
immer zu den sehr wenigen Personen gezählt, denen
mein Wirken und Schreiben immer klar war und die
den letzten Gedanken alles dessen, was ich treibe und
schaffe, immer genau kennen und begreifen. In dieser
Voraussetzung, oder vielmehr in dieser Überzeugung,
schreibe ich Ihnen heute und verlange tätige Hülf=
leistung.

Ihr Freund

H. Heine.

26. An die Prinzeſſin Belgiojoſo.

ce 5 avril 1835.

J'ai l'honneur de dire le bonjour à la belle princesse, en lui envoyant le petit roman de Sand. La petite femme que j'ai vue hier chez vous a un attrait dans sa personnalité, un je ne sais quoi, qui agit sur moi d'une singulière manière. Habitué à me rendre compte de tout ce que je sens, je cherche en vain de m'expliquer cette sensation. Je crois que c'est une nature très confusément agitée dont l'agitation est contagieuse pour des Allemands aux grands yeux bleus; elle me fait mal dans l'âme, elle y éveille des regrets endormis, elle est douloureusement bonne, elle est gaiement méchante; je n'en veux pas et cependant j'en voudrais, c'est un charme. Si vous ne voulez pas rire, je vous avouerais que je la crois sorcière. Mais vous, Madame, vous êtes un esprit fort et vous traitez de superstition tout ce qui n'est pas chinois et philosophie éclectique.

Votre très humble et très aprivoisé

Henri Heine.

27. An Julius Campe.

Paris, den 7. April 1835.

Lieber Campe!

Ich eile, Ihren Brief vom erſten April ſo ſchnell als möglich zu beantworten. Hauptſächlich drängt mich

dazu der Wunsch), Ihnen zu versichern, daß ich bei
Mißhelligkeiten in meinen Autorgeschäften immer die
Verlagshandlung Hoffmann & Campe sehr scharf
von der Person meines alten Freundes Julius Campe
unterscheide. Aber in betreff der besagten Verlagshandlung war ich vollauf berechtigt, die Geduld zu verlieren. Ich hatte an Hoffmann & Campe geschrieben,
daß man mir mit der Post eine gewisse Anzahl Exemplare
meines zweiten „Salons" gleich hierher schicke. Zwei
Monat war das Buch heraus, und ich erhielt keine
Exemplare. Ja, ich habe bis auf diese Stunde sie nicht
erhalten und mußte Absicht in dieser Nichtsendung erkennen, als mir hier in dem Laden von Heideloff &
Campe der gedruckte „Salon" zu Gesicht kam. Beim
flüchtigsten Durchblättern sah ich überall Lücken und
Auslassungen, und ich hatte nichts Eiligeres zu tun,
als in der „Allgemeinen Zeitung" dagegen zu protestieren,
wie es meine Pflicht als Schriftsteller erforderte. Ich
mußte glauben, daß man mir das Buch absichtlich nicht
hergeschickt, damit ich diesen Frevel nur spät erführe,
und alsdann aus Trägheit jede Reklamation unterließe.
Es waren keine Zensurstriche zu sehen, und die unterdrückten Stellen waren mir eben die wichtigsten, sie
hatten durchaus keine politische Gefährlichkeit, und der
Verleger von Börneschen Briefen durfte wahrlich nicht
davor erschrecken. Ich bin überhaupt keineswegs als
Demagoge verrufen, habe den Regierungen Beweise
meiner Mäßigung gegeben, und in einem philosophischen
Buche durfte man wohl einige revolutionäre Boutaden
durchlaufen lassen. Einen Tag später nach der Absendung meiner Erklärung erhielt ich Ihren Brief,

worin Sie mir meldeten, daß die Zensur so viel gestrichen.
Und warum meldeten Sie dieses zwei Monate nach dem
Erscheinen des Buches? Dieses ist um so tadelnswerter,
da ich in der Meinung stehen mußte, daß Bücher über
20 Bogen keiner Zensur unterworfen seien. Ich hatte,
für den Fall, daß mein Manuskript nicht bis zu
20 Bogen ausreiche, Sie ersucht, den „Neuen Frühling“
mit Ausnahme des letzten Gedichtes beizudrucken und
eine Verlegernotiz über diesen schon gedruckten Cyklus
mitzuteilen. Statt dessen sehe ich, daß kein Wort diesen
erneuten Abdruck justifiziert, und dabei fehlen noch
sechs Gedichte von diesem Cyklus . . . ja, es fehlt die
Dedikation sogar . . . ich will dieses alles noch hin=
gehen lassen . . . Aber, es stoßen mir bei dieser Er=
scheinung gar viele widerwärtige Gedanken auf. Ich
lasse mich nicht wie ein Junge, der schweigen muß, be=
handeln. Ich war vielleicht ein kleiner Junge, als Sie
mich zuerst sahen, aber das sind jetzt zehn Jahre, und
ich bin seitdem ganz erschrecklich gewachsen. Und gar
in den letzten vier Jahren; Sie haben keinen Begriff
davon, wie ich groß geworden bin. Ich überrage einen
ganzen Kopf hoch eine Menge Schriftsteller, denen ihre
Verleger, mit welchen sie nicht einmal in Freundschaft
stehen, doppelt so viel Honorar zahlen, wie Sie mir
zahlen. Es ist wahr, ganz kleine Jungen von Schrift=
stellern erhalten jetzt so viel Honorar wie ich; aber das
sollte Sie doch nicht verleiten, meine reelle Größe in
Anschlag zu bringen, wenn es die Behandlung gilt; denn
wahrlich, eben wie eine honette Köchin, habe ich immer
weniger auf Gehalt als vielmehr auf gute Behandlung
gesehen.

Und noch auf diese Stunde habe ich meine Exemplare vom zweiten „Salon" nicht erhalten und mußte für mein armes Geld bei Heideloff ein Exemplar kaufen!

Genug, ich war zur Annonce in der „Allgemeinen Zeitung" hinreichend befugt. Die Verlagshandlung Hoffmann & Campe kann erwidern, was sie will. Ich lasse nichts darüber mehr in der „Allgemeinen Zeitung" drucken. Alles, was ich tun kann, ist, daß ich die Er= widerung dieser Verlagshandlung in meinem nächsten Buche berücksichtige und sie offen und ehrlich jeder Rüge entlaste, die sie nicht verdient. Daß Ihnen diese Ge= schichte verdrießlich, daß Sie über mich ungehalten sind, verdenke ich Ihnen nicht; es macht Ihnen vielmehr Ehre, und es zeigt, daß Sie auf Charakter halten. Das habe ich immer an Ihnen zu schätzen gewußt. Ehrlich gesagt, die freundlichen Stellen Ihres vorletzten Briefes, Ihr Wunsch, daß wir in freundschaftlicher Verbindung bleiben, Ihre heitere Hoffnung der Gevatterschaft hat mir, der ich tags zuvor meine Erklärung in die „All= gemeine" geschickt, sehr wehmütig die Seele bewegt. Sie dürfen mir es auf meine Ehre glauben: die glänzendsten Anerbietungen Ihrer Kollegen habe ich b i s h e u t e unbeantwortet gelassen. Wäre die verdammte Geschichte des Wartens auf Exemplare und der Ärger über die Verstümmelung meines Buches nicht dazwischen ge= kommen, so hätte ich Ihnen bereits meine neuen An= träge gemacht, und Ihnen offen, wie immer, meine Hoffnungen und Wünsche mitgeteilt, und Ihnen be= stimmt gesagt, was ich im Laufe dieses Sommers und Herbstes bringen kann und was ich bringen möchte. Ich

würde heute schon Bestimmtes darüber schreiben, aber
mir summen eine Menge Widerwärtigkeiten um die
Ohren. Jedenfalls binnen acht Tagen erhalten Sie die
versprochenen Erläuterungen. —Ich denke, wenn Sie
bald ein neues Buch von mir dem Publikum bringen,
so ist dieses eine hinlängliche Reparation in den Augen
desselben. — Leben Sie wohl und tun Sie, was Sie
wollen. Mein Ärger ist verraucht, und eigentlich miß=
billigen kann ich nicht, was ich getan. Verlassen Sie
sich immer auf meine Loyalität, und somit Punktum.
Unverändert Ihr

H. Heine.

28. An die Prinzessin Belgiojojo.

Paris, 11 avril 1835.

Votre billet, Princesse, est très claire et je
l'ai très bien compris, très nettement, quoiqu'il
exhale un parfum d'amabilité qui me monte au
cerveau et dérange un peu mes idées. J'ai bien
compris et je serai demain à dix heures et demi
chez Monsieur Mignet pour aller avec lui chez
Monsieur Thiers. Je suis charmé que Monsieur
Mignet se donne tant de peine pour moi, j'en
suis charmé; quand on veut se faire aimer de
quelqu'un, il faut lui donner l'occasion de nous
rendre des services.

Madame, on ne peut pas être plus belle que
vous ne l'êtes de corps et d'âme.

Henri Heine.

29. An August Lewald.

Paris, den 11. April 1835.

Wie soll ich mein Stillschweigen gegen Sie entschuldigen! Und Sie haben noch obendrein die Freundschaft, mir die gute Ausrede zu insinuieren, daß Ihr Brief verloren gegangen! Nein, ich will Ihnen die ganze Wahrheit gestehen, ich habe ihn richtig erhalten, aber zu einer Periode, wo ich bis an den Hals in einer Liebesgeschichte saß, aus der ich mich noch nicht herausgezogen. Seit Oktober hat nichts für mich die geringste Wichtigkeit, was nicht hierauf unmittelbar Beziehung hatte. Alles vernachlässige ich seitdem, niemand sehe ich, und höchstens entfährt mir ein Seufzer, wenn ich an die Freunde denke . . . und so habe ich oft darüber geseufzt, daß Sie mein Stillschweigen mißverstehen dürften, aber zum wirklichen Schreiben konnte ich doch nicht gelangen. Und das ist alles, was ich Ihnen heute sagen kann; denn die rosigen Wangen umbrausen mich noch immer so gewaltig, mein Hirn ist noch immer so sehr von wütendem Blumenduft betäubt, daß ich nicht imstande bin, mich vernünftig mit Ihnen zu unterhalten.

Haben Sie das Hohe Lied des Königs Salomo gelesen? Nun, so lesen Sie es nochmals, und Sie finden darin alles, was ich Ihnen heute sagen könnte.

Warten Sie nur, in kurzem geht eine Veränderung mit mir vor, und dann will ich auch, wie Sie es wünschen, für die Komödianten schreiben, und die Stücke werden gewiß aufgeführt werden können, wenn man nur die Vorsicht braucht, meine Tragödien als

Komödien, und meine Komödien als Tragödien auf den
Zetteln anzukündigen.

Lesen Sie das Hohe Lied von König Salomo; ich
mache Sie aufmerksam auf diesen Mann.

30. An Caroline Jaubert.

Le 22 avril 1835.

J'ai l'honneur, madame, de vous envoyer ci-
joint mon livre sur l'Allemagne. Je vous invite de
lire la sixième partie; j'y parle des ondines, des
salamandres, des gnomes et des sylves. Je sais
bien que mes connaissances par rapport à cette
matière sont très incomplètes, quoique j'aie lu,
dans l'idiome original, les œuvres du grand Aureolus
Theophrastus Paracelsus Bombastus de Hohenheim.

Mais lorsque j'ai écrit mon livre, je n'avais
jamais vu de ces esprits élémentaires; je doutais
même qu'ils fussent autre chose que des produits
de notre imagination, qu'ils n'habitent pas les élé-
ments, mais seulement le cerveau de l'homme . . .;
cependant, depuis avant-hier, je crois à la réalité
de leur existence.

Ce pied que j'ai vu avant-hier ne peut appar-
tenir qu'à un de ces êtres fantastiques dont j'ai
parlé dans mon livre; mais est-ce que c'est le pied
d'une ondine? — je pense qu'il est glissant comme
l'onde et qu'il pourrait bien danser sur l'eau.

Ou appartient-il à une salamandre?

„Il ne fait pas froid, dit Joseph Marteau à

Geneviève, quand le pied de la belle fleuriste embrase son imagination."

Peut-être c'est le pied d'un gnome, — il est assez petit, mignon, fin et délicat pour cela, — ou le pied d'une sylve? La dame est véritablement si aérienne, si féerique . . . Est-elle bonne ou méchante?

Je n'en sais rien; mais ce doute me tourmente, m'inquiète, me pèse. C'est vrai je ne plaisante pas.

Vous voyez, madame, que je ne suis pas encore assez avancé dans la science occulte, que je ne suis pas grand sorcier; je ne suis que votre très humble et très obéissant serviteur.

31. An Rosa Maria Assing.

Joncère, den 30. Junius 1825.

Soeben, werte Freundin, empfange ich Ihren Brief, der mir Ihre Ankunft in Paris meldet. Seit einigen Wochen habe ich diese Stadt verlassen und lebe in der Nähe von Saint-Germain auf dem Schlosse einer schönen Freundin, wo ich noch acht Tage zubringe, ehe ich nach Boulogne sur mer reise. Ich kann unterdessen nur noch einmal nach Paris kommen, weiß aber weder Tag noch Stunde; hoffentlich aber finde ich Sie noch dort. Sie zu verfehlen wäre mir höchst schmerzlich. Wahrscheinlich komme ich Donnerstag; wenn Sie mich für diesen Fall um ein Uhr erwarten wollten, wäre sehr hübsch.

Ich bin höchst begierig, Sie zu sehen und zu
sprechen. Ich bin seit Jahr und Tag ganz ohne un-
mittelbare Nachricht von Ihrem Bruder, meinem lieben,
lieben Freunde. Ich schrieb ihm nie, aus Furcht, daß
meine Briefe ihn kompromittieren könnten; denn man
hat mich in dieser Hinsicht gewarnt. Die tolle Zeit hatte
alle Verhältnisse und Beziehungen so verdrießlich und
unbequem verschoben. — Ich bin ganz

Ihr H. Heine.

32. An Julius Campe.

Paris, den 2. Juli 1835.

„Eh' er singt und eh' er aufhört,
Muß der Dichter leben! —"

Diese Worte, liebster Freund, brauche ich heute
zu meiner Justifikation in jeder Hinsicht. Seit vier
Monaten ist mein Leben so stürmisch bewegt, namentlich
in den drei letzten Monaten schlagen mir die Wogen
des Lebens so gewaltig über den Kopf, daß ich kaum
an Sie denken, viel weniger Ihnen schreiben konnte.
Ich Tor glaubte, die Zeit der Leidenschaft sei für mich
vorüber, ich könnte niemals wieder in den Strudel
rasender Menschlichkeit hineingerissen werden, ich sei den
ewigen Göttern gleichgestellt in Ruhe, Besonnenheit
und Mäßigung — und siehe! ich tobte wieder wie ein
Mensch, und zwar wie ein junger Mensch. Jetzt, dank
meiner unverwüstlichen Gemütskraft, ist die Seele
wieder beschwichtigt, die aufgeregten Sinne sind wieder

gezähmt, und ich lebe heiter und gelassen auf dem Schlosse einer schönen Freundin in der Nähe von Saint=Germain, im lieblichen Kreise vornehmer Personen und vornehmer Persönlichkeiten.

Ich glaube, mein Geist ist von aller Schlacke jetzt endlich gereinigt; meine Verse werden schöner werden, meine Bücher harmonischer. Das weiß ich: vor allem Unklaren und Unedlen, vor allem, was gemein und müssig ist, habe ich in diesem Augenblick einen wahren Abscheu.

Bei solcher Stimmung mögen Sie es gewiß natürlich finden, daß manche unterbrochene Arbeit un=vollendet bleibt, wenigstens für jetzt. Indessen hoffe ich, dennoch in diesem Jahre manches Gute, auf jeden Fall besseres, als meine früheren Arbeiten, zu dichten und zu schaffen. Von hier in kürzester Frist reise ich nach Boulogne sur mer, welches liebliche Meerstädtchen mir, wie Sie wissen, als beste Arbeitsstube dient. Ein kostbares, welterfreuliches Buch will ich dort schreiben. Ich habe mir vor journalistischen Anbringlichkeiten Ruhe geschafft, und trotz der enormen Ausgaben, die ich in diesem Jahre schon bestanden, hoffe ich, daß diese Ruhe nicht durch Finanznöte gestört wird. Zu diesem Behufe will ich heute mit Ihnen überlegen und Ihnen, wie Sie es dringend immer verlangen, bestimmt melden, was Sie für die nächste Zeit von mir zu erwarten haben, was ich von Ihnen wünsche, worauf ich rechne, worauf Sie zählen können, ehrlich und unverhohlen, wie Sie es bei mir gewöhnt sind. Ich habe Ihnen die Ursache meines langen Stillschweigens gemeldet, damit Sie solches keinen falschen Gründen beimessen. Weder hiesige Buchhändler, wie Sie irrig wähnen, noch fremde, die mich in der letzten Zeit, wo mein Name europäisch geworden, mit Anträgen quälen, haben mich in dem Vorsatz, manche Ihrer beschwerlichsten Kitzeleien zu ertragen, wankend gemacht. Ich mache mir über den Charakter Ihrer Herren Kollegen keine Illusion, bei einer Verlagsänderung kann ich höchstens ein oder zwei Louisdor mehr gewinnen, der übliche Ärger wird mir bei keinem erspart werden, ja ich würde auf ganz neue Unerträglichkeiten stoßen. Bei Ihnen, glaub' ich, habe ich das Drückendste überstanden: die Pfeffernüsse, die angeklebten Verlagsanzeigen mit Kot-Renommeen, die Schadenfreude bei schlechten Rezensionen, die ewigen Klagen, die großen Auflagen, die kleinen Foppereien, kurz die Julius-Campejaden. Können Sie Ihre Natur etwas für die Zukunft bezwingen, so tun Sie es doch, bitte! Von den großen Honorarerhöhungen, die Sie zu befürchten standen, sollen Ihnen auch die Haare nicht grau werden. Ich habe nie daran gedacht, mir ein Vermögen zu erschreiben; wenn ich eben habe, was ich brauche, bin ich zufrieden. Knausereien von Ihrer Seite führten immer dahin, daß ich mich lukrativeren Beschäftigungen hingeben mußte. Sie handelten in dieser Beziehung immer unpolitisch. — —

Seien Sie überzeugt, ich werde nie Unbilliges von Ihnen verlangen, und wenn Sie manchmal nicht imstande sind, meine Ansprüche zu präzisieren, so bedenken Sie, daß, wenn Sie sich bei einem Buche wenig, Sie sich bei einem anderen Buche von mir desto mehr Nutzen versprechen können. Genug, ich glaube mit Gewißheit, bei meinem nächsten Buche eine Vogue der außerordent-

lichsten Art prophezeien zu können — wenn Sie keine
Plapperlotte wären, würde ich Ihnen den Titel nennen.
Und nun Lebewohl — ich habe Ihnen meine jüngsten
Mißgeschicke, meine erneute Arbeitslust hinlänglich an=
gedeutet — und ich hoffe, daß Sie mich, der Ihnen
Wunsch und Verlangen offen ausgesprochen, mit lieb=
reicher Antwort unterstützen und beileibe durch keine
Knickerei unmutig machen und zu widerwärtigen An=
knüpfungen mit fremdem Volke nötigen. Ich verlasse
mich auch ein gut Stück auf alte Freundschaft.

Ihr treu ergebener

H. Heine.

33. An Heinrich Laube.

Boulogne sur mer, den 27. September 1835.

Lieber Laube!

Dank, herzlichsten Dank für die unermüdliche Liebe,
die Sie mir bezeugen! Wenn ich Ihnen selten ein
Lebenszeichen gebe, so, ums Himmels willen, schließen
Sie nur nicht auf Indifferenz. Sie sind der einzige
in Deutschland, der mich in jeder Beziehung inter=
essiert; ich fühle dieses tief, und eben deshalb kann ich
Ihnen selten schreiben. Ich fühle mich zu tief bewegt,
wenn ich die Feder ergreife, um Ihnen zu schreiben,
und, wie Sie gewiß gemerkt haben, ich gehöre zu den
Leuten, die vor allen Gemütsbewegungen eine zaghafte
Scheu hegen und sie soviel als möglich vermeiden

möchten. Ach! trotz der größten Vorsicht erfaßt uns ja
oft genug ein übermächtiges Gefühl, das uns jene Klar=
heit des Schauens und Denkens raubt, die ich nicht gern
aufgebe. Sobald unser Sinn getrübt und unser Geist
erschüttert ist, sind wir nicht mehr die Genossen der
Götter. Dieser Genossenschaft — jetzt kann ich es ge=
stehen — habe ich mich lange freuen können; ich
wandelte ruhig und im Lichte; aber seit neun Monden
sind große Stürme wieder in meiner Seele laut ge=
worden, und unabsehbar lange Schatten lagerten sich
um mich her. Dieses Bekenntnis mag Ihnen meine
jetzige Untätigkeit erklären; ich bin noch immer be=
schäftigt, die aufgeregte Seele zu beschwichtigen und wo
nicht zum hellen Tage zu gelangen, doch wenigstens mich
aus einer dicken Nacht hervorzuarbeiten.

Ihren Brief, den Sie mir durch einen
Homöopathen schickten, habe ich richtig erhalten; aber
den Überbringer habe ich leider nicht sehen können, da
ich mich auf dem Lande befand, bei Saint=Germain,
auf dem Schlosse des schönsten und edelsten und geist=
reichsten Weibes . . . in welches ich aber nicht verliebt
bin. Ich bin verdammt, nur das Niedrigste und Törichtste
zu lieben . . . begreifen Sie, wie das einen Menschen
quälen muß, der stolz und sehr geistreich ist?

Ich war nicht wenig Ihretwegen besorgt während
Ihrer Gefangenschaft; Ihr Brief, so wehmütig er mich
auch stimmte, war er mir doch ein beruhigendes Labsal.
Es wird Ihnen schon gut gehen, ich hoffe es, obgleich ich
doch fürchte, daß Sie dem Schicksal, welches Leute
unserer Art verfolgt, nicht entgehen werden. Sie ge=

hören auch nun einmal zu jenen Fechtern, die nur in der Arena sterben.

Eigentlich bin ich böse auf Sie; ich denke so ungern an Deutschland, und Sie sind schuld, daß ich an Deutschland denken muß, denn Sie sind dort, und nun gar soll ich Ihnen dorthin schreiben! Seit zwei Jahren kommt mir aus dem Vaterlande nie viel Erfreuliches, und die Deutschen, die mir in Paris zu Gesicht gekommen, haben wahrlich mich vor Heimweh geschützt. Lumpengesindel, Bettler, die da drohen, wenn man ihnen nichts gibt, Hundsfötter, die beständig von Ehrlichkeit und Vaterland sprechen, Lügner und Diebe — doch das brauche ich Ihnen nicht zu sagen; aus Ihrem Briefe ersah ich, daß Sie von selbst mich beklagten ob des sauberen Personals, das sich mir hier als deutsche Landsmannschaft präsentiert. Poignées de main habe ich den schmutzigen Gesellen nie geben können, und jetzt versage ich ihnen sogar den Anblick meines Antlitzes.

Ich bin trübe und bitter heute gestimmt; ich lebe am Meer, und meine Gedanken tragen immer dessen Kolorit; heut ist das Meer dunkelgelb mit ganz schwarzen Streifen. — Werde noch einige Zeit hier bleiben; wenn Sie mir zu schreiben haben, adressieren Sie den Brief nur an M. Henri Heine, recommandé aux soins de M. Mangin à Boulogne sur mer.

Ich bin in diesem Augenblick ganz ohne Fetzen Manuskript und kann Ihnen für den Almanach nur die beifolgenden vier Gedichte anbieten. Leider gehören sie nicht zu meinen vorzüglicheren Produkten. Ich bitte, beurteilen Sie sie selbst mit unparteiischer Gelassenheit;

und sind Sie ebenfalls meiner Meinung, daß sie nicht
vorzüglich, so lassen Sie sie beileibe nicht drucken. —
Nr. 4 gefällt mir am besten, und dieses Gedicht schützt
vielleicht die anderen. Kann Nr. 4 des freien Tones
halber nicht gedruckt werden, so muß ich dringend ver=
langen, daß auch die drei anderen Gedichte nicht gedruckt
werden. — Lassen Sie an Wolff einen freundlichen
Gruß zukommen. —

Ihre „Reisenovellen" habe ich mir nie verschaffen
können. Kenne nur Ihren Roman. Die vier bis fünf
letzten Monate Ihrer „Eleganten Welt" habe ich,
aber erst Ende vorigen Jahres, zu Gesicht bekommen.
Das war mir eine erquickliche Lektüre. — Ich kriege
hier in Frankreich nur durch Zufall manchmal ein
ästhetisches Blatt zu Gesicht. Gibt's von daher etwas
für mich Interessantes in diesem Augenblick? — Eine
Mischung von Pöbeltum und Schurkenhaftigkeit ist doch
der Menzel. Leben Sie wohl. Ich schreibe Ihnen bald
wieder.

Ihr Freund

H. Heine.

34. An Julius Campe.

Boulogne sur mer, den 11. Oktober 1835.

Edelster Citoyen der Republik Hamburg!

Die zwei Briefe, die Sie mir hierher geschrieben,
habe ich seinerzeit richtig erhalten. Es ist mir nie ein

Zweifel in den Sinn gekommen, daß wir, wenn wir uns
einander verständlich gemacht, nicht übereinstimmen
sollten. Vor vier Wochen ungefähr habe ich Ihnen
durch das Dampfboot von Havre das Manuskript „Die
romantische Schule" zugeschickt. Ich zweifle nicht, daß
Sie es richtig erhalten haben; doch ist es Nachlässigkeit,
daß ich Sie nicht bat, mir gleich den Empfang an=
zuzeigen. Sie werden sich nun mit eigenen Augen
überzeugt haben, daß ich zu den beiden Literaturbändchen
ein gutes Stück hinzuschreiben mußte, um ein Ganzes zu
bilden, um dem Buch seinen neuen Titel geben zu dürfen;
und ich weiß, es ist für Sie von dem größten Nutzen, daß
ich dem Buche mit Recht einen neuen Titel geben konnte.
Ich bin jetzt mit dem Buch zufrieden, ich glaube, es
enthält keine einzige schwache Stelle, und es wird als
nützliches, lehrreiches und zugleich ergötzlich unter=
haltendes Buch länger leben, als der Verfasser und der
Verleger, denen beiden ich doch jedenfalls ein langes
Leben wünsche. Einige Stellen im Manuskript, wo ich
das Geburtsjahr oder Sterbedatum der Schriftsteller
offen gelassen, werden Sie, wie sich von selbst versteht,
ergänzt haben. Sie werden bemerkt haben, daß ich
auch hier und da Zensur ausübte; und ich rechne darauf,
daß mir kein Wort im ganzen Buch ausgelassen wird.
Ist mir es nicht möglich, unverstümmelt gedruckt zu
werden, so will ich lieber die ganze deutsche Schrift=
stellerei aufgeben. Die letzte Zeile der Vorrede, wenn
Sie sie zu herbe finden, mögen Sie indessen immerhin
ausstreichen! Ich hoffe, der Titel „Romantische Schule"
gefällt Ihnen. Für mein nächstes Buch habe ich noch
keinen Titel, und ich weiß nicht, ob ich es nicht gar

lieber als dritten Salonteil erscheinen lasse. Doch
darüber zu seiner Zeit, und in solchen Außendingen höre
ich gern von Ihnen Rat. Obgleich ich sehr fleißig bin, so
rücken meine Arbeiten nur langsam vorwärts. Ich habe
die Dummheit begangen, an zwei heterogenen Thematis
zu gleicher Zeit zu arbeiten. Vor Januar werde ich
wohl nicht fertig, welches mich sehr verstimmt. — Um
ungestört arbeiten zu können, entschließ' ich mich viel=
leicht, noch zwei Monat von Paris enfernt zu bleiben.
Das ist Heroismus. Über die Summe, die Sie schon
seit drei Monaten zu meiner Verfügung haben, werde
ich heute trassieren. Für die mitgeteilten Nachrichten
danke ich herzlich. Da ich gar keine deutschen Journale
zu Gesicht bekomme und mit n i e m a n d in Deutsch=
land korrespondiere, so werden Sie mich immer ver=
pflichten, wenn Sie mir Interessierendes schreiben. Ist
etwas herausgekommen, wo meine Wenigkeit im Guten
oder im Bösen besprochen wird, so bitte ich Sie, es mir
zu schicken. Die Deutschen in Paris sind ein Lumpen=
haufen, womit ich nicht verkehren will, und die deshalb
alle möglichen Niederträchtigkeiten gegen mich ausüben.
Was schadet's! Leben Sie wohl, heiter und geduldig.

Ihr Freund

H. Heine.

35. An Heinrich Laube.

Boulogne sur mer, den 23. November 1835.

Liebster Laube!

Ihr Brief, den ich zu beantworten eile, hat mir

eine peinliche Stimmung verursacht. Ich ersah daraus
die Unerquicklichkeit dortiger Zustände und Ihre eigenen
beängstigenden Wirrnisse. Seit etwa dreieinhalb
Monaten, wo ich von Paris entfernt, habe ich kein
deutsches Journal zu Gesicht bekommen, und außer
einigen Andeutungen im Briefe meines Verlegers vor
vier Wochen habe ich von dem literarischen Greuel, der
losgebrochen ist, nichts erfahren. — Ich beschwöre Sie
bei allem, was Sie lieben, in dem Kriege, den das junge
Deutschland jetzt führt, wo nicht Partei zu fassen, doch
wenigstens eine sehr sch ü tz e n d e Neutralität zu be=
haupten, auch mit keinem Worte diese Jugend an=
zutasten. — Machen Sie eine genaue Scheidung zwischen
politischen und religiösen Fragen. In den politischen
Fragen können Sie soviel Konzessionen machen, als Sie
nur immer wollen, denn die politischen Staatsformen
und Regierungen sind nur Mittel; Monarchie oder
Republik, demokratische oder aristokratische Institutionen
sind gleichgültige Dinge, solange der Kampf um die
ersten Lebensprinzipien, um die Idee des Lebens selbst,
noch nicht entschieden ist. Erst später kommt die Frage,
durch welche Mittel diese Idee im Leben realisiert
werden kann, ob durch Monarchie oder Republik, oder
durch Aristokratie, oder gar durch Absolutismus, ...
für welchen letzteren ich gar keine große Abneigung
habe. Durch solche Trennung der Frage kann man auch
die Bedenklichkeiten der Zensur beschwichtigen; denn
Diskussion über das religiöse Prinzip und Moral kann
nicht verweigert werden, ohne die ganze p r o =
t e st a n t i s ch e Denkfreiheit und Beurteilungsfreiheit
zu annullieren; hier bekömmt man die Zustimmung der

Philister . . . Sie verstehen mich, ich sage: das
religiöse Prinzip und Moral, obgleich beides Speck und
Schweinefleisch ist, eins und dasselbe. Die Moral ist
nur eine in die Sitten übergegangene Religion (Sitt-
lichkeit). Ist aber die Religion der Vergangenheit ver-
fault, so wird auch die Moral stinkicht. Wir wollen
eine gesunde Religion, damit die Sitten wieder ge-
sunden, damit sie besser basiert werden, als jetzt, wo sie
nur Unglauben und abgestandene Heuchelei zur Basis
haben.

Vielleicht ohne diese Andeutungen werden Sie begriffen haben, warum ich mich immer in der protestantischen Befugnis verschanzt, so wie Sie auch leicht die
pöbelhafte List der Gegner begriffen, die mich gern
in die Synagoge verwiesen, mich, den geborenen
Antagonisten des jüdisch = mohammedanisch = christlichen
Deismus. Mit welchem Mitleiden ich auf die Würmer
herabsehe, davon haben Sie keinen Begriff. Wer das
Losungswort der Zukunft kennt, gegen den vermögen
die Schächer der Gegenwart sehr wenig. Ich weiß,
wer ich bin. Jüngsthin hat einer meiner saint-simoni-
stischen Freunde in Ägypten ein Wort gesagt, welches
mich lachen machte, aber doch sehr ernsthaften Sinn
hatte; er sagte, ich sei der erste Kirchenvater der
Deutschen.

Dieser Kirchenvater hat in diesem Augenblick sehr
viel Dinge um die Ohren, die ihn in Frankreich sehr
andrängend beschäftigen und es ihm unmöglich machen,
in Deutschland das neue Evangelium zu vertreten.
Wird die Not groß, so werde ich doch ins Geschirr gehen.
Daß man mit Herrn Menzel just zu schaffen hat, ist

ekelhaft. Er ist ein schäbiger Bursche, an dem man sich nur besudeln kann. Er ist durch und durch ein heuchlerischer Schurke. Wenn man Stricke schreiben könnte, so hinge er längst. Er ist eine gemeine Natur, ein gemeiner Mensch, dem man Tritte in den H . . . geben sollte, daß ihm unsre Fußspitze zum Halse herauskäme.

Und jetzt anzugreifen! jetzt, wo die Gegenpartei den Fuß auf unseren Nacken hat, das konnte nur ein Menzel, dem es nie mit unserer Sache Ernst war, der sich nur nach der Juliusrevolution uns anschloß, als sich im Hintergrunde positive Vorteile darboten. Und so sind wieder allerlei Bübereigedanken im Hintergrunde jetzt, wo er der antiliberalen Partei auf unsere Kosten ein moralisches Vergnügen bereitet. Ziehen Sie Handschuhe an, mein Teuerster, und nehmen Sie einen guten Stock, und züchtigen Sie diesen schmutzigen Wicht, wie er es verdient, d. h. in seiner persönlichen Geschichte, die so viel Blößen bietet. Das ist Ihre Sache; lassen Sie sich aus Breslau und der Schweiz, wo er gestänkert, die nötigen Details geben zu einer Biographie. Er kriegt gewiß von der Jugend der deutschen Universitäten seine tatsächlichsten Schläge . . .

Ich befinde mich in diesem Augenblick in mancherlei Verdrießlichkeiten, deren Schauplatz Paris, und die mich wohl bis zum Frühjahr in Anspruch nehmen. Dem Journal, das Sie jetzt zur Auferstehung bringen, kann ich also nicht viel versprechen; gern jedoch will ich meinen Namen daran knüpfen, und die Gedichte, die Sie von mir haben, können Sie drucken. Anbei noch zwei Schnitzel, die ebenfalls nicht viel wert sind. Das

Gedicht jedoch), welches anfängt: „Ich bin nun dreiund=
dreißig Jahre alt, und du bist fünfzehnjährig kaum",
können Sie immerhin abdrucken, aber ich bitte Sie,
meinen Namen nicht darunter zu setzen; die Natürlichkeit
ist hier bis zur Karikatur gesteigert, das fühl' ich; es
war ein Versuch, Jahrzahlen und Datum im Gedichte
einzuführen. — Mit dem übrigen jungen Deutschland
steh' ich nicht in der mindesten Verbindung; wie ich
höre, haben sie meinen Namen unter die Mitarbeiter
ihrer neuen Revue gesetzt, wozu ich ihnen nie Erlaubnis
gegeben habe. — Einen guten Rückhalt sollen diese
jungen Leute dennoch an mir haben, und es wäre mir
höchst verdrießlich, wenn es zwischen letzteren und
Ihnen zu Reibungen käme. Ich bitte Sie, durch gemein=
schaftliche Freunde diese jungen Leute von den Be=
dingnissen Ihrer Stellung zu unterrichten, damit nicht
Mißverstand ein Unheil anrichte.

Vergessen Sie das nicht. — In allen Fällen rechnen
Sie auf die gefühlteste Teilnahme bei allem, was Sie
persönlich betrifft. Daß Sie mit einigen meiner
Berliner Freunde in gutes Verständnis getreten, ist mir
lieb. Varnhagen ist einer der außerordentlichsten
Menschen und klar und sicher: wir sind so einverständig,
daß wir gar nicht einmal eines Briefwechsels bedürfen.
— Ihre Frage in betreff einer Rückkehr nach Deutsch=
land hat mir sehr weh getan; denn ungern gestehe ich,
daß dieses freiwillige Exil eines der größten Opfer ist,
die ich dem Gedanken bringen muß. Ich würde
bei meiner Rückkehr eine Stellung einnehmen müssen,
die mich allen möglichen Mißdeutungen aussetzen könnte.
Ich will auch den Schein des Unwürdigen vermeiden.

— Soviel ich weiß, kann keine Regierung mir etwas an=
haben, ich bin von allen Umtrieben des Jakobinismus
entfernt geblieben; die famose Vorrede, die ich bei
Campe, als sie schon gedruckt war, zu vernichten ge=
wußt, ist später nur durch den preußischen Spion
Klaproth in die Welt gekommen, das wußte die Gesandt=
schaft, so daß mir auch nicht einmal ein Preßvergehen
stark aufgebürdet werden kann; von allen Seiten
kommen mir freundliche Stimmen ans Ohr durch die
Diplomaten, mit denen ich in Paris sehr gut stehe . . .
aber alles dieses sind Gründe, die mich von einer Heim=
kehr viel eher abhalten, als dazu anreizen. — Hierzu
kommt noch die Erbitterung der deutschen Jakobiner in
Paris, die, wenn ich nach Hause ginge, um wieder
deutsches Sauerkraut zu essen, hierin den Beweis des
Vaterlandsverrates sehen würden. Bis jetzt können sie
mich doch nur durch Mutmaßungen verleumden; bis
jetzt habe ich doch der Verleumdung noch keine Fakta
in die Küche geliefert. Meine Reise nach Wien, wie
Sie sehen, muß daher auf sehr lange Zeit hinausgeschoben
werden. — In einigen Wochen werde ich nach Paris
zurückkehren. Haben Sie mir vorher noch etwas
wissen zu lassen, so schreiben Sie nur hierher. Selbst
wenn ich auch nach Paris schon gegangen wär, würde
mir Ihr Brief von hier aus richtig zugeschickt werden.
Leben Sie wohl und heiter.

Ihr Freund

H. Heine.

36. An Mignet.

Boulogne sur mer, 12 décembre 1835.

Je vous prie, mon cher Mignet, de ne pas m'oublier. On m'a toujours parlé de la noble solidité de votre caractère; on m'a dit que vous avez l'âme moins girouette que celle des autres Gaulois, que vous êtes plus sûr . . . eh bien! prouvez-le, et ne m'oubliez pas, quoique je suis déjà depuis quatre mois éloigné de Paris. — Vous devinerez facilement et vous approuverez complètement les raisons de cet exile volontaire; vous me reverrez tout à fait guéri et le cœur épuré de ses souillures douloureuses.

Je suis ici assez bien occupé; d'abord j'ai trouvé une bonne bibliothèque, et je fais des grandes études sur les premiers siècles de l'Église- puis je vais assez souvent à la pêche, qui mal heureusement n'est pas très abondante cette année. Je mène ici cette vie humble et rêveuse qui me va mieux que la vie brillante et inquiète du grand monde. Je ne vois ici que des pauvres pêcheurs, dont les enfants m'aiment beaucoup, pour mes beaux contes de fées, que je leur raconte le soir au coin du feu.

Présentez mes respects à madame la Princesse. Je sais bien qu'elle ne pense pas à moi pendant mon absence, et ma foi! je n'ai pas la prétention de m'en fâcher. Elle fait déjà assez pour moi en daignant m'accorder un sourire amicale quand je suis dans sa gracieuse présence. Je ne lui écris pas, pour ne pas provoquer une réponse. Elle est jeune et jolie et très jolie et spirituelle et Princesse et la saison des plaisirs a déjà commencé à Paris ... et je serais un monstre, un barbare, un tedesco, je lui volerais un seul de ces précieux moments, en lui demandant de ses nouvelles! Un jour qu'elle ne sera que spirituelle et Princesse, et que moi je serai tout à fait son Ballanche, alors je lui écrirai des grandes lettres et elle me répondra de longues pages ... Mais je prie le bon Dieu de retarder ce jour aussi longtemps que possible.

Cependant, il me faut savoir comment la Princesse se porte, et c'est vous, M. Mignet, qui m'écrira cela, poste-restante à Boulogne-sur-mer.

Je vous aime beaucoup,

Votre tout dévoué,

Henri Heine.

37. An Julius Campe.

Boulogne sur mer, den 4. Dezember 1835.

Liebster Campe!

Herzlichen Dank für die freundlichen Mitteilungen Ihres Briefes vom 23. Oktober. Seit vier Monaten habe ich, außer Ihrem Briefe, nichts aus der deutschen

Preßwelt erfahren. In drei bis vier Wochen bin ich in Paris, wo ich über den literarischen Bürgerkrieg das Nähere zu ermitteln forsche. Daß Herr Menzel ein Lump ist, daß er die kleine Macht, die ihm der Zufall in die Hände gegeben, nämlich das „Literaturblatt", immer mißbrauchen wird, habe ich längst gewußt. Er hat auch mich manchmal angebellt, aber ich hab' ihm nie den Ruhm gegönnt, von meiner Hand zur Unsterblichkeit gezüchtigt zu werden.

Ich habe hier sehr schlechte Geschäfte gemacht, besonders in betreff des Fischfanges. Wir haben dieses Jahr wenig Fische gefangen in der Nordsee. Hoffentlich ist es Ihnen auf der Jagd besser gegangen. Sonderbar, der Verleger ist ein Jäger und der Autor ist ein Fischer; dieses verhinderte aber nicht den letzteren, sehr viel Böcke in diesem Jahre zu schießen. Der Herr Jäger kann dagegen gewiß mit vielen Krebsen aufwarten. — Seit sechs Wochen habe ich einen Stockschnupfen, und trotz= dem schreib' ich an meinen Büchern. Denn ich treibe jetzt in der Literatur die doppelte Buchhaltung; es ist ein Versuch. Dieser Tage wird wohl ein Buch fertig, in Paris schreib' ich es ab, und so werden Sie wohl Ende nächsten Monats Manuskript bekommen. Ich habe mich noch nicht darüber entschlossen, ob ich das Buch separat oder als dritten Salonband erscheinen lasse: da es höchst amüsant ist, auch populär, für alle Klassen berechnet, so entschließe ich mich vielleicht, die zwei Salonbände damit zu remorquieren. Herr Jäger, das ist ein Seeausdruck, es heißt: ans Schlepptau nehmen.

In einigen Wochen werde ich die Anker lichten und nach Paris zurücksegeln. Briefe und Pakete

abreſſieren Sie gefälligſt dorthin: Grand Hôtel de
Bristol, rue Traversière, Saint-Honoré, à Paris.
— Ich werde nämlich dieſen Winter ins bewegteſte
Quartier ziehen und mich im Mittelpunkt des geſelligen
Lebens herumtreiben. — Den 15. dieſes Monats traſſiere
ich wieder auf Sie die gleiche Summe wie das vorige
Mal. Für die freundliche Zahlung meiner letzten Tratte
danke herzlich. — Vergeſſen Sie nicht, meiner Mutter
die „Romantiſche Schule" zu ſchicken. — Haben Sie
mir nicht mal geſchrieben, daß Sie eine Literatur-
geſchichte von Schleſier herausgäben? Aus ſeinen Auf-
ſätzen gefiel er mir ſehr wohl. Wo iſt Wienbarg?
Seine „Äſthetiſchen Feldzüge" hab' ich erſt vor kurzem
und zwar zufällig geleſen; es iſt mir leid, daß ich ihn
nicht mündlich darüber ſprechen kann. — Leben Sie
wohl und grüßen Sie mir alle guten Bekannten.
Hoffentlich befindet ſich Ihre Familie wohl. Ich
wünſche Ihnen eine gute Jagd; que le bon Dieu
vous prenne dans sa sainte et digne garde.

38. An Julius Campe.

Paris, den 12. Januar 1836.

Liebſter Campe!

Ihre Briefe, ſowohl den erſten, welchen Sie ans
Hotel d'Eſpagne abreſſiert, als den zweiten, welchen Sie
rue Traversière abreſſiert, habe ich richtig erhalten.
Ich wohne jetzt weder hier, noch dort; nur auf einige

Tage war ich rue Traversière abgestiegen, bis mein
neues Appartement fertig wurde. Dieses ist prächtig
und wollüstig angenehm, so daß ich jetzt warm und wollig
sitze. Es ist Cité Bergère Nr. 3, welche Adresse Sie
gefälligst auf Ihre Briefe setzen wollen.

Meine Bücher, die Exemplare der „Romantischen
Schule" habe ich jetzt erhalten, und ich überlasse Ihrer
Imagination, sich die Gefühle vorzustellen, die mir die
Verstümmelungen darin erregten. Ihre Entschuldigung,
daß das Buch dem Zensor in die Hände kam, zu einer
Zeit, als die Denunziationen des Stuttgarter „Literatur-
blattes" die Behörden in Alarm setzten, ist gewiß triftig.
Ich habe deshalb keine öffentliche Anzeige darüber ge-
macht, welches doch nötig wäre, da meine Feinde glauben,
ich selbst hätte im Buche die scharfen Stellen ausgemerzt.

Ich überlasse diese Ankündigung Ihnen selbst, lieber
Campe, und habe dabei noch einen Nebenzweck. Es wird
dadurch Menzeln ein Schabernack gespielt, indem das
Gehässige seiner Denunziationen recht hervortritt, wenn
Sie eine Anzeige machen, worin Sie melden, daß Sie
nicht geglaubt hätten, daß mein Buch einer schweren
Zensur unterliegen würde, daß Sie mir Hoffnung ge-
macht, mein Werk unverkürzt drucken zu dürfen, daß
Sie aber nicht voraussehen konnten, daß Denunziationen,
wie die Menzelschen, in einem Augenblick erscheinen
würden, wo mein Buch in Händen eines Zensors war.
Wenn Sie sagen könnten, daß der Zensor, um seine
Strenge zu entschuldigen, auf das erwähnte „Literaturblatt" Sie verwiesen, so können Sie die Sache noch
eklatanter machen. Sie müssen sagen, daß Sie es Ihrem
Freunde, mir, schuldig zu sein glauben, mich des Ver-

70

dachtes feiger Konzessionen zu entheben. (Auch aus
Unglücken muß man Vorteil zu ziehen suchen.)

Über den Artikel der „Nüremberger Zeitung",
wonach meine Schriften in Preußen, nebst denen des
übrigen „Jungen Deutschland", verboten seien, weiß ich
Ihnen heute noch nichts zu sagen. Ich erwarte von
Ihnen hierüber nähere Bestätigung und Aufschlüsse. Ich
denke, auch Sie lassen sich nicht so leicht einschüchtern.
Die ganze Verfolgung des „Jungen Deutschlands" nehme
ich nicht so wichtig. Sie werden sehen: viel Geschrei
und wenig Wolle. Sollte ich wirklich auf eine Pro-
skriptionsliste gestellt sein, so glaube ich, daß man nur
Demarchen von meiner Seite verlangt, um mich davon
zu lösen. Es ist nur auf Demütigungen abgesehen. Das
Unerhörte, das Verbot von Büchern, die noch nicht geschrieben sind, darf Preußen nicht wagen, zu dem öffentlichen Unwillen käme da noch das Ridikül. Ich lasse
mich nicht verblüffen und bin der Meinung: je keckere
Stirne man bietet, je leichter lassen sich die Leute behandeln! Angst ist bei Gefahren das Gefährlichste. Im
Bewußtsein, seit vier Jahren nichts gegen die Regierungen geschrieben zu haben, mich, wie es notorisch ist,
von dem Jakobinismus geschieden zu haben, kurz bei
gutem loyalen und royalen Gewissen, wie ich bin, werde
ich nicht so feige sein, die jungen Leute, die politisch
unschuldig sind, zu desavouieren, und ich habe im Gegenteil gleich eine Erklärung nach der „Allgemeinen Zeitung"
geschickt (die vielleicht schon gedruckt ist), worin ich erkläre, daß ich gar keinen Anstand genommen hätte, an
der „Deutschen Revue" mitzuarbeiten. — Spaßhaft
genug ist es, daß ohne die letzten Vorfälle ich mir nie

in den Sinn kommen laſſen, an irgend einer ſolchen Zeit=
ſchrift zu arbeiten; auch habe ich bis auf dieſe Stunde
weder an Gutzkow, noch an Wienbarg irgend eine Silbe
auf ihre Zuſchrift geantwortet. (Ich habe wichtigere
Dinge im Kopfe.) Wo iſt jetzt Wienbarg? Geben Sie
mir ſeine Adreſſe.

Sollte die preußiſche Regierung ſich wirklich zu
jenem proſkribierenden Wahnſinn verleiten laſſen, ſo
glaube ich weit leichter als irgend jemand ihre Dekrete
eludieren zu können: ich glaube, ausgezeichnet genug zu
ſchreiben, daß ich nötigenfalls meinen Namen vom Titel=
blatt fortlaſſen dürfte. Auf jeden Fall aber werde ich
in meinem nächſten Buche gar nichts geben, was politiſch
oder religiös mißfällig ſein könnte, und ich richte es
danach ein, daß ein Zenſor auch kein einziges Wort
daran ſtreichen kann. Dieſes gibt mir nun freilich neue
Arbeit, und einen großen Teil fertigen Manuſkriptes muß
ich zur Seite legen. Da ich, wie Sie wiſſen, hier nur
wenige Blätter zu Geſicht bekomme, ſo bitte ich Sie,
mich über alles, was dort in Beziehung auf mich gedruckt
wird, au courant zu halten.

Und nun leben Sie wohl, und laßt uns in
ſchwierigen Zeiten ebenſoviel Gelaſſenheit zeigen, wie bei
unſeren Gegnern ſtürmiſche Wut zum Vorſchein kömmt.
— Ich befinde mich geſünder und heiterer als jemals
und genieße mit vollſaugender Seele alle Süßigkeiten
dieſer Luſtſaiſon. Dank den ewigen Göttern!

Ihr Freund

H. Heine.

39. An die hohe Bundesversammlung.

Paris, Cité Bergère Nr. 3, den 28. Januar 1836.

Mit tiefer Betrübnis erfüllt mich der Beschluß, den Sie in Ihrer 31. Sitzung von 1835 gefaßt haben. Ich gestehe Ihnen, meine Herren, zu dieser Betrübnis gesellt sich auch die höchste Verwunderung. Sie haben mich angeklagt, gerichtet und verurteilt, ohne daß Sie mich weder mündlich noch schriftlich vernommen, ohne daß jemand mit meiner Verteidigung beauftragt worden, ohne daß irgend eine Ladung an mich ergangen. So handelte nicht in ähnlichen Fällen das heilige römische Reich, an dessen Stelle der deutsche Bund getreten ist; Doktor Martin Luther, glorreichen Andenkens, durfte, versehen mit freiem Geleite, vor dem Reichstage erscheinen und sich frei und öffentlich gegen alle Anklagen verteidigen. Fern ist von mir die Anmaßung, mich dem hochteuren Manne zu vergleichen, der uns die Denkfreiheit in religiösen Dingen erkämpft hat; aber der Schüler beruft sich gern auf das Beispiel des Meisters. Wenn Sie, meine Herren, mir nicht freies Geleit bewilligen wollen, mich vor ihnen in Person zu verteidigen, so bewilligen Sie mir wenigstens freies Wort in der deutschen Druckwelt und nehmen Sie das Interdikt zurück, welches Sie gegen alles, was ich schreibe, verhängt haben. Diese Worte sind keine Protestation, sondern nur eine Bitte. Wenn ich mich gegen etwas verwahre, so ist es allenfalls gegen die Meinung des Publikums, welches mein erzwungenes Stillschweigen für ein Eingeständnis strafwürdiger

Tendenzen oder gar für ein Verleugnen meiner Schriften
ansehen könnte. Sobald mir das freie Wort vergönnt
ist, hoffe ich, bündigst zu erweisen, daß meine Schriften
nicht aus irreligiöser und unmoralischer Laune, sondern
aus einer wahrhaft religiösen und moralischen Synthese
hervorgegangen sind, einer Synthese, welcher nicht bloß
eine neue literarische Schule, benamset d a s j u n g e
D e u t s c h l a n d , sondern unsere gefeiertsten Schriftsteller, sowohl Dichter als Philosophen, seit langer Zeit
gehuldigt haben. Wie aber auch, meine Herren, Ihre
Entscheidung über meine Bitte ausfalle, so seien Sie doch
überzeugt, daß ich immer den Gesetzen meines Vater-
landes gehorchen werde. Der Zufall, daß ich mich außer
dem Bereich Ihrer Macht befinde, wird mich nie verleiten, die Sprache des Habers zu führen; ich ehre in
Ihnen die höchsten Autoritäten einer geliebten Heimat.
Die persönliche Sicherheit, die mir der Aufenthalt im
Auslande gewährt, erlaubt mir glücklicherweise, ohne
Besorgnis vor Mißdeutung Ihnen, meine Herren, in
geziemender Untertänigkeit die Versicherung meiner
tiefsten Ehrfurcht darzubringen.

H e i n r i c h H e i n e ,
beider Rechte Doktor.

40. An Heinrich Laube.

Paris, den 31. März 1836.

Liebster Laube!

Glauben Sie nur beileibe nicht, daß ich wenig an
Sie denke; nur das Schreiben wird mir saurer, als Sie

sich vorstellen. Heute habe ich an Varnhagen zu
schreiben, und will diese Zeilen für Sie mitschicken.
Grüße, aus tiefster Seele hervorblühende Grüße, dar=
unter auch einige für Ihre Frau!

Wie beneide ich Ihre Einsamkeit, ich, der ich ver=
dammt bin, in dem wildesten Strudel der Welt zu leben,
und nicht zu mir selber kommen kann und betäubt bin
von den schreienden Tagesnöten und müde bin wie ein
gehetzter Stier, ich will nicht sagen wie ein Hund. —
Wie sehne ich mich nach einer ruhigen deutschen Festung,
wo eine Schildwache vor meiner Tür stünde und
niemanden hereinließe, weder meine Geliebte noch die
übrigen Qualen — mit Leidenschaft lechze ich nach Stille!

Durch Herrn Savoye (welchen ich nicht liebe) habe
ich Ihren letzten Brief erhalten. Was Sie mir darin
von Ihrer Literaturgeschichte sagen (wovon ich bereits
seit Jahr und Tag höre), freut mich. Freilich, wir müssen
uns wehren, und auch ich werde bald wieder einen
kritischen Tanz anstimmen. Indessen, ich hege nicht die
geringste Furcht vor den Zusammenrottungen unserer
Gegner; diese werden, einer nach dem andern, zugrunde
gehen. Sehen Sie doch, wie ruiniert ist Menzel, Tieck
und Konsorten! Wir leben. Traurig sind die
Spaltungen unter den Bundesgenossen. Ich habe
Mundt und Gutzkow sehr gern, aber in ungetrübter
Verbindung könnte ich mit ihnen nicht leben, wie mit
Ihnen, dem einzigen, womit ich mich ganz und gar
sympathisiere und mit welchem ich mich in der wohl=
tuendsten Harmonie befinde. Nun zerren sie sich unter
sich, Gutzkow und Mundt. Ersterer ist ein mauvais
coucheur, obgleich der begabtere.

Werden Sie mit dem Druck Ihrer Literaturgeschichte nicht eher beginnen, als bis das ganze Werk fertig?

Ich will Ihnen einen Vorschlag machen. Schicken Sie mir (im Falle Sie bald das Werk vollendet zu haben gedenken) eine Abschrift Ihrer Literaturgeschichte hierher nach Paris, eine leserliche, womöglich mit l a t e i - n i s c h e n Lettern geschriebene Abschrift, die ich hier u n t e r m e i n e n A u g e n übersetzen lasse — so daß das Werk zu gleicher Zeit in Deutschland und in Frank-reich herauskommen kann. Wie gefällt Ihnen diese Idee? Das Buch erhält dadurch gleich eine europäische Wichtig-keit und erreicht dadurch schneller seinen Zweck. Ich will schon dafür sorgen, daß es meisterhaft übersetzt wird (die meisten hiesigen Translatoren sind Stümper) und die französische Ausgabe in den hiesigen Journalen die nötigen Trompetenartikel bekömmt. — Leben Sie wohl und heiter. — Ich bin sehr verstimmt. — Meine Adresse ist Rue Cadet Nr. 18.

Ihr Freund

H. Heine.

41. An August Lewald.

Coudry, près Le Plessi, chemin de Fontainebleau, den 3. Mai 1836.

Seit gestern mittag bin ich auf dem Lande und genieße den holdseligen Monat Mai . . . es fiel nämlich diesen Morgen ein sanfter Schnee, und die Finger

zittern mir vor Kälte. Meine Mathilde sitzt neben mir
vor einem großen Kamin und arbeitet an meinen neuen
Hemden; das Feuer übereilt sich nicht im Brennen, ist
durchaus nicht leidenschaftlich gestimmt und verkündet
seine Gegenwart nur durch einen gelinden Rauch. Ich
habe die letzte Zeit in Paris sehr angenehm verlebt, und
Mathilde erheitert mir das Leben durch beständige Un=
beständigkeit der Laune; nur höchst selten noch denke ich
daran, mich selbst zu vergiften oder zu asphyxieren; wir
werden uns wahrscheinlich auf eine andere Art ums
Leben bringen, etwa durch eine Lektüre, bei der man
vor Langeweile stirbt.

Herr ** hatte ihr soviel Rühmliches über meine
Schriften gesagt, daß sie keine Ruhe hatte, bis ich zu
Renduel ging und die französische Ausgabe der „Reise=
bilder" für sie holte. Aber kaum hatte sie eine Seite
drin gelesen, als sie blaß wie der Tod wurde, an allen
Gliedern zitterte und mich um Gottes willen bat, das
Buch zu verschließen. Sie war nämlich auf eine ver=
liebte Stelle drin gestoßen, und eifersüchtig wie sie ist,
will sie auch nicht einmal, daß ich v o r ihrer Regierung
einer anderen gehuldigt haben sollte; ja, ich mußte ihr
versprechen, daß ich hinfüro auch keine Liebesphrasen an
erfundene Idealgestalten in meinen Büchern richten
wolle.

Für Ihre Bemühungen, meine reellsten Interessen
betreffend, sage ich Ihnen meinen tiefinnigsten Dank.
Meine Finanzen sind durch die miserabeln Zeitereignisse
in hinlänglich trüben Zustand geraten, als daß ich nicht
jede Förderung von dieser Seite mit Dank anerkennen
würde.

(In diesem Augenblick kommt eine alte Bauersfrau, die mich rasieren will. Ich zittre vor ihrem Messer. — Ich bitte, Freund, beten Sie für mich!)

Rasiert bin ich, aber wie! und unter welchen Qualen! Was muß nicht ein Dichter ausstehen in dieser rauhen Welt! Zumal, wenn er sich nicht selbst rasieren kann. Aber ich will's jetzt endlich lernen! Auch stinken meine Stiefel ganz entsetzlich — man hat sie diesen Morgen, statt mit Wichse, nur mit Tran beschmiert. Welch ein ländliches Vergnügen! Welch ein Kontrast mit Paris, wo ich noch vorgestern abend das Meisterwerk von Giacomo zum zehnten Male anhörte. Levasseur schreit noch wie ein Waldesel. Welch ein Meisterstück! Es wird mir schwer, es hinlänglich loben zu können. Welch ein Meisterstück! —

Ich lege Ihnen dringend ans Herz, das besprochene große Verlagsunternehmen zu betreiben. Meine Verhältnisse zu den deutschen Regierungen werden sich wohl aufklären, und sie werden doch am Ende einsehen, daß sie mir ohne Urteil und Untersuchung mein armes Eigentum antasten, daß sie direkte Ursache sind, wenn gewisse Leute die größten Beraubungen an mir ausüben.

Ich habe ein großes Memoire ins Feuer geworfen und statt dessen einen Aufsatz zu meinen Gunsten geschrieben, den hoffentlich die „Allgemeine Zeitung" drucken wird. Meine Würde und Ehre habe ich freilich darin sicher stellen müssen. Ich bin ganz von allem deutschen Verkehr abgeschnitten; steht in deutschen Blättern etwas, was sich auf meine wirklichen Interessen bezieht, so bitte ich Sie, mir Nachricht davon zu

geben. Ich leſe jetzt auch nicht mal mehr die „Allgemeine
Zeitung" und das „Morgenblatt".

Ich hoffe, das „Morgenblatt" hat meine zweite
florentiniſche Nacht ſchon zu drucken begonnen. Sonntag
iſt ſie auch franzöſiſch in der „Revue" erſchienen. Aus
dieſer zweiten florentiniſchen Nacht werden Sie vielleicht
erſehen, daß ich nötigenfalls, wenn Politik und Religion
mir verboten werden, auch vom Novellenſchreiben leben
könnte. Ehrlich geſagt, dergleichen würde mir nicht viel
Spaß machen, ich finde dabei wenig Amüſement. Man
muß aber alles können in ſchlechten Zeiten.

Ich würde Ihnen mehr ſchreiben, röchen meine
Stiefel nicht allzu ſtark nach Tran. Von Mignet habe
ich die Vorrede noch nicht erhalten; ſogar die ſolideſten
Franzoſen ſind die Unzuverläſſigkeit ſelbſt. Ihre Ab=
reiſe von Paris war für mich ein trüber Verluſt. —

42. An Mignet.

Amiens, ce 1er septembre 1836.

Mon cher Mignet!

J'arrive dans ce moment de Boulogne où j'ai
trouvé des lettres qui m'ont décidé de revenir à
Paris. Si avant mon retour et que je vous ai vu,
un refugié allemand se présente chez vous avec une
carte signée de moi, je vous prie de lui accorder
votre protection. Veuillez me recommander à la
Princesse; mes embarras domestiques ne me per-
mettaient pas d'aller à la Jonchère avant mon

départ. J'embrasse ses belles mains mille fois par jour dans mes plus nobles rêves. — J'espère que vous n'avez pas oublié de dire à M. Thiers que je l'admire et que je l'aime plus que jamais. Je l'aime bien sincèrement. Cependant, comme patriote allemand, je ne regrette nullement sa sortie du ministère: il était bien dangereux avec ses mesures positives; il aurait peut-être réussi d'enchaîner la révolution en Europe, de l'étouffer . . . il me laissait peu d'espoir de décrire de nouveaux bouleversements et de faire moi-même de grandes choses. Lui, il a eu le bonheur inouï de se montrer historien et homme d'action en même temps. Les historiens futurs lui sauront gré d'avoir prouvé au public qu' un grand historien peut aussi devenir un grand ministre; la confrérie sentira toujours pour monsieur Thiers une sympathie particulière; ces messieurs se glorifieront de sa gloire: l'histoire parlera toujours bien de monsieur Thiers.

Je vous embrasse, mon cher et très bon Mignet, et je vous prie de recevoir l'assurance de mon parfait dévouement.

43. An Julius Campe.

Marfeille, den 7. Oktober 1836.

Liebfter Campe!

Sie dürfen dem Äskulap einen Hahn opfern! Ich ftand fchon vor den Pforten des Totenreichs, aber die ewigen Götter ließen, aus befonderer Gnade, mich noch

auf einige Zeit am Leben. Als ich Ihnen von Amiens aus
schrieb, fühlte ich schon in mir den Keim der Krankheit,
die mich bei meiner Rückkehr nach Paris gleich ergriff;
es war eine fürchterliche Gelbsucht, mit Cholera oder
sonstig fabelhaft scheußlicher Krankheit akkompagniert.
Acht Tage lang nicht gegessen noch geschlafen, sondern
nur Erbrechen und Krämpfe. Man hat mich nun hierher nach Marseille geschickt, und vorgestern bin ich hier
angelangt, ziemlich wohl, aber die Nerven sehr irritiert;
mit Mühe halte ich die Feder. Schwerlich werde ich
länger als einige Tage hier bleiben, das Geräusch der
schachernden Seestadt wirkt peinigend auf meinen Körper;
Marseille ist Hamburg, ins Französische übersetzt, und ich
kann letzteres jetzt auch in der besten Übersetzung nicht
vertragen.

Tief betrübt es mich, daß das neue Unglück, das
mich jetzt betroffen, für den dritten Salonteil eine neue
Verzögerung, die unerwartetste, zur Folge hat. Ich
wollte Ihnen von Paris aus Manuskript schicken und
war jedenfalls sicher, daß für den Fall, daß ich kein
geeignetes altes Manuskript besäße, ich doch immer
imstande sei, in wenigen Tagen einige neue Bogen zu
schreiben. In der Tat, bei der wütenden Zensur, die mir
auch den harmlosesten Gedanken streicht, kann ich nur
reine Phantasiearbeiten drucken lassen, und leider habe ich
nichts der Art fertig. Aber die nächsten sonnigen Tage,
sobald mir nur einige Strahlen Gesundheit wieder ins
Gemüt fallen, schreibe ich die paar Druckbogen, die zur
Ergänzung des Buches erforderlich, und ich bitte Sie, bis
dahin sich zu gedulden. — Ich bin wahrlich unschuldig an
solcher Verzögerung, schweres, unerwartetes Leid betraf

mich, und wenig fehlte, so hatte meine ganze Schrift=
stellerei ein frühzeitiges Ende. Entschuldigen Sie mich,
daß ich zuerst an mein Leben und erst hiernach an den
„Salon“ dachte. In acht Tagen schreibe ich Ihnen.
— Leben Sie wohl.

Ihr Freund

H. Heine.

44. An Moses Moser.

Avignon, den 8. November 1836.

Wird Dich der Brief, den Du heute von mir
empfängst, erfreuen, obgleich die Veranlassung nichts
weniger als erfreulich? Wirst Du verstehen, daß dieser
Brief der höchste Beweis ist, den ich Dir von der Zu=
versicht meiner Freundschaft geben konnte? Wirst Du
ihn sogar als ein Zeugnis von großer Sinnesart be=
trachten? Ich glaub' es, und deshalb schreib' ich Dir,
zwar betrübten Gemüts, aber ohne Widerstreben, ja
sogar mit der wehmütigen Freude, daß ich doch endlich
wieder einmal dazu komme, Dir wirklich einen Brief zu
schreiben, und heute meine hohe Gebieterin, die Göttin
der Trägheit, mich nicht daran verhindern darf. Ge=
dacht freilich habe ich oft genug an Dich, und als ich
unlängst in Paris todkrank darniederlag und in schlaf=
loser Fiebernacht alle meine Freunde musterte, denen
ich wohl die Exekution eines letzten Willens mit Sicher=
heit anvertrauen dürfte: da fand ich, daß ich deren keine
zwei auf dieser Erde besitze, und nur auf Dich, vielleicht
etwa auch auf meinen Bruder Max, glaubte ich rechnen

zu dürfen. Und deshalb wende ich mich auch heute an
Dich, und der Freund, dem ich jahrelang nicht geschrieben
habe, erhält heute einen Brief von mir, worin ich Geld
von ihm verlange. Ich befinde mich nämlich durch ein
höchst tragisches Ereignis in einer Geldnot, von welcher
Du keinen Begriff hast, während ich entfernt von den
wenigen Ressourcen bin, welche mir nach den schänd=
lichen Beraubungen, welche Privatpersonen und Re=
gierungen an mir verübt, noch übrig geblieben sind. Ich
liebe Dich zu sehr, als daß ich Dich durch eine
Schilderung dessen, was mir jetzt begegnet, betrüben
möchte; auch darf ich es nicht für den Fall, daß Du nicht
imstande wärest, mein Ansuchen zu erfüllen, und Du
alsdann einen verdoppelten Kummer empfinden würdest.
Du kannst mir durch ein Darlehn von 400 Talern in
diesem Augenblick, in der schmerzlichsten Passionszeit
meines Lebens, einen wichtigen Dienst leisten. Das ist
alles, was ich Dir heute sagen will. Kannst Du diese
Summe missen, so schick sie mir in einer Anweisung auf
Paris und adressiere den Brief: Henri Heine, Cité
Bergère Nr. 4 à Paris es wird mir alsdann nach=
geschickt. Was jedoch meine Solvabilität betrifft, so muß
ich Dir zu gleicher Zeit sagen: meine Geschäfte stehen in
diesem Augenblick so schlecht, daß nur ein Tor oder ein
Freund mir jetzt Geld leihen würde. Mit meinem
Oheim, dem Millionär, habe ich mich unlängst aufs
bitterste überworfen; ich konnte seine Schnödigkeit nicht
länger ertragen. Meine französischen Freunde haben
mich durch ihren liebenswürdigen Leichtsinn in großen
Geldschaden gebracht. Andere haben mich exploitiert.
In Deutschland darf ich nichts drucken lassen, als zahme

Gedichte und unschuldige Märchen, und doch habe ich ganz andere Dinge im Pulte liegen; daß man ohne Anklage und Urteil, sozusagen, meine Feder konfisziert hat, ist eine Verletzung der unbestreitbarsten Eigentums=rechte, des literarischen Eigentums, eine plumpe Be=raubung. Aber es ist diesen Leuten nur gelungen, mich finanziell zu ruinieren.

Ich weiß nicht, teurer Moser, ob ich Dir noch so viel wert bin, wie ehemals; ich weiß nur, daß ich seit=dem von meinem inneren Werte nichts verloren habe. Wäre dieses der Fall, so befände ich mich heute nicht in schmerzlicher Geldnot, wenigstens würde ich zu ganz andern Leuten als zu Dir meine Zuflucht nehmen. Glaube nicht, was man von mir sagt, urteile immer nach meinen Handlungen. Keiner Notiz, die nicht mit meinem Namen unterschrieben ist, darfst Du Glauben schenken. Ich werde angefeindet und verleumdet zu=gleich von Christen und Juden; letztere sind gegen mich erbost, daß ich nicht das Schwert ziehe für ihre Emanzipation in Baden, Nassau oder sonstigen Kräh=winkelstaaten. O der Kurzsichtigkeit! Nur vor den Toren Roms kann man Karthago verteidigen. Hast auch Du mich mißverstanden?

Ich schreibe Dir diese Zeilen aus Avignon, der ehe=maligen Residenz der Päpste und der Muse Petrarkas; ich liebe diesen ebensowenig wie jene; ich hasse die christliche Lüge in der Poesie ebenso sehr wie im Leben.

Leb wohl und hilf

Deinem Freunde

H. Heine.

45. An August Lewald.

Paris, den 25. Januar 1837.

Wenn man den Leuten gar zu viel zu schreiben hat, unterläßt man das Schreiben ganz und gar, doch die Notwendigkeit drückt mir heute die Feder in die Hand. — — Ihrem Stile muß ich die höchsten Lobsprüche zollen. Ich bin kompetent in Beurteilung des Stils. Nur, beileibe, vernachlässigen Sie sich nicht und studieren Sie immerfort die Sprachwendungen und Wortbildungen von Lessing, Luther, Goethe, Varnhagen und H. Heine; Gott erhalte diesen letzten Klassiker! —

Durch Herrn ** werden Sie den schönen Teppich erhalten haben, den Mathilde für Sie gestickt hat. Durch diese mühsame und langwierige Arbeit hat sie mir bewiesen, daß sie während meiner Abwesenheit sehr fleißig und also auch treu war. An Freiern hat es ihr unterdessen gewiß ebensowenig gefehlt, wie der seligen Penelope, die ihrem heimkehrenden Gatten ein weit zweideutigeres Zeugnis ihrer Treue überlieferte. Oder glauben Sie wirklich, daß diese Madame Ulysses des Nachts die Gewebe wieder aufgetrennt, woran sie des Tags gesponnen? Dieses hat sie dem Alten weis gemacht, als dieser sich wunderte, warum er gar kein Werk ihrer Hände vorfand; die Saloppe hat Tag und Nacht mit ihren Freiern verbracht und nur Intrigen gesponnen. — Sie glauben kaum, mit welchem liebevollen Fleiße meine Mathilde an dem Teppich arbeitete, als sie wußte, daß ich Ihnen denselben zum Geschenk bestimmte. — Wir leben beide sehr glücklich, d. h. ich habe weder tags noch

nachts eine Viertelstunde Ruhe . . . ich war immer
der Meinung, daß man in der Liebe b e s i tz e n müßte,
und habe immer Opposition gebildet gegen die Ent=
sagungspoesie; aber das Platonische hat auch sein Gutes,
es verhindert einen nicht, am Tage zu träumen und des
Nachts zu schlafen, und jedenfalls ist es nicht sehr
kostspielig.

Auch für die freundschaftliche Teilnahme, womit
Sie sich für meine pekuniären Interessen bemühen,
meinen Dank. Das Projekt, durch die Ausgabe meiner
Gesamtwerke mir in dieser betrübsamen Zeit eine be=
deutende Summe zu gewinnen, ist gewiß wichtig genug,
und ich will es jetzt auch durchaus erekutieren; früher
war ich des Geldes nicht so bedürftig und zögerte, jetzt
aber bedarf ich aufs dringendste einer erklecklichen
Summe, wenn ich nicht einen Plan aufgeben soll, wovon
ich Ihnen mündlich sprechen werde, und der es wohl
verdient, daß ich einige tausend Gulden in die Schanze
schlage. Vor etwa zwei Monaten schrieb mir die
Brobhagsche Buchhandlung in dieser Beziehung, aber
ich antwortete ihr nicht, da ich der Meinung war, daß
es die alte Buchhandlung dieses Namens sei. Nun
kommt Herr Hvas, bringt mir einen persönlichen
Empfehlungsbrief von Ihnen und erklärt mir, wie eine
ganz neue Buchhandlung unter jener Firma stecke. Ihr
zweiter Brief kam etwas spät.

Vorgestern, lieber Freund, erhielt ich nun einen
Brief von der Brobhagschen Buchhandlung, worin sie
mich drängt, ihr über den Verlag meiner sämtlichen
Werke meine bestimmtesten Bedingungen zu melden,
und auch verspricht, wenn dieselben nicht erorbitant seien

und von ihr angenommen würden, mir einen großen Teil
des Honorars gleich voraus auszuzahlen.

Und nun, lieber Freund, leben Sie wohl und
schreiben Sie mir bald Antwort. Können Sie mir in
betreff der Gesamtausgabe bestimmte Offerten mitteilen,
so wär' mir das sehr lieb; denn, wie gesagt, ich habe
große, kostspielige Reiseprojekte und brauche viel Geld.
Mit den deutschen Regierungen gestaltet sich mein Ver=
hältnis täglich versöhnender, und sogar in Preußen haben
die höchstgestelltesten Staatsmänner, ja, die einfluß=
reichsten, sich zu meinen Gunsten ausgesprochen. In
Österreich ist der Fürst Metternich mir ungemein hold,
wie ich höre, und verwendet sich für mich. Ohne daß ich
nötig habe, auch nur ein Wort gegen meine Überzeugung
zu sprechen, kommen die Leute von ihrem Mißwollen
zurück. Freilich, sie wissen, wie schlecht ich stehe mit
den Jakobinern, und wie mein Streben kein politisch
revolutionäres ist, sondern mehr ein philosophisches, wo
nicht die Form der Gesellschaft, sondern ihre Tendenz
beleuchtet wird. Sagen Sie mir, was es literarisch
Neues gibt; ich höre nichts — und wenn ich die Augen
aufmache, so sehe ich nur Franzosen, und wenn ich sie
schließe, sehe ich wieder gar nichts.

46. An Julius Campe.

Paris, den 17. März 1837.

Liebster Campe!

Ihren Brief vom 9ten habe ich durch Einschluß
meiner Mutter richtig erhalten. Ich habe keinen Augen=

blick gezweifelt an der bonne foi, die sich darin aus=
sprach, und betrachte unser Geschäft in diesem Augen=
blick bereits als abgeschlossen; ich weiß, was es heißt,
wenn Julius Campe bis am Halse in der Krebssuppe sitzt,
wenn er seine Makulaturlatrinen fegt, und die Frist von
acht Tagen, die Sie noch verlangten, ward Ihnen gern
gestattet. Das Verdrießliche dabei war mir nur, daß
die Stuttgarter unterdessen sich einbilden, ich zöge sie
an der Nase herum, um von andern Buchhändlern mehr
Geld zu erlangen (welches letztere gewiß leicht wäre).
Ich freute mich schon darauf, jetzt nach Stuttgart
schreiben zu können, daß Freund Campe, sobald ich ihm
das Geschäft vorgeschlagen, mir gleich die ganze Summe
in barem Gelde, nämlich Tratten, zugesendet. Auf jeden
Fall sage ich das später, sobald ich Mitte nächster Woche,
wie ich rechne, den unterschriebenen Kontrakt von Ihnen
erhalten.

In großer Verlegenheit befinde ich mich noch wegen
der Vorrede zum „Salon"; bis heute habe ich diese
Druckbogen noch nicht erhalten, und ich bitte Sie in=
ständigst, angstvoll dringend, nach der Druckerei zu
schreiben, daß man sie mir schleunigst zuschickt, unter
Kreuzkuvert. Da ich jetzt nicht nach Straßburg und am
wenigsten nach Stuttgart, auch nicht nach Baden=Baden
reisen werde, sondern nach Boulogne sur mer und
zwar, sobald es mir möglich ist: so bitte ich Sie, die
Vorrede, sobald sie erscheint, an den Dr. Menzel nach
Stuttgart zu schicken und ihm zu bemerken, meine Adresse
sei: Cité Bergère Nr. 3 in Paris. — Ich habe, wie
Sie am besten wissen, lange gezögert, ehe ich diese Vor=
rede schrieb; es war aber meine Pflicht. — Ich bin
88

neugierig, ob die Deutschen bei diesem Skandal wieder ungerecht gegen mich sein werden.

Tag und Nacht beschäftige ich mich mit meinem großen Buche, dem Romane meines Lebens, und jetzt erst fühle ich den ganzen Wert dessen, was ich durch den Brand im Hause meiner Mutter an Papieren verloren habe. Ich hatte die Absicht, dieses Buch erst in späteren Zeiten herauszugeben, aber, angeregt durch die Idee der Gesamtausgabe meiner Werke, soll es das Nächste sein, was das Publikum von mir erhält; nichts soll früher von mir herauskommen. Ich habe Ihnen in meinem letzten Briefe bereits gesagt, daß ich mich freue, ein solches Buch Ihnen bieten zu können. Die Verstimmung, die ich vielleicht, durch Geldnot, unverschuldete Geldnot ge= drängt, bei Ihnen erregt, als ich Ihnen zur ungelegenen Zeit den Verlag der Gesamtausgabe auflud, diese Ver= stimmung, wenn sie nicht etwa schon ganz verflogen ist, werde ich durch jenes Buch, welches alle früheren an Interesse überbietet, ganz in Vergessenheit bringen. Sie wissen, ich prahle nicht, und ich kann schon jetzt das Außerordentlichste prophezeien, da ich das Publikum kenne und genau weiß, über welche Personen, Zustände und Ereignisse es belehrt und unterhalten sein will. Ich habe Ihnen ebenfalls gesagt, daß Sie bereits jetzt mit mir über dieses Buch kontrahieren können, und ich nur in betreff der Lieferungszeit und des Volumens nichts Genaues sagen kann; unter der Hand nämlich dehnt sich mir der Stoff, und was ich heute auf zwei Bände schätze, könnte späterhin über drei hinauslaufen. Sagen Sie mir als ehrlicher Mann: wie viel können Sie mir per Druckbogen (nach dem „Reisebilder"=Format) geben,

und wie viele Exemplare lassen Sie ab=
drucken? — und wenn Sie wohl erwägt haben, daß
hier auf einen ganz anderen Abfatz zu rechnen ist, als
bei Stoffen, die ich bisher in meinen Büchern traktiert,
und wenn Sie die Erhöhung meines Renommee und mein
Recht auf erhöhte Ansprüche wohl erwogen haben und
mir Billiges vorschlagen, so dürfen Sie drauf rechnen,
mit umgehender Post Ihre Anwartschaft auf dieses Buch
kontraktlich unterzeichnet zu sehen. Seien Sie überzeugt,
daß ich nur wünsche, Sie zu verpflichten und Ihnen
den besten Beweis zu geben, wie großen Wert ich darauf
lege, die alten freundschaftlichen Verhältnisse mit Ihnen
aufs erfreulichste fortzusetzen. Wir sind beide noch keine
Greise und können noch viel für einander tun.

Ihr Freund

H. Heine.

47. An Julius Campe.

Paris, den 10. Mai 1837.

Liebster Campe!

Ich schreibe Ihnen in einer sehr trüben Stimmung.
Verdrießlichkeiten ohne Ende verleiden mir in diesem
Augenblicke das schöne Paris dergestalt, daß ich froh bin,
es dieser Tage verlassen zu können. Ich wäre im Grunde
bereits schon abgereist, wenn ich nicht stündlich das

90

Resultat meiner Vorrede von Ihnen erwartete. Aber
Sie schreiben mir bis heute darüber kein Sterbenswort,
und Sie fühlen wohl, daß mein Mißbehagen dadurch
keineswegs vermindert wird. Bis künftigen Dienstag
denke ich noch hier zu sein, und bis dahin hoffe ich,
Brief von Ihnen zu erhalten. Ich reise diesmal, statt
nach der Normandie, auf einige Zeit nach der Bretagne,
und finde ich dort einen wohnlichen Ort am Meer, so
bade ich dort und verweile bis zum Winter. Ich bedarf
der Einsamkeit zu meinen Arbeiten; eine Menge verdrießlicher Aventüren haben mich hier in den letzten
vier Wochen zu keiner v e r n ü n f t i g e n Zeile gelangen lassen; und es drückt mich, mein Leben, nämlich
das geschriebene, zu beendigen.

Mit meinem Oheim Salomon Heine stehe ich sehr
schlecht, er hat mir vorig Jahr eine schreckliche Beleidigung zugefügt, wie man sie im reiferen Alter schwerer
erträgt, als in der leichten Jugendzeit. Es ist schlimm
genug, daß dieser Mann, der, wie ich höre, Institute
stiftet, um heruntergekommene Schacherer wieder auf
die Beine zu bringen, seinen Neffen mit Weib und Kind
in den unverschuldetsten Nöten hungern läßt. — Ich
sage: W e i b und Kind, aber unter dem ersteren Worte
verstehe ich etwas Edleres, als eine durch Geldmäkler
und Pfaffen angekuppelte Ehefrau.

Wahrscheinlich erhalten Sie erst vom Meerstrand
Brief von mir. — Da ich, wie Sie wissen, ganz ohne
literarische Nachrichten bin, so wird es mich sehr inter-
essieren, wenn Sie mir recht vieles schreiben. — Die
Vorrede zum „Don Quichotte", die ich diesen Winter für
Herrn Hdas schrieb, der jetzt als „Verlag der Klassiker"

sich ankündigt, muß längst erschienen sein. Ich tat's des
lieben Geldes wegen, und schon am schlechten Stil
werden Sie es merken. — Ich tauge verdammt wenig
zum Lohnschreiber. — Dem Gerücht, daß ich mich in
Stuttgart niederlassen würde, bitte ich, überall zu wider=
sprechen; es liegt mir dran. Auch Cotta, wie ich es
aus einem eben erhaltenen Briefe ersehe, scheint es zu
glauben. — Leben Sie wohl und schreiben Sie mir
viel und behalten Sie mich lieb und wert. Ich bin
Ihnen jetzt von ganzem Gemüte zugetan.

Ihr Freund

H. Heine.

48. An J. H. Detmold.

Granville, wahrscheinlich den 26. des Wonnemonds 1837.

Liebster Detmold!

Seit drei Tagen bin ich hier und weiß noch nicht,
ob ich hier bleibe. Das hängt davon ab, ob ich ein
wöhnliches Appartement finde. Manche Annehmlichkeit
bietet der Ort, und was die Hauptsache, der Strand ist
gut zum Baden. Meine atra cura . . . befindet sich
wohl, vergnügt und führt sich gut auf, über Erwarten
gut. Kindisch amüsiert es sie, am Strande die hübschen
Muscheln zu suchen. Erst morgen oder übermorgen
kann ich Ihnen sagen, ob ich hier bleibe. Beständig
sprechen wir von Ihnen.

Nous parlons toujours de vous, et je vous
salue avec beaucoup d'amitié. Si nous restons ici
il faut que vous venez nous rejoindre. Mathilde.

Liebſter Detmold! Ich habe mich endlich entſchloſſen, hier zu bleiben, obgleich ich noch kein paſſendes Appartement gefunden habe. Es iſt aber alles hier ſehr gut. Das Leben iſt hier ſpottwohlfeil, und mein Hauskreuz gefällt ſich hier außerordentlich, und ich glaube, es aushalten zu können. Ich kann Sie heute mit ſehr gutem Gewiſſen einladen, hierher zu kommen. Wenn Sie dieſes nämlich ausführen wollen und über Havre reiſen, ſo bringt Sie in Caen ein Dampfboot binnen $3^1/_2$ Stunden nach dem Havre. — Den Brief für Cotta werde ich in keinem Falle vergeſſen.

Ich bitte Sie, zu meinem Portier zu gehen und ihm zu ſagen, daß er alle einlaufenden Briefe an mich hierher ſchicken ſoll, nämlich à M. Heine, poste restante, à Granville (Département de la Manche). Da weder er noch die Portière ſchreiben können, ſo bitte ich Sie, auf meine Briefe, die etwa für mich dort liegen, dieſe Adreſſe zu ſchreiben und ſie auf die Poſt zu legen. — Zugleich bitte ich Sie, mir zu ſagen, ob Sie etwas, das mich intereſſieren möchte, in franzöſiſchen oder deutſchen Journalen geleſen; denn hier ſehe ich auch nicht einmal franzöſiſche Blätter. — Ich befinde mich ganz wohl und arbeite. Kommen Sie nur her, und ich verſpreche Ihnen, daß auch Sie viel arbeiten und wenig ausgeben werden. — Fragen Sie Cohen, ob meine Wechſel akzeptiert worden ſind, und grüßen Sie ihn mir recht freundſchaftlich. — Ins Theater brauche ich nicht mehr zu gehen, dafür muß ich aber ins Frühlingswetter ſpazieren gehen.

Grüne Bäume ennuieren ebenso gut wie Vaudeville.
Nächst der Kunst gibt es nichts Schrecklicheres als
die Natur.

Ihr Freund

H. Heine.

Wichtiges Post Scriptum.

Ich bitte Sie, lieber Detmold, gehen Sie zu der
Marchande de Mode rue Faubourg Montmartre,
wo meine Kleine ihre Mützen zu kaufen pflegt, und
wo ich einst Ihre Eifersucht erregte. Der Modistin
sagen Sie, daß Sie zwei Mützen (bonnet) verlangten
für die Dame rue Cadet Nr. 18. welche Sie ihr in die
Provinz nachschicken müßten. Eine Mütze rose avec des
fleurs couleur de rose et un bonnet jaune paille avec
des fleurs de la même couleur. Band und Blumen
nicht ausgespreizt, sondern vielmehr eng anliegend, damit
das Gesicht nicht sein Oval verliert. Die Modistin wird
Ihnen diese Mützen auswählen helfen, oder auf Be=
stellung anfertigen und gehörig einpacken, daß Sie sie
auf die Post geben können, an die Adresse: M. Heine,
à Granville. Département de la Manche, logeant
dans les trois couronnes, Das ausgelegte Geld
werde ich, im Fall Sie hierher kommen, Ihnen hier
zurückgeben, oder, wenn Sie nicht kommen wollen, lassen
Sie es sich für meine Rechnung von Cohen geben. —
Aber kommen Sie hierher, das wäre am hübschesten. Ist
ein Paket (wahrscheinlich einige Bogen meines Buches)
bei der Portière angekommen, so können Sie es den
Mützen beipacken.

Ihr Freund

H. Heine.

49. An Maximilian Heine.

Havre de Grace, ich glaube den 5. Auguſt 1837.

Geliebter Bruder Max!

Einige Stunden vor meiner Abreiſe von Paris er=
hielt ich Mutters Brief, worin ſie mir ſagte, daß Du
mir wahrſcheinlich ein Rendezvous in London geben
würdeſt. Ich reiſte nach Boulogne ſur mer und gab
in Paris Ordre, mir meine Briefe dorthin nachzuſchicken.
Aber eine Reihe von Verdrießlichkeiten, die mich in
Boulogne gleich aſſaillierten, bewogen mich, hierher
nach Havre zu reiſen, um meine Bäder zu nehmen, die
ich, ach! ſo ſehr nötig habe. Ob ich es hier einige
Wochen aushalten kann, weiß ich nicht, aber ſoviel ſage
ich, daß ich nicht dieſes Jahr nach London gehen kann,
und ich eile, Dir dieſes zu melden, für den Fall, daß Du
mir in Deinem Briefe, der mich noch nicht erreicht hat,
ein Rendezvous gegeben haben möchteſt. Dieſes aber
betrübt mich unſäglich; ich hätte Dich gern noch einmal
geſehen; ich ſage noch einmal, denn eine ſchmerzliche
Ahnung belaſtet mich, daß ich aus der Welt ſcheiden
werde, ohne Dich wieder mit leiblichen Augen geſehen
zu haben. Mit den Augen des Geiſtes ſehe ich Dich
beſtändig, denn Du biſt der einzige von allen, der mich
ſchweigend verſtehen kann, und dem ich nicht nötig habe,
weitläufig auseinanderzuſetzen, wie alle Bekümmerniſſe
meines Lebens nicht durch eigene Schuld entſtanden
ſind, ſondern ſich als notwendige Folge meiner ſozialen
Stellung und meiner geiſtigen Begabung erklären laſſen.

Du weißt, daß die Größe des Charakters und des Talentes in unserer Zeit nicht verziehen werden, wenn man ob dieses Verbrechens sich nicht durch eine Unzahl kleiner Schlechtigkeiten die allerhöchste und allerniedrigste Verzeihung erkaufen will!

Ich bitte Dich, von diesem Briefe an Mutter nichts zu sagen, denn sie könnte ob des Tones desselben sich betrüben. Du siehst auch, wie sehr ich recht hatte, Dir nicht zu schreiben; denn ich darf Dir das Bestimmte nicht sagen, und das Unbestimmte würde Dich nur in der weiten Ferne beängstigt haben. — Was man Dir in Hamburg von mir sagt, wirst Du hoffentlich nicht glauben. Am allerwenigsten hoffe ich, daß Du den Schnödigkeiten, die Dir bei Onkel Heine von mir zu Ohren kämen, Glauben schenkst.

In diesem Hause herrschte von jeher eine Aria cattiva, die meinen guten Leumund verpestete. Alles Gewürm, was an meinem guten Leumund zehren wollte, fand in diesem Hause immer die reichlichste Atzung.

Aber es ist dafür gesorgt, daß der Tempel meines Ruhmes nicht auf dem Jungfernstieg oder in Ottensen zu stehen kommt, und einer von Salomon Heines Hausschmarotzern und Protegés als Hoherpriester meines Ruhmes angestellt wird. —

Sogar was der Onkel Dir von mir sagen möchte, darfst Du nicht buchstäblich glauben. Zur Zeit, als ich durch Krankheit (ich hatte dabei noch die Gelbsucht) und unverschuldetes Unglück bis zur äußersten Bitterkeit gestimmt war, schrieb ich an Onkel in einem Tone, der ihm eher Mitleiden als Zorn einflößen mußte, und der

dennoch nur seinen Zorn erregte. Das ist all sein Klage=
grund gegen mich! Denn die paar tausend Franken, die
ich ihm koste, berechtigen ihn schwerlich zur Klage, ihn,
den Millionär, den größten Millionär von Hamburg,
dessen Generosität . . . genug davon!

Du weißt, daß ich diesen Mann immer wie meinen
Vater geliebt habe, und nun mußt' ich . . . genug da=
von! Am meisten schmerzt mich die Meinung der Welt,
die sich die Härte meines Oheims nicht anders erklären
kann, als durch irgend eine schlechte Handlung, die man
in meiner Familie mir etwa vorwirft und im Publikum
verschweigt, eine Handlung, die in Paris meine Ehre
und sogar meine materiellen Verhältnisse aufs un=
leiblichste beschädigte. Ach! wenn ich schlechte Hand=
lungen begehen wollte, ich stünde gut mit der ganzen
Welt und . . . genug davon!

Leb wohl, und hast Du mal eine müßige Stunde,
so schreibe mir. Adressiere Deine Briefe poste restante
au Havre de Grâce. Ich befinde mich wohl; körper=
lich leide ich fast gar nicht, außer an meiner linken Hand,
deren Lähmung bis an den Ellenbogen hinansteigt. Ich
werde übrigens sehr dick. Wenn ich mich manchmal im
Spiegel betrachte, erschrecke ich; ich sehe jetzt ganz aus
wie mein seliger Vater aussah, nämlich zur Zeit, als
er aufhörte hübsch zu sein. — Ich schreibe viel. Mein
wichtigstes Werk sind meine Memoiren, die aber doch
nicht so bald erscheinen werden; am liebsten wäre es mir,
wenn sie erst nach meinem Tode gedruckt würden! — —

50. An Maximilian Heine.

Havre de Grace, den 29. August 1837.

Mein teurer Bruder!

Da ich doch einmal verurteilt bin, statt Dir zu dienen, Dienste von Dir zu empfangen, so sollst Du auch heute eine Kommission von mir empfangen. Ich bitte Dich nämlich, suche meine frühesten Gedichte, nämlich das Bändchen, was bei Maurer in Berlin erschienen, sowie auch meine Tragödien zu verschaffen, und schicke sie mir hierher per Dampfschiff unter der Adresse von: Wanner, Lange & Komp. Gibt es dort etwas Neues, irgend eine Novität, die mich direkt interessieren könnte, so pack sie bei. — Kannst Du mir über die Wirkung meiner Menzeliade etwas sagen? Hier in Frankreich seh' ich und höre ich nichts. Die Notwendigkeit, daß ich Menzel endlich züchtigte, wirst Du wohl begriffen haben. Mein größter Wunsch wäre, er schlüge sich. Acht Jahre lang ließ ich mich ruhig insultieren und wartete, bis er reif war. — Hier in Havre bleibe ich nur noch einige Tage, weiß aber nicht, ob ich dann direkt nach Paris zurückgehe. Meine Badekur ist wieder verpfuscht. Vorig Jahr konnte ich nicht baden, weil ich die Gelbsucht hatte. Dies Jahr, vielleicht weil mich während der letzten Zeit so viel Quälereien heimsuchten, bekamen mir die fünfzehn Bäder, die ich bis jetzt genommen habe, sehr schlecht; wieder leide ich an Migräne, die drei Tage mich quält und zur Arbeit mich unfähig macht. Sogar neue Übel melden sich, aber ich bin ja, seitdem wir uns nicht gesehen, acht Jahre älter geworden, und bei dem gesetzten Leben, das ich führe, bei der geistigen und leiblichen Aufregung der letzten Jahre, hat sich gewiß die Avantgarde der Dekrepitüde schon eingestellt. Die Jugend ist dahin, und nach großen Feldzügen hat man das Recht, müde zu sein. — An Onkel werde ich mit dem zunächst abgehenden Dampfboote schreiben. Der Gedanke schon an diesen Brief erregt allen Mißmut meiner Seele. Bei Gott, nicht Onkel, sondern ich habe Grund zur Klage, ich bin wie geschunden von den schneidendsten Beschuldigungen, und ich soll um Verzeihung bitten. Es gibt keine Opfer, welche ich für diesen Mann zu bringen nicht bereit wäre, und hätte er mir noch zehnmal mehr Kummer verursacht, ich hätte es gewiß längst verziehen, aber es ist grausam hart, daß ich das himmelschreiende Unrecht, das er an mir begeht, verschweigen soll. Ich bin kein falscher Mensch, sagte mein seliger Vater, und kann nur reden, wie ich es wirklich fühle. Was kann er mir vorwerfen, als Irrespektuosität in Worten, nicht in Handlungen, und das nur einmal während meines ganzen Lebens — während er doch wissen sollte, daß wir alle in unserer Familie von aufbrausender Natur sind, und daß wir in der nächsten Stunde es bereuen, was wir Verletzendes gesagt haben. — Ich habe wahrhaftig zu dem Ansehen, das ich in der Welt erlangt, der Beihilfe meiner Familie nicht bedurft; daß aber die Familie nie das Bedürfnis fühlte, dieses Ansehen, und sei es in den kleinsten Dingen, zu befördern, ist mir unbegreiflich. Ja, im Gegenteil, im Hause meines Oheims fanden diejenigen Menschen eine gute Aufnahme, die notorisch als Gegner meines Renommee bekannt waren. Ein miserabler Wurm, der Doktor, der mich aufs gemeinste angriff, ward, wie man mir jüngst erzählt, bei meinem eigenen Onkel zu Tisch geladen, und von meinem eigenen Onkel bekam die alte Mamjell Speckter, die er heiraten wollte, eine Ausstattung. Dieses Gewürm paßte zusammen, denn in keinem Hause, wie ich durch Campe wußte, hat man während meiner Abwesenheit in Hamburg schändlicher gegen mich als Schriftsteller räsonniert, als im Speckterschen Hause. Das ist nur ein Beispiel. — Wir wollen sehen, ob i ch recht habe oder D u? — Schreib mir doch viel während Deiner Abwesenheit aus Rußland; besonders gib mir detaillierte Nachricht über die Mutter. — Ich werde Euch wohl nie wiedersehen!

Wie ich mich mit Campe arrangiert, wirst Du wohl wissen. Ich habe in der schlimmsten Zeit ihm meine bisherigen Omnia auf elf Jahre für 20 000 Franken verkauft. Durch beispiellose Niederträchtigkeit eines Freundes, für den ich mich garantiert und bei dem ich Gelder deponiert, ward ich damals in eine heillose Lage versetzt. Nur durch die größten Anstrengungen gelang es mir, jeder Anforderung zu genügen und meinen Feinden keine Blößen zu geben. Das war die Hauptsache. Lebe wohl, handle für Deinen Bruder, der Dich unaussprechlich liebt.

P. S. Dieser Brief ist nicht abgegangen, und ich schicke Dir ihn mitsamt dem Brief an Onkel, den Du ihm bei guter Gelegenheit mitteilen sollst.

51. An Salomon Heine.

Havre de Grace, den 1. September 1837.

Lieber Onkel!

Mit Verwunderung und großem Kummer ersehe ich
aus den Briefen meines Bruders Max, daß Sie noch
immer Beschwerde gegen mich führen, sich noch immer zu
bitterer Klage berechtigt glauben, und mein Bruder, in
seinem Enthuasiasmus für Sie, ermahnt mich aufs
dringendste, Ihnen mit Liebe und Gehorsam zu schreiben
und ein Mißverhältnis, welches der Welt so viel Stoff
zum Skandal bietet, auf immer zu beseitigen. Der
Skandal kümmert mich nun wenig, es liegt mir nichts
daran, ob die Welt mich ungerechterweise der Lieblosigkeit
oder gar der Undankbarkeit anklage, mein Gewissen ist
ruhig, und ich habe außerdem dafür gesorgt, daß, wenn
wir alle längst im Grabe liegen, mein ganzes Leben
seine gerechte Anerkennung findet. Aber, lieber Onkel,
es liegt mir sehr viel daran, die Unliebe, womit jetzt
Ihr Herz wider mich erfüllt ist, zu verscheuchen und mir
Ihre frühere Zuneigung zu erwerben. Dieses ist jetzt
das schmerzlichste Bedürfnis meiner Seele, und um diese
Wohltat bitte ich und flehe ich mit der Unterwürfigkeit,
die ich immer Ihnen gegenüber empfunden und deren ich
mich nur einmal im Leben entäußert habe, nur einmal,
und zwar in einer Zeit, als die unverdientesten Unglücks=
fälle mich grauenhaft erbitterten, und die widerwärtige
Krankheit, die Gelbsucht, mein ganzes Wesen verkehrte,
und Schrecknisse in mein Gemüt traten, wovon Sie
keine Ahnung haben. Und dann habe ich Sie nie anders

beleidigt, als mit Worten, und Sie wissen, daß in unserer Familie, bei unserm aufbrausenden und offnen Charakter die bösen Worte nicht viel bedeuten und in der nächsten Stunde, wo nicht gar vergessen, doch gewiß bereut sind. Wer kann das besser wissen, als Sie, lieber Onkel, an dessen bösen Worten man manchmal sterben könnte, wenn man nicht wüßte, daß sie nicht aus dem Herzen kommen, und daß Ihr Herz voll Güte ist, voll Liebenswürdigkeit und Großmut. Um Ihre Worte, und wären sie noch so böse, würde ich mich nicht lange grämen, aber es quält mich aufs gramvollste, es schmerzt mich, es peinigt mich die unbegreifliche, unnatürliche Härte, die sich jetzt in Ihrem Herzen selbst zeigt. Ich sage unnatürliche Härte, denn sie ist gegen Ihre Natur, hier müssen unzählige Zuflüsterungen im Spiel sein, hier ist ein geheimer Einfluß wirksam, den wir beide vielleicht nie erraten, was um so verdrießlicher ist, da mein Arg= wohn jeden in Ihrer Umgebung, die besten Freunde und Verwandten verdächtigen könnte — mir kann da= bei nicht wohl werden, mehr als alles andere Unglück muß mich dieses Familienunglück bedrücken, und Sie be= greifen, wie notwendig es ist, daß ich davon erlöst werde. Sie haben keine Vorstellung davon, wie sehr ich jetzt un= glücklich bin, unglücklich ohne meine Schuld; ja, meinen besseren Eigenschaften verdanke ich die Kümmernisse, die mich zernagen und vielleicht zerstören. Ich habe tag= täglich mit den unerhörtesten Verfolgungen zu kämpfen, damit ich nur den Boden unter meinen Füßen behalten kann; Sie kennen nicht die schleichenden Intrigen, die nach den wilden Aufregungen des Parteikampfes zurück= bleiben und mir alle Lebensquellen vergiften. Was mich

noch aufrecht hält, ist der Stolz der geistigen Obermacht,
die mir angeboren ist, und das Bewußtsein, daß kein
Mensch in der Welt mit weniger Federstrichen sich ge=
waltiger rächen könnte, als ich, für alle offene und ge=
heime Unbill, die man mir zufügt. —

Aber sagen Sie mir, was ist der letzte Grund jenes
Fluches, der auf allen Männern von großem Genius
lastet? Warum trifft der Blitz des Unglücks die hohen
Geister, die Türme der Menschheit, am öftesten, während
er die niedrigen Strohkopfdächer der Mittelmäßigkeit so
liebreich verschont? Sagen Sie mir, warum erntet
man Kummer, wenn man Liebe säet? Sagen Sie mir,
warum der Mann, der so weichfühlend, so mitleidig,
so barmherzig ist gegen fremde Menschen, sich jetzt so
hart zeigt gegen seinen Neffen

H. Heine.

52. An J. H. Detmold.

Teuerster Freund!

Paris, den 3. Oktober 1837.

Ihren Brief v. 21. Sept. habe ich richtig empfangen.
Mein Bruder wird Ihren Brief nicht mehr in Hamburg
erhalten haben, da er, wie ich höre, zur Naturforscherei
nach Prag gereist ist. Ich habe noch keine Antwort von
ihm. — Mit meinen Augen geht es gut, sowie ich mich
überhaupt leiblich in jeder Hinsicht befinde. Meine
Leidenschaftlichkeit für Mathilde wird täglich chronischer;

sie führt sich gut auf — jetzt quält sie mich mehr im Traume als in der Wirklichkeit — aber der geträumte Kummer und düstere Zukunftsgedanken verbittern meine Tage. Ich genieße in vollen Zügen die Schmerzen des Besitzes. — Ich bin unlängst in ihrem Dorfe gewesen und habe die unglaublichste Idylle erlebt. — Ihre Mutter hat mir Mathildens erstes kleines Hembchen geschenkt, und dieses wehmütige Linnen liegt in diesem Augenblick vor mir auf dem Schreibtisch. — Das antho= logische Projekt soll in jedem Falle ausgeführt werden. Ich beherzige Ihre Bemerkungen. Den Titel des Buches habe ich noch nicht ersonnen. Ich denke aber, er heißt ungefähr: Proben der deutschen schönen Literatur seit Goethes Geburt. Wer also vor Goethes Geburt ge= storben ist, oder sonst in den Goetheschen Beginn nicht mehr paßt, wird nicht aufgenommen. Ihre Bemerkungen habe ich reiflich erwogen. Ein Teil des Manuskripts muß freilich abgeschrieben werden, ein Teil wird wohl nach den Büchern hier gedruckt werden können; die Kosten können also nicht über 200 Frs. betragen. Die Schriftsteller vor der romantischen Zeit überlasse ich Ihnen ganz, auszuwählen. Von den Romantikern werden wohl höchstens 12 bis 15 aufgenommen, über deren Auswahl, auch in betreff des Mitzuteilenden, wir uns leicht verständigen. Von den dramatischen Dichtern der Kunstperiode (seit Schillers Herrschaft) wählen wir auch ein Dutzend, wie: Schiller, Werner, Kleist, Grill= parzer, Immermann, Öhlenschläger, Müllner, Heine, Grabbe usw. — Endlich von neuer Literatur geben wir nicht alle (Sie haben recht), doch die hervorragendsten, und da könnten doch wohl an die 20 zu nehmen sein und meinen Zweck erfüllen. — Ich erwarte zwar den ostensiblen Brief, erhalte ich ihn aber nicht binnen acht Tagen, so schließe ich das Geschäft ab mit Heideloff unter so guten Bedingungen, als ich erlangen kann; denn ich habe ihm zugesagt, daß ich mit Ihnen fertig zu werden gewiß sei, ich kann ihm jetzt nicht die Sache abnehmen, ohne mich zu verfeinden und in böses Licht zu stellen. Sein Begehr einer großen Einleitung aus meiner Feder und die Bedingung, daß er diese auch als Broschüre ausgeben könne, ist das eigentlich Bedenklichste; kann ich nicht anders, so verspreche ich es und schreibe in dieser Arbeit zunächst über die neuere Literatur, was sehr interessant werden kann. Sie würden daher bei den Autoren nur biographische, nicht kritische Notizen zu geben haben. — In meinem nächsten Brief Bestimmteres. Der Zweck des heutigen Schreibens ist der einliegende Korrespondenzartikel aus Stuttgart, den Sie in die Hanövrische Zeitung einschmuggeln müssen. Wahrscheinlich wird die Redaktion der Hannöv. Ztg. diese Zeilen nicht in der mitgeteilten Form drucken wollen; alsdann ändern Sie dieselben nach dem Tone des Blattes so, daß immer der Inhalt gedruckt wird. Können Sie ähnliche Artikel in andre Blätter drucken lassen, so tun Sie es. Sie verstehen mich fast ohne Wink. — Heute schreibe ich nach Hamburg, um den „Korrespondent" zu exploitieren. — Ich bitte, üben Sie ein bißchen an Menzel Ihre ingeniosesten Malicen. Er wird ja das Literaturblatt noch öfters gegen mich benutzen, und ich muß der Perfidie mit der Perfidie begegnen.

Ihr Freund

H. Heine.

53. An Julius Campe.

Paris, den 19. Dezember 1837.

Liebster Campe!

Das neue Jahr ist vor der Türe, und zum freudigen Empfang desselben bringe ich Ihnen heute meinen Glückwunsch. Möge der Himmel Sie erhalten, heiter und in vollem Wohlsein, Sie und Ihre Familie, wozu ich auch Ihre Verlagsautoren rechne. Das schlimmste Übel ist Krankheit; das habe ich in den letzten Zeiten gemerkt, besonders bei Gelegenheit meiner Augen, die seit einigen Tagen sich wieder verdüstern. Ich folge ängstlich den Vorschriften des Arztes und laß für das Übrige den Gott der deutschen Literatur sorgen. — Bis auf eine trübe Gemütsverstimmung befinde ich mich sonst gesund und rüstig; ich kämpfe tapfer den Kampf des Lebens, aber ohne Freude . . . . viel Unvorhergesehenes stürmt auf mich ein, und das unaufhörliche Ringen wird mir am Ende lästig, schauderhaft lästig.

Was Sie mir in betreff Gutzkows schreiben, freut mich. Der „Telegraph" ist jedenfalls eine nützliche Akquisition für Sie; Sie haben jetzt Ihr Journal und den besten Journalisten zur Redaktion. Gutzkow ist das größte Talent, das sich seit der Juliusrevolution aufgetan, hat alle Tugenden, die der Tag verlangt, ist für die Gegenwart ganz wie geschaffen; der wird mir noch viele Freude machen, nicht eben direkte Freuden, sondern indirekte, indem er meinen Feinden alles mögliche Herzleid verursachen wird. Ich möchte den Göttern ein

Dankopfer bringen, daß sie den Gutzkow erfunden haben.
Wenn er nur nicht so irreligiös wäre! Das heißt,
wenn ihm der heilige Schauer, den uns die großen
Männer, die Repräsentanten des heiligen Geistes ein=
flößen, nicht ganz fremd wäre! Der hat nicht einmal
Ehrfurcht vor mir; aber so muß er sein, sonst könnte
er sein Tagewerk nicht vollenden.

Über Ihre goldne Federgeschichte habe ich sehr ge=
lacht! Die lyrische Poesie hat ein Ende, und Sie, lieber
Campe, werden sie nicht wieder auf die Beine bringen —

> Der Sangesvogel, der ist tot,
> Du wirst ihn nicht erwecken!
> Du kannst dir ruhig in den Steiß
> Die goldne Feder stecken.

(Wegen Unwohlsein habe ich mehrere Tage nicht
schreiben können, und heute, den 23., will ich dem an=
gefangenen Brief nur einige Zeilen anflicken —:)
Soeben erhalte ich Brief von Havre, daß man ein
Paket von Ihnen mir hierhergeschickt; es enthält wahr=
scheinlich meine Exemplare des „Buchs der Lieder" und
des „Salon". Ad vocem „Buch der Lieder": wenn ich
gewußt hätte, daß Sie den Druck der Gesamtausgabe so
lange aufschöben, so würde ich den „Neuen Frühling"
und dergleichen neuere Gedichte dem „Buch der Lieder"
einverleibt haben. Denn ich weiß, es ist eben jetzt ein
Bedürfnis im Publikum, meine gesammelten Gedichte
ohne die prosaischen Beigaben zu besitzen. Wollen Sie
nun den Druck der Gesamtausgabe bald beginnen, so
werde ich alle meine metrischen Arbeiten in die zwei ersten
Bände geben; sind Sie aber noch nicht dazu geneigt, so

mache ich Ihnen folgenden Vorschlag: Sie geben in
einigen Monaten einen „Anhang zum Buch der Lieder"
ganz besonders heraus, und in diesem Buche gebe ich
alle Gedichte, die nicht im „Buch der Lieder" enthalten
sind, und begleite dieselben mit einer Vorrede, so daß
das Ganze ein hübsches Bändchen bildet. Ich kann noch
nicht sagen, wie stark die Vorrede, kann auch nichts dar=
über versprechen; auch verlange ich nichts für diese Zu=
gabe. Ich wünsche dadurch nur Ihre Interessen zu
fördern.

Wollen Sie jedoch an den Druck der Gesamt=
ausgabe gehen, so wäre mir das freilich lieber, aus sehr
vielen Gründen, z. B. zum Frommen meines Ruhmes.
Auf Ihre Bemerkungen in betreff der preußischen Ver=
bote antworte ich keine Silbe; weiß ich doch zu gut:
wenn es Ihnen in Ihren Kram paßte, so wäre dem
Julius Campe das preußische Verbot keine Abhaltung
zum Druck. — Von Berlin aus meldet man mir: daß
man nur gegen Campe unwirsch sei, dagegen nur den
geringsten Wink von mir erwarte, um mich zu überzeugen,
wie gern man einlenke. Daß ich mit diesem Winke
zögere, bis ich bestimmt weiß, wann Sie den Druck der
Gesamtausgabe wirklich beginnen, werden Sie sehr
politisch finden; je länger ich zögere, desto gesänftigter
finde ich die aufgeregten Behörden, und desto weniger
gerate ich in Verdacht, meiner Privatvorteile wegen
meinen Moderantismus kundzugeben. Die politische
Aufregung hat sich so sehr, seit drei Jahren, bei mir
gelegt, daß ich wahrhaftig jetzt keine Konzessionen zu
machen brauche, und daß es nur gilt, mich vor dem Ver=
dacht zu schützen, als wäre ich von außen bekehrt worden,

als habe man mich durch Geld oder Schmeichelei ge=
wonnen — Gott weiß, daß ich weder durch das eine
noch durch das andere dahin geleitet werden könnte,
auch nur eine Silbe gegen meine innere Gesinnung zu
schreiben. Es ist nicht hinreichend, ehrlich zu sein, man
muß sich auch vor dem Verdacht der Unehrlichkeit
hüten. — —

Meine große Arbeit habe ich unterbrochen und bin
an ein hübsches Zwischenbüchlein gegangen, das ich
Ihnen Ende Februar fertig zu schicken denke — was es
aber ist, sage ich nicht — oder ich sage es Ihnen erst
Ende Januar. Schweigen ist ein großes Talent, und
nächst dem Sprechen auch das nützlichste Talent. —
Leben Sie wohl, teurer Campe, und bleiben Sie mit
Freundschaft zugetan

Ihrem Heinrich Heine.

54. An J. H. Detmold.

Paris, den 16. Januar 1838.

Liebster Detmold!

Soeben schickt mir Gabe Ihren Brief vom
5. Januar, und aus diesem Datum ersehe ich, daß mein
Brief, den ich Ihnen etwa vor vier Wochen schrieb,
Ihnen nicht zu Händen gekommen. Das ist mir sehr
verdrießlich; er enthielt zwar nicht die mindeste politische
Äußerung, aber desto mehr auf mein Privatleben Be=
zügliches. Auch enthielt er eine Einlage von Madame
Jules, bei welcher ich mich ebenfalls erkundigte, ob sie

Antwort von Ihnen erhalten. Noch heute schicke ich zu ihr, um ihr wissen zu lassen, daß der Brief, worin ihre Einlage, Ihnen, Gott weiß durch welchen Zufall, nicht zugekommen ist. An öffnende Polizeipfiffigkeit und Unterschlag glaub' ich nicht, desto mehr aber an die Dummheit meines Herrn Kousins, dem ich die Besorgung des Briefes anvertraute. — Ich wiederhole, Sie verlieren an dem Brief nichts, außer Nachrichten über mein Privatleben, das sich seitdem recht wunderlich gestaltet hat. Sei meiner Rückkehr aus Havre hat sich Mathilde so exemplarisch gut aufgeführt, daß ich Besorgnisse für ihr Leben zu hegen begann. Denn solche radikale Umwandlung pflegt ein Vorzeichen des Todes zu sein. Acht Tage lang konnte sie zu Hause bleiben, sich mit einem einfachen pot au feu genügend. Theater, kein Gedanken; es sei doch kostspielig. Die alten Roben selbst renoviert, um diesen Winter neue zu sparen. Endlich wurde sie ernsthaft krank, und ich mußte sie in ein maison de santé bringen, wo sie gut gepflegt wird, und bis zum Frühjahr (den ganzen Karneval!) bleiben wird; denn sie tut mir jetzt alles zu Willen. — Sie fängt an, so unbedingt liebevoll und zärtlich zu werden, daß ich am Ende glaube, sie hat die Absicht, mich cocu zu machen. — Übrigens ist sie sehr krank. —

Ich habe also diesen Winter meine volle Freiheit, je jouis de ma pleine liberté, et j'en abuse même.

Ich geh jetzt oft ins Theater; zu meinem Vergnügen.

Übrigens befinde ich mich wohl.

Über mein Projekt mit Heideloff hatte ich Ihnen geschrieben, daß derselbe mich ersucht, bis nach Neujahr

damit zu warten. Dies tat ich (weil er wirklich viel
um die Ohren hatte, z. B. seine Verheiratung), aber
noch immer kann ich nicht mit ihm aufs reine kommen.
Im Grunde liegt mir nicht viel dran in diesem Augen=
blick, wo ich mit weit bedeutenderen Unternehmungen
beschäftigt bin. Über letztere schreibe ich Ihnen sehr
bald, und Sie sollen endlich meinen praktischen Sinn
bewundern.

— Es ist heute so kalt, daß ich gar nicht schreiben
kann; die Hände sind mir erstarrt. — Das maison de
santé, worin ich Mathilde eingekerkert, ist an der
barrière St. Jacques — denken Sie sich, alle Tage muß
ich diesen entsetzlichen Weg machen! — Leben Sie wohl,
und schreiben Sie mir bald; Adresse: rue Cadet, No. 18;
hier wohne ich noch immer. — Lesen Sie doch Beur=
manns Niederträchtigkeiten gegen mich, dem ich meine
Adresse anvertraute, nachdem er mir sein Ehrenwort
gab, sie nicht zu verraten! Welche Schufte, meine
Deutschen! — Leben Sie wohl, und behalten Sie lieb

Ihren Freund

H. Heine.

55. An August Lewald.

Paris, den 1. März 1838.

Welch ein Glück, einen Freund zu besitzen, dem
wir unsere materiellsten Interessen offenbaren können,
ohne zu befürchten, daß er das Geistige, das Ideale,
das sich darunter verbirgt, verkennen möchte! Welche

Bequemlichkeit zugleich), daß ich so vieles gar nicht
nötig habe, Ihnen zu sagen, daß wir nur Außendinge
zu besprechen haben, im wesentlichen aber uns schweigend
verstehen! —

So werden Sie gewiß bei dem Gerüchte, daß ich hier
eine „Pariser Zeitung" herausgebe, das Richtige gedacht
haben, nämlich daß ich einesteils viel Geld gewinnen
will, um meine Kriege zu führen, anderesteils, daß ich
in diesem Kriege eine formidable Bastion aufzurichten
gedenke, von wo aus ich meine Kanonen am besten
spielen lassen kann. Mit den Regierungen habe ich
Frieden gemacht (die Hand, die man nicht abhauen kann,
muß man küssen), und nicht mehr auf dem politischen,
sondern auf dem literarischen Felde werde ich jetzt
meinen Flamberg schwingen.

Wie es nun mit dieser zu errichtenden deutschen
Pariser Zeitung eigentlich steht, will ich Ihnen auf-
richtig berichten.

Schon seit Jahr und Tag trag' ich mich mit jenem
Projekte, aber die Mißverständnisse mit den deutschen
Behörden machten die Ausführung unmöglich. Mit
demütigen Eingaben bei der preußischen Regierung wollte
ich nicht kommen, das erlaubte mein Selbstgefühl um
keinen Preis, und es mußte die Stunde ruhig erwartet
werden, wo jene Regierung von ihren Vorurteilen zurückkehren würde und ich sie mit Würde anreden dürfte.
Die Stunde hat geschlagen.

Unter diesen Umständen habe ich vor etwa vierzehn
Tagen einen der Höchstgestellten der preußischen Regierung freimütig angegangen mit dem Gesuche: ob man
einer deutschen Zeitung, die ich hier in Paris

herauszugeben gedächte, den Eingang in die preußischen Staaten erlauben würde. In etwa acht Tagen muß ich hierüber Antwort haben, die ich Ihnen mitteilen werde, und aus dem Tone, womit mir auf meine vorläufige Anfrage geantwortet wird, werde ich erkennen, was ich von dieser Seite zu erwarten habe. Ganze Unparteilichkeit habe ich versprochen — sind die Leute klug, so verstehen sie, daß ich nicht mehr versprechen durfte, aber mehr erfüllen werde. Denn in betreff der wichtigsten politischen Fragen brauche ich nur dem eigenen Willen zu folgen, um den preußischen Interessen zu willfahren, und Preußen wird, wenn es in der jetzigen Stellung beharrt oder gar fortschreitet, in mir einen Alliierten finden und die Beförderung meines Journals als seinen Vorteil erkennen. Daher von dieser Seite die Verständigung eingeleitet und leicht gesichert.

Was den Wert der Zeitung betrifft, so darf ich mir schmeicheln, eine Kombination aufgefunden zu haben, wodurch sie alle bestehenden Blätter übertrifft und sich aufs Großartigste geltend machen kann. Seit zehn Jahren studiere ich den Organismus der Presse in allen Ländern, und ich darf behaupten, niemand ist ihren Geheimnissen tiefer auf die Spur gekommen, als ich. Ich kenne das Personal und die Ressourcen der Tagespresse so genau, daß ich durch die Einrichtungen, die ich treffen kann, das Außerordentlichste zu leisten vermag. Sie haben keinen Begriff davon, was ich in dieser Beziehung gelernt habe! — Da Paris hauptsächlich durch sich selbst, aber auch durch seine Stellung zwischen London und Madrid, noch auf lange Zeit der Stapelplatz

aller politischen Faits und Räsonnements sein wird, so
ist eine deutsche Zeitung, die von hier direkt nach Deutsch=
land kommt, für das dortige Publikum wichtiger, als
die Blätter, deren Pariser Korrespondenzen dem Verdacht
des Daheimfabrizierten ausgesetzt sind und nicht selten
von den schlechtgewähltesten Korrespondenten mitgeteilt
werden.   Wie kann man von Deutschland aus die
Pariser Korrespondenten kontrollieren?   Monate ver=
gehen, ehe man dort bemerkt, daß der Korrespondent
in Paris sich seine Korrespondenz von der hiesigen
Polizei extra bezahlen läßt, sie sonstig zu Eigenzwecken
exploitiert oder auf Reisen gegangen und unterdessen
die Korrespondenz von dem ersten, besten Lumpian be=
sorgen läßt oder gar verrückt geworden ist, wie der
*** Korrespondent der „Allgemeinen Zeitung".   Statt
daß diese bei ihrer Pariser Korrespondenz allen Zufällen
der Privatlaune und des Privatinteresses unterworfen,
gebe ich noch viel mehr Korrespondenzen täglich, die
sicher und surveilliert sind — so z. B. daß jedes Blatt
mit drei bis sechs wohlgewählten Korrespondenzen aus
Paris anlangt.

Ich werde gründlich dafür sorgen, die französische
Korrespondenz der „Allgemeinen Zeitung" nicht bloß
glänzend zu überflügeln, sondern in ihrer klatschtümlichen
Nichtigkeit zu schanden zu machen.

Viel, sehr viel, ungeheuer viel rechne ich darauf,
daß ich mich mit meinem Namen als Redakteur en chef
der Pariser Zeitung nenne — jeder versichert mir, daß
der Name sich nicht bloß aufs brillanteste und von selbst
annonzieren wird, sondern auch Zutrauen und Absatz
verbürgt.   Sie haben keinen Begriff davon, wie schon

bei dem erſten Gerüchte, daß ich eine deutſche Zeitung
herausgebe, mir hier die Landsmannſchaft zujubelte,
wie jeder ſich gern unter m e i n e Fahne ſtellen will,
und wie man m i ch als den legitimſten Träger eines
ſolchen Unternehmens betrachtet. — —

56. An Varnhagen von Enſe.

Paris, den 31. März 1838.

Liebſter Varnhagen!

Ich habe Ihnen noch zu danken für Ihre liebreichen
Bemühungen in betreff meiner armen, in der Geburt
erſtickten Zeitung. — —

Sie haben recht, auch aus dieſen geſcheiterten Ver=
handlungen läßt ſich Nutzen ziehen — der nächſte und
liebſte Nutzen iſt für mich, daß ich Veranlaſſung fand,
Ihre Freundſchaft aufs neue zu erproben und mein
Andenken in Ihrer Seele recht lebhaft aufzufriſchen.
An der preußiſchen Regierung räche ich mich — durch
Schweigen. Ich hatte vor, meinem Landsmann Görres
recht ordentlich den Kopf zu waſchen und ihn nebſt
ſeinen Spießgeſellen in ihrer ſcheußlichſten Blöße dar=
zuſtellen — aber ich ſchweige.

Warum S i e ſchweigen, kann ich jedoch nicht be=
greifen. — Sie, der Statthalter Goethes auf Erden,
der Sie die Fackel in Händen tragen, womit Sie die
Eulenneſter zugleich beleuchten und in Aſche verwandeln
können. —

Ich hoffe, daß diese Zeilen Sie in besserem Wohl=
sein finden. — Ich bitte Sie inständigst, benutzen Sie
die schöne Jahreszeit zu einer aufheiternden Reise und
gehen Sie später in ein nervenstärkendes Bad. Das
dürfen Sie beileibe nicht unterlassen.

Was Rahels Briefe an mich betrifft, so scheinen
Sie nicht zu wissen, daß mir hiermit ein großes, un=
ersetzliches Unglück begegnet; es war ein Paket von mehr
als zwanzig Briefen (obgleich ich ihr nie direkt schrieb,
so legte sie doch immer Ihren Schreiben einen mehr oder
minder dicken Brief bei), und bei einem Brand, welcher
in Hamburg das ganze Haus, worin meine Mutter
wohnte, in Asche legte, ist auch jenes Paket nebst allen
meinen übrigen dort zurückgelassenen Papieren ver=
brannt. — Sonderbar ist es, daß noch nicht die Zeit
gekommen ist und gewiß auch nicht so bald kommt, wo
ich alles unumwunden sagen dürfte, was mir Rahel aus
tiefster Seele gestanden hat, in bewegten Stunden.

Mein Zeitungsprojekt habe ich, wie gesagt, sobald
ich Ihren Brief erhielt, vorderhand aufgegeben; denn
bei so unsicherer Stellung zur preußischen Regierung
durfte ich ein Kapital von 150 000 Frcs., welches ein
Freund zu diesem Unternehmen hergeben wollte, nicht
aufs Spiel setzten. Selbst bei voraus bewilligter Er=
laubnis des Eingangs in Preußen würde ich im ersten
Jahre über 80 000 Frcs. Schaden an der Zeitung ge=
macht haben, sogar im zweiten Jahr wär' ich noch nicht
ganz gedeckt gewesen, und erst in den folgenden Jahren
wäre Überschuß, und zwar ungeheuer großer Überschuß,
sicher gewesen. — Der moralische Nutzen überwog aber
auf jeden Fall den pekuniären. — Ganz habe ich jedoch

das Projekt mir nicht aus dem Sinn schlagen können,
und ich beschäftige mich mit einer sehr ingeniösen Um=
wandlung desselben, wovon ich Ihnen nächstens schreibe.

Und nun leben Sie wohl und heiter, und bleiben
Sie liebevoll zugetan

Ihrem Heinrich Heine.

Nr. 18, rue Cadet.

57. An Karl Gutzkow.

Granville (in der Basse Normandie),
den 23. August 1838.

Ich habe, wertester Freund, Ihnen für Ihren Brief
vom 6. dieses meinen aufrichtigsten Dank zu sagen.
Ich habe gleich nach Empfang desselben an Campe ge=
schrieben und ihn ersucht, den zweiten Band des Buchs
der Lieder, nämlich den Nachtrag, noch nicht in die
Presse zu geben. Ich werde ihn erst späterhin er=
scheinen lassen, wenn ich ihn nochmals gesichtet und
mit einer zweckmäßigen Zugabe ausgestattet habe. Sie
mögen gewiß recht haben, daß einige Gedichte darin von
Gegnern benutzt werden können; diese (Hypokriten) sind
aber so heuchlerisch wie feige. Soviel ich weiß, ist aber
unter den anstößigen Gedichten kein einziges, das noch
nicht im ersten Teile des Salons gedruckt wäre; die neue
Zugabe ist, wie ich mich zu erinnern glaube, ganz harm=
loser Natur. Ich glaube überhaupt, bei späterer Her=
ausgabe kein einziges dieser Gedichte verwerfen zu
müssen, und ich werde sie mit gutem Gewissen drucken,
wie ich auch das Satirikon des Petron und die römischen

Elegien des Goethe drucken würde, wenn ich diese Meisterwerke geschrieben hätte. Wie letztere sind auch meine angefochtenen Gedichte kein Futter für die rohe Menge. Sie sind in dieser Beziehung auf dem Holzwege. Nur vornehme Geister, denen die künstlerische Behandlung eines frevelhaften und allzu natürlichen Stoffes ein geistreiches Vergnügen gewährt, können an jenen Gedichten Gefallen finden. Ein eigentliches Urteil können nur wenige Deutsche über diese Gedichte aussprechen, da ihnen der Stoff selbst, die abnormen Amouren in einem Welttollhaus, wie Paris ist, unbekannt sind. Nicht die Moralbedürfnisse irgend eines verheirateten Bürgers in einem Winkel Deutschlands, sondern die Autonomie der Kunst kommt hier in Frage. Mein Wahlspruch bleibt: Kunst ist der Zweck der Kunst, wie Liebe der Zweck der Liebe, und gar das Leben selbst der Zweck des Lebens ist.

Was Sie mir in betreff des jüngeren Nachwuchses unserer Literatur schreiben, ist sehr interessant. Indessen ich fürchte nicht die Kritik dieser Leute. Sind sie intelligent, so wissen sie, daß ich ihre beste Stütze bin und sie mich als den ihrigen emporrühmen müssen, in ihrem Ankampf gegen die Alten. Sind sie nicht intelligent — dann sind sie gewiß nicht gefährlich! Ich bin übrigens gar nicht so sorglos, wie Sie glauben. — Ich suche meinen Geist für die Zukunft zu befruchten, unlängst las ich den ganzen Shakespeare, und jetzt, hier am Meere, lese ich die Bibel — was die öffentliche Meinung über meine früheren Schriften betrifft, so ist diese sehr abhängig von einem Lauf und Umschwung der Dinge, wobei ich wenig selbsttätig sein kann. Ehrlich

gestanden, die großen Interessen des europäischen Lebens
interessieren mich noch immer weit mehr als meine Bücher
— — — que Dieu les prenne en sa sainte et
digne garde!

Leben Sie wohl. Ich danke Ihnen nochmals für
das Wohlwollen, mit welchem Sie mich auf den
Splitter, den Sie in meinem Auge bemerkt haben, auf=
merksam machten. Ich wünsche herzlich, Sie kämen
mal nach Paris. Über Ihre projektierten Jahrbücher
der Literatur schreibe ich nächstens an Campe. Ich
hoffe, Sie gewinnen dazu auch Laube, mit welchem Sie
es noch nicht so ganz verdorben haben, wie mit
Mundt usw. Daß Sie es auch mit mir noch nicht
ganz verdorben haben, ist wahrhaftig nicht I h r e
Schuld!

Ich habe sehr viel an Ihnen auszusetzen, weit
weniger an Ihrer „Seraphine", die zu den oben er=
wähnten v o r n e h m e n Kunstwerken gehört.

Ihr Freund

H. H e i n e.

58. An Julius Campe.

Paris, den 19. Dezember 1838.

Liebster Campe!

Wenn ich Ihnen erst heute schreibe, so liegt die
Schuld an der Schwäche meiner Augen; ich muß fast
immer diktieren, und diktierter Unwille sieht weit herber

aus, als der eigenhändige. Aber heute muß ich Ihnen
durchaus schreiben, denn soeben erhalte ich den
„Schwabenspiegel". Hier bin ich wieder verkauft und
verraten, oder wenigstens sind meine teuersten Interessen
den kläglichsten Rücksichten, wo nicht gar dem leicht=
sinnigsten Privatwillen, aufgeopfert. Sie hatten sich schon
genug an mir versündigt durch die ohne mein Wissen
zugegebene Verstümmelung des zweiten Salonteils und
der „Romantischen Schule" — und jetzt schreibe ich das
politisch und zensurlich Harmloseste, eine Zurechtweisung
der persönlichen Feinde, und selbst in dieser kleinen
Arbeit sind die widerwärtigsten Verstümmelungen zu=
gelassen, Verstümmelungen in den wichtigsten Über=
gängen und von einer fast tückischen Art, daß ich nicht
einmal an Zensurroheit glauben kann. In einer solchen
Schrift, wo ich mit ganzer Persönlichkeit gegen persönliche
Unbill auftrete, mußte Ihnen jeder Buchstabe heilig sein!
— Bei Gott! dergleichen habe ich zum letztenmale er=
duldet, ich werde schon meine Maßregeln nehmen, daß
dergleichen nicht mehr vorfällt, und für den gegen=
wärtigen Fall werde ich ebenfalls Mittel finden, die
kleine Schrift, ganz wie ich sie geschrieben habe, dem
Publikum mitzuteilen. Ich kann sie aus dem Kopf schon
wieder ergänzen. Als ob es nicht genug war, daß durch
Ihre Schuld der Druck dieser Schrift neun Monate lang
verzögert und ich um meine köstliche Genugtuung, die
eben für den Moment ihren Wert hatte, geprellt wurde?
Die Imprimaturverweigerung in Gießen ist leicht zu
begreifen. An jedem vernünftigen Druckort war der=
gleichen unmöglich; jedenfalls hätten Sie in acht Tagen
ein Resultat gewußt. Alle Gesandten beteuern mir

hier, daß, wie für meine Person, so auch für meine
Geisteskinder, die ich jetzt in die Welt schicken wolle,
keine Böswilligkeit in der Heimat zu fürchten sei. —
Als Sie an Delloye, trotz meiner vielen Bemühung, nicht
einmal direkt schrieben, so daß derselbe endlich genötigt
war, das Buch an Avenarius und Brockhaus in Kom=
mission zu geben — da mußten diese Herren, um einen
Verlagschein zu erwirken, die gedruckten Bogen in Leipzig
zur Zensur geben, — und nicht eine Zeile, nicht ein
Jota ward im Buche von der Zensur gestrichen.

Und doch, verglichen mit dem „Schwabenspiegel",
war das Buch voll der schrecklichsten Stellen in betreff
der Politik und der Religion.

Ich schreibe Ihnen dieser Tage, ich bin in diesem
Augenblick zu wütend, zu tief indigniert. Ich war schon
hinlänglich mit Degout regaliert durch Ihren letzten
Brief, wo Sie mich einer Komplizität mit Bornstedt
ziehen, in betreff des unglückseligen Wihl, Ihres Ritters
der Wahrheit, dessen Eitelkeitslosigkeit Ihnen jetzt gewiß
noch in höchster Glorie vorleuchtet, und dabei machen
Sie mich noch auf Beurmannsche Schmähungen auf=
merksam, die doch nur in Hamburg bestellt worden, um
der verletzten Eitelkeit eines Wiehls ein Linderungspflaster
aufzulegen. Da Beurmann eine ergebene Kreatur
Gutzkows ist, so begreife ich wahrlich nicht, wie dieser
letztere dergleichen zugeben konnte. Genug, ein großer
Degout erfaßte mich über den Inhalt Ihres Briefes. —
Und ich hätte es so nötig, in vollem Einverständnis mit
Ihnen zu leben, alle diese Krakeleien verstimmen mich
so schmerzlich, und es ist auch höchst traurig, daß ich nicht
einmal auf meine Freunde mich verlassen kann!

59. An Heinrich Laube.

Paris, den 7. Januar 1839.

Liebster Laube!

Ich schreibe Ihnen heute unter den verdrießlichsten äußern Verhinderungen: draußen schneekaltes Sturmwetter, in meinem Zimmer mehr Rauch als Feuer, neben mir ein Papagei, der beständig schreit, und ein schönes Weib, welches mit einer alten tauben Magd zankt. — Und wie sieht's erst im Innern aus, in der Seele — wie in einem alten Schornstein, worin Heringe getrocknet werden, und die Heren auf ihren Besenstielen auf und ab steigen!

Aber ich darf es doch nicht länger aufschieben, ich muß Ihnen heute antworten, damit Sie wenigstens erfahren, daß die verzögerte Rücksendung des Pücklerschen Manuskriptes nicht meiner Schuld beizumessen — ein Franzose, dem ich es anvertraut, hat mich bis heute an der Nase herumgeführt, und ich muß es endlich ihm abnehmen und einem andern zur Durcharbeitung anvertrauen. Dann habe ich Ihnen auch zu bedeuten: daß ich sehr bald eine Reise antrete, die mich auf geraume Zeit von Paris entfernt halten möchte, und daß ich daher wünsche, das Manuskript Ihrer Literaturgeschichte recht bald zu erhalten. Schicken Sie mir alles, was davon abgeschrieben ist, sobald als möglich, und zwar durch die fahrende Post — Buchhändlergelegenheiten sind verdammt langschleppig, und so habe ich z. B. Ihren vorletzten Brief sehr spät erhalten. Adressieren Sie das

122

Packet: an H. Heine, aux soins de M. Jules Cohen, Faubourg Poissonnière No. 15 à Paris.

Seien Sie nicht ungehalten — auch heute noch nicht, auch heute schicke ich Ihnen die verlangten biographischen Notizen noch immer nicht — aber Sie sollen Sie doch binnen vierzehn Tagen erhalten.

Ich gratuliere Ihnen, daß Sie jetzt Ihre völlige Freiheit erlangt haben — was Sie auch jetzt beginnen mögen, meine Teilnahme bleibt Ihnen gewiß; auch in literarischen Unternehmungen. — obgleich ich mich aus dem Zeitgezänke gern fern hielte — aber, ich habe es Ihnen oft genug gesagt, und Sie wissen's auch von selbst, daß Sie der einzige sind, mit dem ich, im tiefsten Sinne des Wortes, harmoniere. Ich gebe Ihnen carte blanche, wo Sie es nur wollen, und wozu Sie es nur wollen, meinen Namen zu gebrauchen. Sie können in meinem Namen sagen und tun, was Sie nur wollen — soviel Zutrauen setzte ich in Sie!

Ich befinde mich wohl und mutig und baue mir täglich neue Luftschlösser. Mit meinen Augen geht es besser.

Ich lese viel, schreibe wenig und gebe gar nichts heraus. Letzteres hat ganz andere Gründe, als Sie wohl vermuten dürften. Campe nämlich ist es, welcher mir alle Lust dazu, wo nicht gar die Freude am Schreiben selbst verleidet. Daß er früherhin, wo er in Angst vor Verantwortlichkeit schwebte, meine Bücher mit gräßlichen Verstümmelungen drucken ließ, das verzeih' ich ihm, obgleich er mich dadurch den peinlichsten Mißverständnissen preis gab. — —

Das Jahrbuch selbst, worin Gutzkow mich gelobt

und Laube und Mundt getadelt, ist mir erst vor einigen
Tagen zu Gesicht gekommen — und was ich oben er=
wähnt, werden Sie zu deuten wissen. Die Angriffe
gegen Sie und Mundt erregen bei mir nur Ekel. — Wie
wird das enden! An Geist und Talent fehlt es dem
Manne nicht, aber beidem fehlt jener Halt, ohne welchen
alles verpufft und verknistert. Kleinere Sterne werden
länger glänzen als dieser strahlende Komet, der mit
seinem Flammenschweife am Himmel der Literatur,
ohne Schonung und Gesetz, dahinläuft. Was bedeutet
dieser Komet? Oder ist dieser Komet zugleich selber das
Unglück, welches er bedeutet? Ich glaube es fast, denn
dieses literarische Unglück, welches Gutzkow heißt, ist
groß genug und hinlänglich betrübsam. Leben Sie
wohl und heiter. Ihrer Frau und der Fürstin Pückler
meine gehorsamsten Grüße.

Ihr Freund

H. Heine.

60. An Julius Campe.

Paris, den 23. Januar 1839.

Liebster Campe!

Auf Ihren Brief vom 10. Januar für heute nur
wenige eilige Worte, und nur zunächst in betreff des
„Buchs der Lieder“.

Der neue Beweis, daß dieses Buch noch große
Zukunft hat, bestimmt mich, in Ihrem Interesse die

zum Druck bereit liegende neue Gedichte-Sammlung unter dem Titel: „Buch der Lieder, zweiter Band" herauszugeben und die neue Auflage des alten eigentlichen „Buchs der Lieder" mit der Überschrift: „Buch der Lieder, erster Band" drucken zu lassen. Ich glaube, das findet Ihren großen Beifall.

Leider Gottes sind in der zweiten Auflage sehr viele Druckfehler, so daß ich das alte „Buch der Lieder" nochmals durchgehen muß und Ihnen erst in vierzehn Tagen einige Verbesserungen zuschicken kann, um die dritte Auflage in Druck zu geben. Auch einige Worte Vorrede, vielleicht in metrischer Form, will ich hinzugeben.

Das Manuskript des zweiten Bandes des „Buchs der Lieder", den „Nachtrag", schicken Sie mir jetzt umgehend per Postwagen. Damit das alte „Buch der Lieder" durch diesen hinzugekommenen Band nicht kompromittiert wird, will ich hierin alle Gedichte auswerfen, die nur irgend Anstoß erregen möchten, wo alsdann doch gewiß nicht mehr als ein Druckbogen sakrifiziert zu werden braucht; diese Lakune werde ich durch einen Druckbogen mit neuen vortrefflichen Gedichten zu füllen suchen (ich hab' sie bereits angefertigt). Wenn ich etwa die unglückliche Nachrede von diesem zweiten Bande fortlasse, wird das Buch vielleicht etwas zu dünn, und in dieser Hinsicht möchte ich die Übersetzung der ersten Szene aus Byrons „Manfred", die in meiner frühesten Gedichtesammlung enthalten ist, hinzufügen. Ich bitte Sie daher, mir diese Gedichtesammlung (die bei Maurer in Berlin erschienen) mitzuschicken.

Packen Sie doch einige Bücher hinzu, die mich interessieren könnten. Z. B. schicken Sie mir Schiffs „Ge-

vatter Tod", sowie auch Exemplare des dritten Salon=
teils, wovon ich kein einziges Exemplar erhalten.

Aus den zensierten Bogen des „Schwabenspiegels"
werden Sie ersehen haben, daß ich zu dem grenzenlosesten
Ärger vollauf Ursache hatte. Dazu macht mir der Teufel
weis, die Verstümmelungen kämen von der Redaktion.
Aber um des lieben Himmels willen, wer gibt in einem
Nest wie Grimma etwas zur Zensur! — Künftig mehr
hierüber. — Sagen Sie dem Ritter der Wahrheit (wie
Sie einst Herrn Wihl genannt haben; ich glaube auch,
Sie rühmten an ihm seine Gleichgültigkeit gegen Privat=
ruhm — jetzt singen Sie ja in einem ganz entgegen=
gesetzten Ton), sagen Sie Herrn Wihl, daß Herr B.r
den Wechsel von 200 Franken nicht bezahlt hat, pro=
testieren ließ, sich endlich eklipsierte, und daß ich genötigt
war, dieses Geld aus meiner Tasche zu zahlen.

Ihr Freund

H. Heine.

61. An Julius Campe.

Paris, den 20. Februar 1839.

Liebster Campe!

Entweder noch heute oder in den nächsten Tagen
schicke ich Ihnen die Vorrede zur dritten Auflage des
Liederbuchs. Das Exemplar der durchkorrigierten
zweiten Auflage, welches als Manuskript zum Abdruck
dienen soll, habe ich vor etwa sieben Tagen nach Ham=

burg geschickt. Ach, liebster Campe, ich muß heute wieder
das alte Lied singen: wieviel Kummer hatte ich bei der
neuen Durchsicht des „Buchs der Lieder"! Sie wissen,
wieviel ich auf meine Interpunktion halte, und sehen
Sie mal, wie liederlich ist diese beim Druck berücksichtigt!
Bei einem Buche wie dieses, sollte dem Drucker jedes
Komma heilig sein. Die Durchsicht hat mir acht bittere
Tage gekostet, und ich hoffe, daß diesmal meine Mühe
nicht vergebens war! Schreiben Sie nur gleich an den
Drucker, daß man mit diplomatischer Treue meine Inter=
punktion wiedergebe. Überhaupt sorgen Sie für besseren
Druck. — Vergleichen Sie in dieser Beziehung mal die
zweite Auflage des Liederbuchs mit der Ausstattung
anderer Gedichtesammlungen, z. B. Freiligraths — der
bei Cotta erschienen!

Was soll ich aber sagen zu der widerwärtigen
Entdeckung, die ich jetzt machte, daß die Zensur sogar
im „Buch der Lieder" einige Gedichte verstümmelt hat?
Was können Sie da vorbringen? Habe ich ebenfalls
hier den Zensor in Furcht gejagt? Bin ich nicht von
allen Dichtern derjenige, in dessen Versen die wenigsten
politischen Anklänge? Habe ich nicht streng alles aus=
geschieden, was dem „Buch der Lieder" nur die mindeste
Parteifärbung geben konnte? Ich habe die ver=
stümmelten Gedichte wieder aus der ersten Auflage
hineingeklebt, und ich denke, es wird kein Jota daran
verkürzt werden, wie ich überhaupt hoffe, daß ich jetzt
nicht mehr in solcher Weise sakrifiziert werde. — Nein,
ich hoffe es nicht bloß, ich bin dessen auch sicher —
ich werde Ihnen keine Zeile mehr geben, wenn ich
diese Sicherheit nicht empfange. Schon aus dem Grunde

sollten Sie alles dran setzen, mich unverstümmelt zu
drucken, damit hier kein Nachdruck erscheint, der
wenigstens den älteren Ausgaben getreu wäre. — Sie
haben keinen Begriff davon, wie viel ich in dieser Be=
ziehung getan habe, um Ihre Interessen zu wahren,
und ich werde auch immer alles tun — aber tun Sie
wenigstens das Ihrige, sorgen Sie für Zensurbefreiung,
drucken Sie treu und schön, geben Sie gute Ausstattung
meinen Kindern. —

Ich sterbe an dem Schnupfen, der mich seit vierzehn
Tagen quält und in einer großen Arbeit aufhält. —
Ich habe den „Schwabenspiegel" nicht, wie man mir
riet, wieder abdrucken lassen, ich beschränkte mich darauf,
die Verstümmelungen dem Publikum anzuzeigen, werde
das Opus aber späterhin in seiner wahren Gestalt geben.
— Herr Wihl soll im „Korrespondenten" den Schwaben
auf meine Kosten den Fuchsschwanz gestrichen haben;
der eitle Poet, alles fähig aus Eitelkeit.

Ihr Freund

H. Heine.

62. An Julius Campe.

Paris, den 12. April 1839.

Liebster Campe!

Nächste Veranlassung des heutigen Briefes ist der
„Nachtrag des Buchs der Lieder", den ich aus Grimma
zurückerhalten, und zwar in einem so wüsten Zustand,
daß mir noch eine heillos verdrießliche Arbeit bevor=

steht. Ich muß das Ganze wieder aufs neue ordnen, einige Gedichte fehlen ganz. Das ist fatal.

Welche fatale Beschäftigung Sie mir aufgesackt, werden Sie aus der „Eleganten Welt" ersehen. Ich hoffe, Sie bedanken sich für die Mäßigung, die ich dabei an den Tag gelegt, und die Sie wahrhaftig nicht verdienten, Sie, der mir ein öffentliches Dementi gegeben. — Liebster Campe, jetzt unter vier Augen sag' ich es Ihnen, nicht aus Gutmütigkeit habe ich Ihnen so milde geantwortet auf Ihre schauderhafte Anzeige — (antworten mußte ich jedenfalls, sonst glaubte das Publikum, Sie hätten mich so sehr in Händen, daß ich mir alles gefallen lassen müsse). — Nein, wenn ich Ihnen nicht derber antwortete, so geschah es lediglich aus dem Grunde, weil ich, der Vernünftige, wohl einsah, daß ein öffentlich derbes Wort es Ihnen unmöglich machte, künftig was von mir zu verlegen, und eine Verbindung, die so lange gedauert und woran ich mich mit Freud' und Leid gewöhnt, ein trübes Ende nehmen mußte. Dazu kommt, daß ich genau einsehe, wie und durch wen Sie zu jenem an mir verübten Frevel angestachelt worden. — Möge der liebe Gott es Gutzkow verzeihen, daß er wenigstens ein bißchen dazu beigetragen, mir Kummer zu machen, er, der vielmehr verpflichtet gewesen wäre, Sie davon abzuhalten, jene Erklärung im „Telegraphen" zu drucken. — Der letzte Grund, der letzte Wahnsinngrund jener Erklärung ist aber nirgends anders zu suchen, als in der giftmischerischen Dummheit jenes kläglichen Wihls, der, wo seine Poeteneitelkeit verletzt ist oder Befriedigung erzielt, zu den schändlichsten Handlungen fähig ist. Ich bitte, Campe, folgen Sie

mir, zeigen Sie ihm jetzt ein für allemal die Türe, ehe
er Sie, wenn es in seinen dummen Kram paßt, mit
Personen verfeindet, die minder großmütig, als ich, sind.
Sie werden auch jetzt einsehen, daß dieser Ritter der
Wahrheit, dem ich nicht das mindeste Mandat gegeben,
einen Aufsatz über mich zu schreiben, mich zum Piedestal
seiner Eitelkeit benutzen wollte. — In ängstlicher Vor=
sorge gab ich ihm auch keine Zeile nach Hamburg, und
doch präsentierte er sich bei Ihnen als ein Intimus von
mir, sogar bei meiner Mutter, wo er durch Entstellung
und klatschsüchtige Verleumdung meiner Verhältnisse viel
Böses stiftete. — Und nun gar sein Artikel, wo er mein
armes Weib mit Therese Levasseur vergleicht (die hätte
der Redakteur doch kennen müssen) — dann die un=
begreiflichen Angaben über das Elend, worin ich lebe
—· das war vielleicht gutmütige Eselei; doch, wäre er
weniger dumm gewesen, hätte er wohl gemerkt, daß ich
von solchem Elend nur dann Gebrauch machte, wenn
ich etwas haben wollte (z. B. von Ihnen), oder nicht
gern etwas geben wollte (z. B. an Herrn Wihl, der mir
dennoch bare 200 Franken kostet — und mir vielleicht
noch mehr gekostet hätte, wenn mich mein großes Elend
nicht davor schützte). Er konnte immerhin sagen, daß ich
mit meinem Oheim schlecht stand, denn ich machte kein
Geheimnis daraus; aber es war mir verdrießlich, daß
er, wahrscheinlich ebenfalls aus Unverstand, meinem
Oheim jenes Elend zur Last legte, denn dieser hat mir
damals immer ebensoviel Geld gegeben, wie jetzt, wo
wir ganz gut stehen — nur die Weise ist verschieden.
Stand nun da wie ein Lügner; zum Glück hat keiner
meiner Familie davon Notiz genommen. — Mich, der

ich drei Jahre lang kein deutsches Blatt las, schilderte der Kerl wie einen klatschblättersüchtigen Wihl — das Niederträchtigste an jenem Aufsatz darf ich gar nicht eingestehen. —

Diese nachträgliche Expektoration war nötig; ich wollte früherhin nicht unnötig reizen, jetzt will ich nichts mehr zurückhalten, von nun an laß' ich auch nicht mehr das Geringste, was mir mißfällt, hingehen. Ich kann vor Degout gar nicht mehr schreiben.

Nur wie ich es hinfüro gehalten haben will, melde ich Ihnen in Kürze: Künftig geben Sie kein Manuskript von mir aus Händen, geben's an niemanden, wer es auch sei. Künftig, wenn Sie nicht die Zensur um= gehen können, geben Sie meine Manuskripte nur da zur Zensur, wo ich deren Liberalität voraus ermittelt (z. B. in Leipzig. In Stuttgart ist fast völlige Preß= freiheit). Ich will gern noch mit Herausgabe der Zeit= memoiren warten; nur ein einziges, kostbares Büchlein, betitelt „Ludwig Börne", möchte ich diesen Herbst erscheinen lassen; aber ich laß' mir nichts mehr verstümmeln. Künftig, das brauch' ich vielleicht gar nicht dem Freunde zu sagen, wird in keinem Buch, nicht im „Telegraphen", überhaupt in keiner Schrift, wo= runter die Firma Hoffmann & Campe als Verleger steht, ein einziger persönlicher Angriff gegen mich ge= druckt. Schöne Sache! daß Sie sich rühmten, in dem Buche eines Herrn — (ich weiß in diesem Augenblick nicht, wie er heißt) — die schnödesten Ausfälle gegen mich ausgemerzt zu haben! So etwas versteht sich von selbst. Wenn Gutzkow im „Telegraphen" nichts Gutes über meine Persönlichkeit zu sagen hat, so ersuchen Sie

ihn, lieber ganz zu schweigen. Über den ästhetischen
Wert meiner Schriften kann er sagen, was er will. —
Treibt ihn aber sein böser Dämon, meine P e r s o n
schmähen oder unglimpflich antasten zu wollen, so mag
er es in einem Buche oder in einem Blatte tun, worunter
nicht der Name Campe als Verleger steht. Sie können
überzeugt sein, daß ich nicht so schwachmütig sein würde,
Ihnen künftig nur eine Zeile in Verlag zu geben, wenn
mir der Verdruß widerführe . . . Doch ich schreibe
heute unter bösen Voraussetzungen, ich bitte um
Verzeihung, wenn ich Ihnen oder Gutzkow damit un=
recht tue — aber ich habe jetzt das Bedürfnis, keinen
meiner Gedanken zu verhehlen. Das ist vielleicht
heilsam.

Da Sie mir vor einiger Zeit gemeldet, Gutzkow
schreibe eine Biographie Börnes, so halte ich es für
nötig, Ihnen zu bemerken, daß das oben erwähnte
Büchlein über Börne keine Biographie ist, sondern nur
die Schilderung persönlicher Berührungen in Sturm
und Not, und eigentlich ein Bild dieser Sturm= und
Notzeit sein soll. Ich habe ²/₈ schon abgeschrieben.
Sagen Sie mir: wann erscheint der Gutzkowsche Börne?
Könnte ich ihn etwa in sechs Wochen haben? Mit
Freude würde ich glänzend davon in meiner Schrift
Notiz nehmen. Kollidieren (vergessen Sie nicht, Gutzkow
darauf aufmerksam zu machen) werden wir in keinem
Fall. Mir steht ein ganz anderes Material, durch
persönlichen Umgang und Pariser Selbsterlebnisse, zu
Gebot; will aber das Buch nochmals mit Sorgfalt
durchgehen, damit es so geistreich als möglich. —
Grüßen Sie Gutzkow freundlich; böser Unmut ist, glaub'

ich), bei mir ganz verraucht. Den Wihl soll er kuschen
heißen, auch mir nicht den Beurmann aufhetzen. Hab'
viel zu tun, und meine Zeit ist kostbar.

Ihr freundschaftlich ergebener

H. Heine.

63. An Varnhagen von Ense.

Paris, den 5. Februar 1840.

Liebster Varnhagen!

Soeben erfahre ich von dem neuen Verluste, der
Sie betroffen, und obgleich betäubt und nicht wissend,
was ich sagen soll, eile ich, Ihnen zu schreiben. Lieber
Himmel! Hier hört ja alle Macht des Wortes auf,
und das beste wäre ein stummer Händedruck. Ich fühle
ganz, was Sie jetzt leiden werden, armer Freund, nach=
dem kaum die früheren Heimsuchungen überstanden.
Ich habe die Hingeschiedene sehr gut gekannt, sie zeigte
mir immer die liebreichste Teilnahme, war Ihnen so
ähnlich in der Besonnenheit und Milde, und obgleich ich
sie nicht allzuoft sah, so zählte ich sie doch zu den
Vertrauten, zu dem heimlichen Kreise, wo man sich ver=
steht, ohne zu sprechen. — Heiliger Gott, wie ist dieser
Kreis, diese stille Gemeinde, allmählich geschmolzen seit
den letzten zehn Jahren! Einer nach dem andern geht
heim. — Unfruchtbare Tränen weinen wir ihnen nach

— bis auch wir abgehen. — Die Tränen, die alsdann
für uns fließen, werden nicht so heiß sein, denn die
neue Generation weiß weder, was wir gewollt, noch
was wir gelitten!

Und wie sollen sie uns gekannt haben? Unser
eigentliches Geheimnis haben wir nie ausgesprochen,
und werden es auch nie aussprechen, und wir steigen
ins Grab mit verschlossenen Lippen! Wir, wir ver=
standen einander durch bloße Blicke, wir sahen uns an
und wußten, was in uns vorging — diese Augensprache
wird bald verloren sein, und unsere hinterlassenen
Schriftmäler, z. B. Rahels Briefe, werden für die Spät=
geborenen doch nur unenträtselbare Hieroglyphen sein.
— Das weiß ich, und daran denk' ich bei jedem neuen
Abgang und Heimgang. — — Ich kann Ihnen heute
nichts Vernünftiges schreiben, lieber Varnhagen; in
kurzem, in beruhigter Stunde, werde ich Ihnen erzählen,
wie es mir geht. Laube und Frau ist diese Tage ab=
gereist; täglich sprachen wir von Ihnen, und nur Gutes.
— Wenn Sie mir mal was zu sagen haben, so findet
mich Ihr Brief immer rue des Martyrs No. 23. —
Wenn Sie wissen, wer die Briefschaften von Gans und
Moser, namentlich die des letzteren besitzt, so schützen
Sie mich doch gefälligst vor Indiskretionen; verlangen
Sie für mich die Briefe von mir, die sich bei Moser
finden könnten. — Leben Sie wohl, und erhalten Sie
Ihre Gesundheit.

Ihr Freund

H. Heine.

61. An Julius Campe.

Paris, den 10. Juni 1840.

Liebster Campe!

Ich habe vergebens auf Aushängebogen meines „Börne" gewartet. Jetzt muß das Buch ja ganz gedruckt sein — ich bitte, schicken Sie mir unter Kreuzkouvert recht bald die Bogen. Da ich Ihnen keine Dedikation geschickt, so werden Sie wohl von selbst gemerkt haben, daß ich das Buch mit keiner Dedikation versehe; ich werde dieselbe für den vierten „Salon"=Band sparen, den ich Ihnen vor meiner Abreise nach Granville schicke: ich bin mit dem Abschreiben beschäftigt, und ich glaube, das Buch wird gut aufgenommen werden. — An den zweiten Band des „Buchs der Lieder" kann ich erst in Granville oder bei meiner Rückkehr gehen; je länger ich hier aufschiebe, desto schöner wird er mit neuen Gedichten ausgestattet. Ich arbeite viel und hab' viel Angriffe abzuwehren. Es heißt hier, ich sei dem Ministerium verkauft, für 100 000 Franken; ich habe im „Constitutionnel" dagegen reklamieren müssen. — Unterdessen bin ich arm wie Hiob, und, beschäftigt bloß mit höhern Interessen, verschwand mir das Geld allmählich in der Tasche; und Sie dürfen mir's glauben, ich muß meine Feder zu exploitieren suchen, wenn ich nicht idealisch wie ein deutscher Dichter verhungern will.

Ihr Freund

H. Heine.

65. An Heinrich Laube.

Granville, Ende August 1840.

Liebster Laube!

Mein Brief ist gestern nicht abgegangen, und ich eile, das Wichtigste hinzuzufügen. Leider ist mein Kopf ganz betäubt, und ich kann kaum schreiben. Gestern abend erfuhr ich durch das „Journal des Débats" ganz zufällig den Tod von Immermann. Ich habe die ganze Nacht durch geweint. Welch ein Unglück! Sie wissen, welche Bedeutung Immermann für mich hatte, dieser alte Waffenbruder, mit welchem ich zu gleicher Zeit in der Literatur aufgetreten, gleichsam Arm in Arm! Welch einen großen Dichter haben wir Deutschen ver=loren, ohne ihn jemals recht gekannt zu haben! Wir, ich meine Deutschland, die alte Rabenmutter! Und nicht bloß ein großer Dichter war er, sondern auch brav und ehrlich, und deshalb liebte ich ihn. Ich liege ganz darnieder vor Kummer. Vor etwa zwölf Tagen stand ich des Abends auf einem einsamen Felsen am Meere und sah den schönsten Sonnenuntergang und dachte an Immermann. Sonderbar!

Und nun leben Sie wohl, und grüßen Sie mir freundlichst Ihre Frau. Ich empfehle mich ihrem innigsten Bedauern. Trotzdem daß sie die Jagd liebt, so zweifle ich doch, ob ihr die Läusejagd, die mir bevor=steht, eine angenehme Unterhaltung dünken mag. Ich wünschte, Sie bald wieder in Paris zu sehen, wir haben eine neue Wohnung bezogen; und wunderhübsch ein=gerichtet hat mich meine Frau.

Ich bin, sonderbar genug, sehr guter Laune, und kann mich noch gar nicht dazu entschließen, mich zu ärgern. Es ist vielleicht Apathie, nicht Gesundheit. — Morgen oder übermorgen reise ich nach Paris, wo ich nächsten Donnerstag eintreffe; schreiben Sie mir daher bald. Meine Adresse ist: Rue Bleue, No. 25, à Paris.

Hallberger beklagte sich, daß W . . . s Übersetzung der Pücklerschen Gartenkunst schlecht sei, und schickte ein Gutachten mit aus der Feder des ersten Übersetzers. Das Wahre an der Sache ist, daß das erste Drittel des Buches ganz vortrefflich übersetzt ist (ich habe es selbst während zwei Tagen genau durchgesehen), und daß der Schlingel den Rest mir ohne genaue Durchsicht zum Abschicken übergeben. — In einigen Tagen schreibe ich Ihnen aus Paris.

Ihr Freund

H. Heine.

66. An Julius Campe.

Paris, den 14. September 1840.

Liebster Campe!

Seit vorgestern abend bin ich in Paris heim=gekehrt, nach einer angenehmen Reise in der Bretagne, wo ich die köstlichsten Volkslieder gesammelt. Bereits in Saint=Lo fand ich Ihren Brief, und mein Befremden löste sich erst, nachdem ich hier auch den „Telegraphen" erhielt; in diesem Augenblicke, vor einer halben Stunde,

erhielt ich auch die anderen Blätter, die Sie nach Gran=
ville schickten und die mir bisher nachliefen.

Ich gestehe Ihnen, nur wenig und kaum bis zur
Haut, werde ich berührt von den Schändlichkeiten, die der
große Intrigant, in Verbindung mit dem Frankfurter
Pack, gegen mich ausgesponnen; mein inneres Gemüt
bleibt froh und ruhig. Denn an Schimpfen bin ich
gewöhnt, und ich weiß: die Zukunft gehört mir. Selbst
wenn ich heute stürbe, so bleiben doch schon vier Bände
Lebensbeschreibung oder Memoiren von mir übrig, die
mein Sinnen und Wollen vertreten und, schon ihres
historischen Stoffes wegen, der treuen Darstellung der
mysteriösen Übergangskrise, auf die Nachwelt kommen.
Das neue Geschlecht wird auch die beschissenen Windeln
sehen wollen, die seine erste Hülle waren. — Was mich
aber verdrießt, liebster Campe, das ist, daß Sie wieder in
die Hände meiner Feinde geraten, als Spielzeug und
Waffe gegen mich. Ich weiß jetzt schon alles, und
deshalb zürne ich Ihnen nicht. Ja, da ich glaube, daß
Sie es mit dem Intriganten und Konsorten nicht lange
mehr aushalten — denn Ihr besseres Ich wird sich doch
am Ende nicht mehr von vorgespiegelten Notwendigkeiten
beschwichtigen lassen — so will ich den Leuten nicht den
Gefallen tun, mit Ihnen zu brechen, obgleich alles dar=
auf abzielte, mich dazu zu zwingen. — Sie haben ganz
recht, es wird niemand glauben, daß Sie den Aufsatz des
Monsieur Gutzkow nicht lasen, ehe er gedruckt war,
und zwar gedruckt in einem Blatte, welches Ihr ehrlicher
Name als verantwortlicher Redakteur vertreten muß.

Was ich tun werde, weiß ich noch nicht. Hab'
auch bei meiner Rückkehr weit dringendere Geschäfte vor=

gefunden. — Ich bin geduldig, denn ich bin ewig, sagt
der Herr!

Sie haben unverantwortlich gegen mein Buch ge=
handelt, Sie kennen sehr gut die Schmiede, worin die
verschiedenen Artikel gegen mich fabriziert worden, wo=
mit man mein Buch präjudizieren will — und Sie wollen
mir glauben machen, auch Sie hielten dergleichen für
unparteiisch öffentliche Meinung — —

Jeden Augenblick, während ich Ihnen schreibe,
werde ich gestört. Ich will Ihnen später mehr schreiben.
Leben Sie wohl. Meine Adresse ist jetzt: Rue bleue,
No. 25.

Ihr Freund

H. Heine.

67. An Julius Campe.

Paris, den 16. November 1840.

Liebster Campe!

Ich danke Ihnen für Ihre Mitteilungen; die darin
erwähnte Broschüre, die bei Sauerländer erschienen,
möchte ich gern lesen, und ich bitte Sie, mir dieselbe
unter Kreuzkuvert herzuschicken. Ehrlich gestanden,
interessieren mich die literarischen Angriffe in diesem
Augenblick sehr wenig, wo ich Angriffe von weit ernsterer
Art zu bestehen habe — nämlich die, welche die Natur
jedem sterblichen Körper am Ende zuführt. — Von vielen
Seiten kommen mir die wunderlichsten Freundschafts=

verficherungen zu, fogar aus Hamburg, und ich kann
nicht umhin, aus einem jener Briefe ein Stück ab=
fchreiben zu laffen und Ihnen zu fchicken.

Und nun leben Sie wohl, und forgen Sie für Ihre
Gefundheit; ich verfichere Sie, letztere ift für den Autor
und den Verleger weit wichtiger als die ganze Literatur,
mitfamt den dazu gehörigen Gaunern und Dieben, die
im ehrlichften Falle Bücher ftehlen. — Freudigft grüßend,

Ihr Freund

H. Heine.

68. An Julius Campe.

Paris, den 11. März 1841.

Liebfter Campe!

Mein Augenübel, welches diesmal weit fchlimmer,
als früher, fich bei mir einftellte, hat mich faft den
ganzen Winter inkommodiert; lefen kann ich faft gar
nicht und fchreiben nur mit großer Mühe. Das ift der
nächfte Grund, weshalb ich Ihre letzten Briefe bis heute
unbeantwortet ließ. — Mit Freude erfah ich daraus,
daß Sie eine vierte Auflage des Liederbuchs veranftalten
müffen. Zu diefem Zwecke muß ich aber die dritte Auf=
lage noch einmal durchfehen, denn obgleich ich keine
Veränderungen drin vornehmen will, fo gibt's doch
Druckfehler darin, die nicht wiederholt zu werden
brauchen. In vierzehn Tagen, fpäteftens, erhalten Sie

daher das Verzeichnis etwaiger Verbefferungen, und Sie
mögen dann den Druck beginnen; einige Wochen fpäter
fchicke ich Ihnen vielleicht auch noch ein kleines Vorwort.
— Wie gefagt, diefe vierte Auflage macht mir Vergnügen, da fie eine Manifeftation des eigentlichen
Publikums, das an Zeitungsintrigen gegen mich weder
teil nahm, noch Gefallen fand; es find in diefer Beziehung die rührend fchmeichelhafteften Briefe an mich
ergangen. Ein alter Mann fchrieb mir auf dem Tod-
bette Worte der fchauerlichften Begeifterung und Er-
kenntnis.

Ehrlich geftanden, ein noch weit größeres Vergnügen
würden Sie mir bereitet haben, wenn Sie mir eine
neue Auflage des „Börne" angekündigt hätten. Obgleich
mir wohl bekannt worden, welche Unzahl Exemplare Sie
gedruckt, fo glaubte ich doch, daß der gegen mich erregte
Spektakel wenigftens dazu beitragen würde, die zweite
Auflage zu befchleunigen — ich weiß fehr gut, daß Sie
diefelbe bald nötig erachten, aber ich hätte fie jetzt
gewünfcht. Sagen Sie mir daher einmal, in wieviel Zeit
ich auf die zweite Auflage rechnen kann? Sehen Sie
eine baldige zweite Auflage voraus und erlauben mir,
über den Honorarbetrag auf Sie zu traffieren —
g l e i c h v i e l a u f w e l c h e n T e r m i n , — fo wär'
mir das in diefem Augenblick, wo ich krank bin, fehr
erfprießlich — denn Sie haben keinen Begriff davon,
wieviel Geldausgaben mein Zuftand nötig macht. —

Ich würde Ihnen heute mehr fchreiben, aber meine
Augen erlauben es nicht. — Grüßen Sie mir Gathy,
den ich hier leider wenig fah; denn er wußte nicht, daß

ich krank war, und aus Bescheidenheit mißdeutete er,
warum ich ihn nicht eifriger aufsuchte. —

Und nun leben Sie wohl.

Ihr Freund

H. Heine.

69. An Gustav Kolb.

Cauterets, Hautes Pyrenées, den 3. Juli 1841.

Ich schreibe Ihnen heute, und zwar eigenhändig,
um Ihnen zunächst zu beweisen, daß ich weder blind, noch
sterbenskrank und am allerwenigsten tot bin, wie die
französischen Journale behaupten. Ich bin aber sehr
abgemattet, infolge der Bäder, die ich hier gebrauche,
sehr abgemattet, und es kostet mir Mühe, die Feder
in der Hand zu halten.

Cauterets ist eine der wüstesten Schluchten der
Pyrenäen, doch nicht so unzugänglich, wie manche ehrliche
Leute glauben, die sich wohl einbildeten, ich erführe gar
nichts von den Lügen, die sie gegen meinen guten Leu-
mund ausheckten; wenigstens, dachten sie, würde ein
etwaiger Widerspruch von meiner Seite erst bei meiner
Rückkehr in Paris zu erwarten sein, wenn sie nicht gar
auf mein gewöhnliches Stillschweigen rechneten. Durch
Zufall jedoch kam mir bereits heute eine Nummer der
„Mainzer Zeitung" zu Händen, worin das schnöde
Märchen, das Sie gewiß mit Verwunderung gelesen.
Ich kann kaum meinen Augen trauen! Auch keine Silbe

142

daran ist wahr. Ich bin wahrlich nicht das Lamm,
das sich auf der Straße, mitten in Paris, ruhig insultieren
ließe, und das Individuum, das sich dessen rühmte, ist
gewiß von allen Löwen der letzte, der dieses wagen
dürfte! Das ganze Begegnis reduziert sich auf einige
hingestotterte Worte, womit jenes Individuum krampf=
haft zitternd sich mir nahte, und denen ich lachend ein
Ende machte, indem ich ihm ruhig die Adresse meiner
Wohnung gab, mit dem Bescheid, daß ich im Begriff sei,
nach den Pyrenäen zu reisen, und daß, wenn „man
mit mir zu sprechen habe", man wohl noch einige Wochen
bis zu meiner Rückkehr warten könne, indem „man
schon zwölf Monate mir nichts geschenkt." — Dies ist
das ganze Begegnis, dem freilich kein Zeuge beiwohnte,
und ich gebe Ihnen mein Ehrenwort: in dem Strudel
der Geschäfte, womit einem der Tag vor der Abreise
belastet ist, entschlüpfte es fast meiner besondern Be=
achtung. Aber, wie ich jetzt merke, eben die Umstände,
daß ihn kein Augenzeuge zurechtweisen könne, daß nach
meiner Abreise seine alleinige Aussage auf dem Platze
bliebe, und daß meine Feinde seine Glaubwürdigkeit
nicht allzu genau untersuchen würden, ermutigten das
erwähnte Individuum, jenen Schmähartikel zu schmieden,
den die „Mainzer Zeitung" abgedruckt hat . . . Ich
habe es hier mit der Blüte des Frankfurter Ghetto und
einem rachsüchtigen Weibe zu tun . . . — Ich brauche
mich eigentlich nicht zu wundern. Aber was soll ich
von Zeitungsredaktionen und Korrespondenten sagen, die
aus Leichtsinn oder Parteiwut dergleichen Unwesen
unterstützen? . . .

Ich werde in acht, höchstens zehn Wochen von

meiner Reise oder, wie meine mutigen Feinde behaupten, von meiner Flucht wieder in Paris zurückgekehrt sein, und ich denke, mit der heitersten Ausbeute ... Vor meinem Fenster stürzt sich über Felsblöcke ein wildes Bergwasser, genannt le Gave, dessen beständiges Geräusch alle Gedanken einschläfert und alle sanften Gefühle weckt. Die Natur ist hier wunderschön und erhaben. Die himmelhohen Berge, die mich umgeben, sind so ruhig, so leidenschaftslos, so glücklich! Sie nehmen nicht zum mindesten teil an unsern Tagesnöten und Parteikämpfen; fast beleidigen sie uns durch ihre schauerliche Unempfindlichkeit — aber das ist vielleicht nur ihre starre Außenseite. Im Innern hegen sie vielleicht Mitleid mit den Schmerzen und Gebrechen der Menschen, und wenn wir krank und elend sind, öffnen sich die steinernen Adern, woraus uns die warmen Heilkräfte entgegen rieseln. Die hiesigen Bergquellen üben täglich Wunderkuren, und auch ich hoffe zu genesen. — Von der Politik erfährt man hier wenig. Das Volk lebt hier ein stilles, umfriedetes Leben, und man sollte kaum glauben, daß Revolution und Kriegsstürme, die wilde Jagd unserer Zeit, ebenfalls über die Pyrenäen gezogen. In ihren hergebrachten Verhältnissen wurzeln diese Leute so fest, so sicher, wie die Bäume in dem Boden ihrer Berge; nur die Wipfel bewegt manchmal ein politischer Windzug, oder es flattert darin ein pfeifender Gedankenzeisig.

Ihr H. Heine.

70. An Julius Campe.

Paris, den 5. September 1841.

Liebster Campe!

Heute melde ich Ihnen ein Begebnis, welches ich Ihnen bereits mehrere Tage vorenthielt — nämlich meine Vermählung mit dem schönen und reinen Wesen, das bereits seit Jahren unter dem Namen Mathilde Heine an meiner Seite weilte, immer als meine Gattin geehrt und betrachtet ward, und nur von einigen klatschsüchtigen Deutschen aus der Frankfurter Clique mit schnöden Epitheten eklaboussiert ward. Die Ehrenrettung durch gesetzliche und kirchliche Autorität betrieb ich gleichzeitig mit der Angelegenheit meiner eigenen Ehre, die, wenig gefährdet durch die alleinige Aussage eines Straus, durch das infame Dreimännerzeugnis sehr in Not geriet, — ich muß es gestehen, nie war mein Gemüt so niedergeschlagen, als an dem Tage, wo ich jene infame Erklärung las, und wär' es mir nicht gelungen, die Hundsfötter zu entlarven und zu entkräften, so hätte ich zu den furchtbarsten Mitteln, zu den entsetzlichsten, meine Zuflucht genommen. Jetzt laufen sie wie tolle Hunde ohne Ehre herum, und wollen mich durchaus zu Manifestationen verleiten, wodurch sie sich an die Stelle des Straus plazieren könnten. — Aber ich lasse mich nicht vom rechten Wege ablenken, d i e s e n will ich aufs Terrain haben, und obgleich er alle möglichen Ausflüchte sucht, so hoffe ich doch noch meinen Zweck zu erreichen. Vor einigen Tagen war ich schon im Begriff, mich zu schlagen, als in der Nacht mir mein

Sekundant meldet, daß einer der Straußschen Sekun=
danten nicht erscheinen könne, und daß das Duell,
welches am Morgen in der Frühe stattfinden sollte,
wieder aufgeschoben sei. Jetzt behauptet Strauß, die
Polizei wolle sein teures Haupt schützen und man
beobachte ihn — aber das ist nur eine Galgenfrist, er
muß mir aufs Terrain, und müßte ich ihn dahin
schleppen bis an die chinesische Mauer. Wer sich
schlagen will, kann alle Hindernisse überwinden. Man
will mich ermüden, aber es wird nicht gelingen. Leben
Sie wohl.

Ihr Freund

H. Heine.

71. An Julius Campe.

Paris, den 9. September 1841.

Liebster Campe!

Ich melde Ihnen in der Kürze den Abschluß der
falschen Ohrfeigengeschichte, wie man sie zu nennen
pflegt. Vorgestern um sieben Uhr hatte ich endlich die
Genugtuung, den Herrn Strauß auf dem Terrain zu
sehen. Er zeigte mehr Mut, als ich ihm zutraute, und
der Zufall begünstigte ihn über alle Maßen. Seine
Kugel streifte meine Hüfte, die in diesem Augenblick
noch sehr angeschwollen und kohlenschwarz; ich muß noch
zu Bett liegen und werde sobald nicht gut gehen können.
Der Knochen hat wahrscheinlich nicht gelitten, sondern

nur einen erschütternden Druck genossen, den ich noch
immer empfinde. Ganz glücklich ist die Sache also nicht
für mich abgelaufen — in physischer Beziehung, nicht in
moralischer. Leben Sie wohl.

Ihr Freund

H. Heine.

72. An Charlotte Embden.

Paris, den 13. September 1841.

Teuere vielgeliebte Schwester!

Erst heute bin ich imstande, Dir offiziell meine
Vermählung anzuzeigen. Den 31. August heiratete ich
Mathilde Crezzentia Mirat, mit der ich mich schon
länger als sechs Jahre täglich zanke. — Sie ist jedoch
vom edelsten und reinsten Herzen, gut wie ein Engel,
und ihre Aufführung war während den vielen Jahren
unseres Zusammenlebens so untadelhaft, daß sie von
allen Freunden und Bekannten als ein Muster der
Sittsamkeit gerühmt wurde. —— —— —— ——

73. An Julius Campe.

Paris, den 1. Dezember 1841.

Liebster Campe!

Ich schreib' in der größten Eil, einige Minuten
vor Abgang der Post. Ich las eben im „Hamburger

Korrespondenten" die Anzeige einer Zeitschrift, betitelt
„Mephistopheles", die in Leipzig erscheinen soll und
„Jugendbriefe von H. Heine" enthalte. Ich bitte Sie,
mir schleunigst per Kreuzkuvert dieses Journal zu schicken,
damit ich sehe, was es für eine Bewandtnis hat mit jenen
Briefen, durch deren Publikation entweder das Publikum
mystifiziert oder an mir ein Verrat geübt wird; vielleicht
ist beides der Fall, und ich sehe mich genötigt, öffentlich
zu reklamieren. Daher Eile.

Herr Dingelstedt ist hier, hab' ihn aber noch
wenig gesehen; ein äußerst liebenswürdiger Mensch;
schönes Talent, viel Zukunft, aber in der Prosa.

Daß sich Monsieur Gutzkow mit einem Schriftsetzer
Mendelsohn balgen muß, hab' ich mit Ergötzen gesehen.
Und nun hat er gar eine Polemik mit Saphir, diesem
alten durchgeprügelten Affen!

Ich lebe hier ruhig und ziemlich heiter. Mache
auch mitunter Gedichte, z. B. auf den Ehestand. —
Gathy seh' ich fast gar nicht. — Meine Augen sind
sehr schwach.

Ihr Freund

H. Heine.

Schicken Sie mir auch, was der Monsieur Mendel=
sohn gegen den Monsieur Gutzkow geantwortet.

74. An Julius Campe.

Paris, den 28. Februar 1842.

Liebster Campe!

Ihren Brief vom 23. dieses habe ich vorgestern erhalten. Auch hat mir Dingelstedt seinerzeit Ihren Brief an ihn mitgeteilt. Was soll ich darüber sagen! Ich verstumme vor Unwillen. Die Ungerechtigkeit, die man gegen Sie ausübt, übersteigt alle Begriffe, und der Zorn, den ich darüber empfinde, hat nicht bloß darin seinen Grund, weil auch meine Interessen zugleich gekränkt sind. Sie wollen meine bestimmte Meinung? Nun, so hören Sie: ich rate zu einem offenen Krieg mit Preußen auf Tod und Leben. In der Güte ist hier nichts zu erlangen. Ich habe, wie Sie wissen, die Mäßigung bis zum bedenklichsten Grade getrieben, und Sie werden meinen Rat keiner aufbrausenden Hitzköpfigkeit zuschreiben. Ich verachte die gewöhnlichen Demagogen und ihr Treiben ist mir zuwider, weil es zunächst immer unzeitig war; aber ich würde den schäbigsten Tumultuanten jetzt die Hand bieten, wo es gilt, den Preußen ihre infame Tücke zu vergelten und ihnen überhaupt das Handwerk zu legen.

Wenn die deutschen Buchhändler Ihnen in diesem Kriege nicht beistehen, so sind dieselben die größten Esel. Von den Autoren habe ich keine große Meinung; unseren großen Dramatiker habe ich sogar im Verdacht des geheimen Einverständnisses mit preußischen Regierungsbeamten. — Was von meiner Seite geschehen kann,

soll geschehen. Weder Rücksichten der Vergangenheit noch
der Zukunft nötigen mich zur Schonung: mit klareren
Worten: nie habe ich von unseren Regierungen etwas ge=
fordert, noch erhalten, und mein Herz ist auch unbefleckt
von servilen Hoffnungen. — Das ist klarer Wein, den
ich Ihnen heut einschenke. — Sie werden dadurch
merken, wie wenig die Art und Weise, in welcher Sie
meiner verjährten Vorrede bei dieser Gelegenheit öffent=
lich erwähnten, mich verstimmen konnte; Sie hatten aber
unrecht, mich so bloß zu stellen, da Sie doch nicht
wissen konnten, wie frei, wie reichsunmittelbar frei
ich der Regierung gegenüberstehe. — Aber in Ihrer Lage
ist alles verzeihlich; eine schändlichere Ungerechtigkeit ist
noch nie ausgeübt worden. — Da ich mich nicht in
verhüllender Form darüber aussprechen kann, sondern
das Ding bei seinem rechten Namen nennen müßte, so
schwieg ich bis jetzt. Sobald es notwendig, will ich gern
bestimmt auftreten. Wie mir jede Polemik in eigenen
persönlichsten Angelegenheiten zuwider ist, so sehr reizt sie
mich bei uneigennützigen, ideellen Anlässen. — Sorgen
Sie jetzt zunächst für eine Firma, unter deren Namen
man alles drucken lassen kann, ja für zwei Firmas, die
eine für politisch starke, die andere für unpolitische
Schriften. — Die Gedichte von Hoffmann von Fallers=
leben, die Ihnen zunächst diese Not eingebrockt, sind
spottschlecht, und vom ästhetischen Standpunkte aus hatte
die preußische Regierung ganz recht, darüber ungehalten
zu sein: schlechte Späßchen, um Philister zu amüsieren
bei Bier und Tabak. —

Ich schreibe viel; darüber nächstens mehr. Obgleich
unwohl, werde ich dies Jahr nicht mehr ins Bad reisen

und vielmehr aufs Land hinausziehen und einige Bücher
fertig machen. Unterdessen haben Sie Ihre Angelegenheiten reguliert. Haben Sie Lust, den Druck der
Gesamtwerke jetzt zu b e g i n n e n , oder wollen Sie
noch warten? Ich stehe Ihnen in dieser Beziehung jeden
Augenblick zu Willen. — Wie ist es mit dem „Börne"?
werde ich endlich die zweite Auflage genießen? Schreiben
Sie mir hierüber etwas ganz Bestimmtes; es ist nicht
bloß des Geldes wegen, sondern auch weil ich etwas
Wichtiges, und sogar viel hinzuzuschreiben habe und Zeit
mir nehmen will. Die Gedichte werde ich nicht sobald
herausgeben, da ich im Zuge bin, die schwachen durch
neuere und bessere zu ersetzen, und überhaupt ein Buch
liefern will, wo ich sicher bin, daß es in Vergleichung
mit dem „Buch der Lieder" nicht den kürzeren zieht. In
dieser Beziehung hätte ich Ihnen viel Erfreuliches mitzuteilen. Ich bin überzeugt, daß ich jetzt meine bedeutendsten lyrischen Produkte geben kann. Nur Ruhe
muß ich mir schaffen und mich von meinem bösen Kopfübel etwas heilen. Meine Verdrießlichkeiten im vorigen
Jahr haben nicht bloß meine Finanzen ruiniert, sondern
auch meine physische Heilung hintertrieben. Geld ist
nicht die Hauptsache, Gesundheit ist viel mehr, die Ehre
aber ist alles.

Soviel heute des Allgemeinen. Des Besonderen
habe ich Ihnen nur zu melden, daß ich morgen die
Summe endlich auf Sie trassiere, deren Annahme Sie
mir so bereitwilligst zugesichert; ich glaubte, diese Tratte
länger hinausschieben zu können, aber zu meinem Verdruß merke ich dieser Tage, daß ich bei Cotta weniger
Geld stehen hatte, als ich glaubte, und deshalb trassiere

ich auf Sie, statt auf ihn, wie ich anfangs vorhatte.
Dingelstedt sehe ich leider nicht sehr oft; er ist aber immer
für mich eine liebenswürdige Erscheinung. — Wie geht
die neue Auflage des Liederbuchs ab? Sagen Sie mir
die Wahrheit. — Ich lebe hier still und isoliert, wie
immer. Ruhiger Hausstand. — Daß es Ihrer Frau
nicht besser geht, tut mir sehr leid; jeder hat sein
Kreuz. —

Anbei lege ich Ihnen ein Gedicht bei, das in Leipzig
nicht die Zensur der „Eleganten Welt" passiert, und für
Sie vielleicht einiges Interesse hat. Lieber Himmel,
wenn ich erst die starken Töne anschlüge, wie würden
die Leute erschrecken! —

Schreiben Sie mir bald viel Neues, wenn es
auch nichts Gutes ist, nur Neues. Das Alte langweilt
mich schrecklich.

Heiter und freundschaftlich

H. Heine.

75. An Betty Heine.

Paris, den 8. März 1842.

Liebe gute Mutter!

Ich hoffe, daß Dich diese Zeilen im besten Wohlsein
antreffen, ich erwarte in großer Ungeduld Nachrichten
von Dir, wie Du Dich befindest, wie es Lottchen geht,
und wie es überhaupt in der Familie aussieht. — Mit
mir geht es seitdem etwas besser, meine Augen sind wieder

ganz gut, und nur meine Gesichtslähmung, die aber
durchaus nicht schmerzhaft, ist übrig. — Leider war
meine Frau seit zehn Tagen krank, und erst in diesem
Augenblick wagt sie es, wieder auszugehen. Auch
herrschte hier seitdem eine furchtbare Kälte, die noch
nicht ganz verschwunden. —

Ich lebe ruhig, besonnen und hoffend. Neues
fällt nicht vor — gottlob! — Ich gehöre schon zu den
Menschen, die zufrieden sind, wenn die Sachen beim
alten bleiben. Jede Veränderung und der Spektakel
ist mir zuwider, — daran siehst Du, daß ich alt geworden
bin. Sei etwa sechs Monat fühle ich eine ungeheure
Müdigkeit des Geistes, und wie die alte hundertjährige
Veronika sagte: „Die Gedanken nehmen ab!" — Dieses
ist aber ein vorübergehender Zustand, ich weiß es wohl:
eine Folge großer Aufregung, wie ich denn leider seit
acht Jahren in einer passionierten Gemütsstimmung
verbracht. —

Meine Frau führt sich gottlob sehr gut auf. Sie
ist ein kreuzbraves, ehrliches, gutes Geschöpf, ohne Falsch
und Böswilligkeit. Leider ist ihr Temperament sehr
ungestüm, ihre Launen nicht gleich, und sie irritiert mich
manchmal mehr, als mir heilsam ist. — Ich bin ihr noch
immer mit tiefster Seele zugetan, sie ist noch immer
mein innigstes Lebensbedürfnis, — aber das wird doch
einmal aufhören, wie alle menschlichen Empfindungen
mit der Zeit aufhören, und diesem Zeitpunkt sehe ich mit
Grauen entgegen. Ich werde alsdann nur die Launen=
last empfinden, ohne die erleichternde Sympathie. Zu
andern Stunden quält mich die Angst vor der Hilf=
losigkeit und Ratlosigkeit meiner Frau im Fall ich stürbe;

denn sie ist unerfahren und ratlos wie ein dreijähriges
Kind! — Du siehst, liebe Mutter, wie meine Nöten
im Grund nur hypochondrische Grillen sind, zum größten
Teil! — Für das Frühjahr habe ich bereits meinen Ent=
schluß gefaßt, ich gehe aufs Land in der Nähe von Paris,
und nicht ins Bad. — Obgleich meine Finanzen ziemlich
geordnet, so ist dieses ihnen dennoch zuträglicher als das
Reisen. Die Pyrenäenreise und die gleichzeitig ein=
getretenen Fatalitäten hatten mich für eine geraume Zeit
ruiniert, und ich hatte Mühe, wieder einigermaßen ins
Gleise zu kommen. —

Und nun lebe wohl, und grüße mir Lottchen und
seine Kätzchen. — Täglich spreche ich von Euch mit
meiner Frau, die Euch so gerne einmal alle sehen
möchte. —

Das Brautpaar lasse ich grüßen, auf wann ist die
Hochzeit bestimmt? —

Mein Haarseil im Nacken tut mir gut und schmerzt
fast gar nicht.

Dein gehorsamer Sohn

H. Heine.

76. An Betty Heine und Charlotte Embden.

Paris, den 17. Mai 1842.

Liebste Mutter und liebe Schwester!

Euren Brief vom 9. habe ich richtig erhalten und
danke Gott, daß wir so mit einem blauen Auge davon
gekommen sind. —

Daß die liebe Mutter abgebrannt, ist freilich sehr betrübend, aber die Hauptsache war für uns doch, daß Dein Haus, liebes Lottchen, unversehrt blieb. Hoffentlich wirst Du durch das Unglück auf anderem Wege ebenfalls nicht viel verloren haben; beruhige mich hierüber, welches von Anfang an meine Hauptsorge war. — Dein Mann ist eine praktische, tätige Natur, und kleine Verluste wird er durch neugestachelte Arbeitsamkeit bald ersetzen. — Hatte die Mutter ihre Sachen versichert, und wird da gezahlt werden? — Auch hierüber sagt mir ein Wort. — Ich bin noch ganz wie betäubt von der verfluchten Geschichte; meine Kopfnerven wurden plötzlich erschüttert, und vielleicht erst morgen oder über= morgen werde ich wieder geisteßklar sein.

Als man mich vorigen Freitag von allen Seiten um Nachrichten aus Hamburg befragte, zeigte ich einem Freunde Euren Brief vom 7., und der fand es höchst rührend, daß meine arme Mutter, während alles brennt, noch daran dachte, mir den Brief zu frankieren. Wahr= lich, es ist nicht meine Schuld, daß dieser Zug, wie Ihr aus dem einliegenden Stück „National" ersehen werdet, zur Publizität kam, und schon mehrere Hauptblätter ihn mitteilten. Meine arme gute Mutter, die mir einige Sous Ausgabe ersparen will, während der Brand vor Eurer Türe. — Wenigstens wird sie jetzt aus Depit ihre Briefe nicht mehr frankieren. —

Und nun lebt wohl und behaltet mich lieb. Die Kinder zu küssen. Schreibt mir bald und viel. Meine Frau läßt herzlich grüßen. Sie war sehr bestürzt, als sie die Hamburger Nachrichten empfing, sie hat einen

sehr schwachen Kopf, aber ein ganz vortreffliches Herz.
— Daß Campe versichert war, und bezahlt bekommen
wird, ist mir sehr wichtig. — Hab' ihm heute geschrieben.

Euer getreuer

H. Heine.

77. An Charlotte Embden.

Paris, den 23. Juni 1842.

Liebe gute Schwester!

Ich habe Dir noch zu danken für Deine lieben
nieblichen und geistreichen Briefe. —

Du bist eine ganz prächtige Person, — Du weißt,
ich mache selten Komplimente, — aber Du, liebes
Lottchen, verdienst eine ganze Ladung Schmeichelworte.
— Schreib mir oft, Du weißt gar nicht, wie sehr Du
mich erheiterst und erquickst. — Du schreibst allerliebst.
— Ich bin neugierig, ob Deine älteste Tochter Dir
nachschlägt. Hat sie vielleicht das Sanfte von der
Großmutter? —

Meine Frau läßt Dich grüßen. Die wird Dir
gefallen, wenn Du sie siehst. Eine engelgute, grund=
ehrliche Seele, durch und durch großmütig und nobel,
aber wild und launig, mitunter auch quälerisch und
zänkisch, was jedoch immer noch erträglich, da sie dabei
sehr hübsch und graziös bleibt. —

Dieser Tage sah ich den jungen Holländer, der Dir
Grüße von mir zurückbringt; er sieht gar nicht gealtert
aus. —

Grüße mir meinen Schwager. Die kleinen Puppen
küsse ich herzlich. Nächstens mehr! —

Ich brauche jetzt die Wasserkur, — ob sie mir
helfen wird, weiß Gott! —

Dein treuer Bruder

H. Heine.

78. An Charlotte Embden.

Paris, den 10. August 1842.

Liebstes Lottchen!

Ich bin im Begriff, ins Bad zu reisen, und bin
mit den Vorbereitungen heute allzusehr beschäftigt, als
daß ich Dir einen langen Brief schreiben könnte, wie ich
wohl wünschte, und wie Du es wohl verdienst. Dein
letzter Brief war so liebenswürdig und hat mir viel
Vergnügen gemacht. — Dieser Tage war Armand Heine
hier, den ich noch nicht kannte, und der mir viel von
Hamburg erzählen konnte. Er hat mir zu meiner
Freude erzählt, daß Deine Kinder gut geraten, und daß
Deine älteste Tochter Marie schlank und geistreich wie
ihre Mutter geworden. Sie könnte mal die Feder
ansetzen und ihrem Onkel schreiben. —

Ich gehe mit meiner Frau nach Boulogne sur mer,
wohin Du mir poste restante schreiben kannst, wenn Du
mich erfreuen willst. — Meine Frau befindet sich jetzt
ziemlich wohl. Wir sprechen oft von Dir, und sie kennt
schon viele von unsern Familienstücken. Diesen Winter

soll sie auch deutsch lernen. Du siehst, wie ich sie bilde,
und wie sie bald eine Zierde unserer Familie sein wird.
— Sie zankt seit einiger Zeit sehr wenig, und wird sehr
korpulent. Übrigens ist sie die Seelengüte in Person
und gewinnt alle Herzen. —

Grüße mir Deinen Mann, und küsse die lieben
Kinder. —

Und nun lebe wohl und behalte lieb

Deinen treuen Bruder

H. Heine.

79. An Amalie Meyerbeer.

Paris, den 2. November 1842.

Hochgeehrte Freundin!

Gestern abend hat mir unser teurer Meyerbeer
die trübe Nachricht mitgeteilt von dem Verlust, den Sie
erlitten. Ich eile, Ihnen mein Beileid zu bezeugen, und
ich bitte Sie, versichert zu sein, daß niemand mit tieferem
Mitgefühl jeden Kummer teilt, der Sie betrifft. Von
Tröstung kann hier nicht die Rede sein; nur Narren
trösten, und nur Menschen ohne Herz lassen sich trösten.
Ich gehöre nicht zu den ersteren und Sie nicht zu
letzteren. Wenige Menschen tragen ein so reiches und
gefühlvolles Herz in der Brust wie Sie; — und ich
kann mir daher auch vorstellen, wie viel Sie leiden

müffen! Nur die Zeit kann folche Schmerzen lindern.
Die einzige Beruhigung, welche die Gegenwart uns
bietet, ift der Hinblick auf die Güter, die uns das
Schickfal gelaffen; und da müffen Sie, teure Freundin,
fich felbft geftehen, daß Sie im Vergleich mit fo vielen
Taufenden, fehr glücklich und beneidenswert. Sie leben
geehrt und geliebt in der Mitte einer blühenden Familie,
deren Zukunft Ihnen keine Sorge zu machen braucht,
und Sie find die Mutter eines Meyerbeers, deffen Glück
und Ruhm ans Fabelhafte grenzt.

Möge der Himmel Sie bald wieder recht herzlich
erheitern! Ich hoffe, Sie nächftes Jahr gefund und
froh hier in Paris zu fehen. Sie müffen hierher kommen.
— Was mich betrifft, fo komme ich nicht fo bald nach
Deutfchland, obgleich ich manchmal innige Sehnfucht
verfpüre. Seit zwölf Jahren habe ich meine Mutter
nicht gefehen.

Und nun leben Sie wohl, und behalten Sie mich
in gütigem Andenken. Ich lege fehr großen Wert darauf, bei der vortrefflichen Nonne gut angefchrieben zu
fein. — Ich fchreibe Ihnen heute einen fehr dummen
Brief, aber es ift feine Veranlaffung, die mich fo fehr
herabftimmt. Was foll ich Ihnen heute fagen? Ich
möchte in diefem Augenblicke bei Ihnen fein und Ihnen
fchweigend die Hand küffen.

Heinrich Heine.

80. An Heinrich Laube.

Paris, den 7. November 1842.

Liebster Laube!

Ihr Brief hat mir viel Vergnügen gemacht. Daß
Sie wieder die „Elegante“ eingenommen, ist gewiß für
uns alle sehr erfreulich; ich sage „uns“ und ver=
stehe darunter den hohen Adel der Literatur, die letzten
vornehmen Köpfe, die noch nicht guillotiniert sind. Aber
wird der herrschende Plebs sich jetzt nicht noch inniger
zusammenrotten und gegen uns losschimpfen? Ich sehe
die Sachen aus der Ferne besser ein, und wenigstens für
mich sehe ich ein schlimmeres Schicksal voraus, als die
Vergessenheit, wenn ich mit Euch jetzt Opposition bilde
gegen den Phrasenpatriotismus und Zeitgeschmack. Es
ist der feigen Lüge eines Gutzkow und Konsorten bereits
gelungen, meine politischen Überzeugungen zu ver=
dächtigen, und ich, der ich vielleicht der entschiedenste
aller Revolutionäre bin, der ich auch keinen Fingerbreit
von der graden Linie des Fortschrittes gewichen, der
ich alle großen Opfer gebracht der großen Sache — ich
gelte jetzt für einen Abtrünnigen, für einen Servilen!
Was wird das erst geben, wenn ich in direktem Gegen=
satz gegen die Scheinhelden und Maulpatrioten und
sonstigen Vaterlandsretter auftrete? — Doch ich wollte
Ihnen nur zeigen, daß ich voraussehe, welchen Rückzug
meine Popularität nehmen wird, bei Euch, in der großen
Retirade! — —

Wie gesagt, ich werde die „Elegante“, soviel es mir
nur irgend möglich, unterstützen. Ich hoffe, in dieser

Beziehung mehr zu leisten, als ich heute verspreche. Der
Zufall will es, daß ich bereits etwas Außerordentliches
tun kann, wodurch den Blättern des ersten Monats
sogleich ein sehr großer Schwung gegeben werden
dürfte. Ich habe nämlich ein kleines humoristisches Epos
geschrieben, das großen Lärm machen wird. Es sind
etwa vierhundert vierzeilige Strophen in zwanzig Ab-
teilungen, indem ich auf das „Morgenblatt" Rücksicht
nahm, für welches ich die Arbeit bestimmte. — Leider
— und das macht mich sehr verdrießlich — habe ich bereits mit Cotta darüber referiert, hab's ihm versprochen,
und er hat mir viel Freundliches geantwortet. Nichts-
destoweniger entschließe ich mich, diese Arbeit in der
„Eleganten" drucken zu lassen, und Sie haben keinen
Begriff davon, welche wichtigen Interessen ich hier
sakrifiziere. Wichtige Interessen in pekuniärer Beziehung, da ich Cotta gern mir gewogen erhalte — an
dem Morgenblätterruhm selbst liegt mir nichts. Ich bin
bereits seit vierzehn Tagen mit dem Durchfeilen des
Gedichtes beschäftigt, und in acht Tagen ist es fix und
fertig und eigenhändig abgeschrieben. Ich will jetzt noch
unablässiger mich diesem Geschäfte unterziehen. Da es
aber eine sehr große Arbeit ist, die bereits auf meinem
diesjährigen Budget steht, müssen Sie Sorge tragen, daß
der Verleger der „Eleganten" mir wenigstens in Beziehung des Honorars dasselbe zahlt, was ich von Cotta
für das „Morgenblatt" erhalten hätte. Ich hatte ganz
besonders deshalb bei ihm angefragt. Es ist zehn Louisdor per Druckbogen. Ich glaube, sie wird ihm gewiß
das Geld wert sein, da diese Arbeit in zwanzig Nummern
der „Eleganten" durchlaufen und derselben als eine

koloſſale Annonze dienen wird; es iſt nämlich, unter uns geſagt, das Bedeutendſte, was ich in Verſen geſchrieben habe, Zeitbeziehungen in Fülle, lecker Humor, obgleich in morgenblättlicher Mäßigung, und es wird für das Publikum gewiß ein Evenement ſein. Ich bin ungemein neugierig, was Sie dazu ſagen werden. Sie ſehen, ich hab' wohl daran gedacht, etwas ganz Neues zu liefern und durch neues Geſchrei die Vergangenheit zu vertuſchen. — Der Held meines kleinen Epos iſt ein Bär, der einzige der zeitgenöſſiſchen Helden, den ich des Beſingens wert hielt. Ein toller Sommernachtstraum. — Meine Adreſſe iſt Faubourg Poissonnière No. 46. Ich wohne jetzt beſſer, ja ſogar ziemlich elegant, ſeitdem ich legitim verheiratet bin. Ja, lieber Freund, ich lebe jetzt im ernſthafteſten Eheſtand. Ich treibe Monogamie. Sonſt lebe ich ziemlich zurückgezogen. Meine Frau läßt ſich Madame Laube recht artig empfehlen, und auch ich laſſe meine freundſchaftlichſten Grüße nachflattern. Madame Laube hat hier bei meinen kleinen Franzöſinnen eine ungewöhnliche Erinnerung zurückgelaſſen, und habe ich noch oft von ihrer Grazie ſprechen hören, die eine Franzöſin nicht ſo leicht einer Deutſchen zugeſteht. — Über die Vorfälle des vorigen Jahres, wo ich mit dem ſchwäbiſchen Geſindel mich herumſchlagen mußte, um Zeitungslügen nicht bloß durch das Wort, ſondern auch durch die Tat zu begegnen, ſchreibe ich Ihnen ein andermal. — Antworten Sie mir nur umgehend in bezug auf Herrn Voß, den Verleger Ihrer Zeitung, ob er mit meiner Honorarforderung einverſtanden. Auch ſagen Sie mir, ob ich das Manuſkript alsdann per Poſtwagen ſchicken ſoll oder per Briefpoſt; es wird nämlich etwa

23 bis 24 Bogen, wie das Papier, worauf ich diesen
Brief schreibe, betragen. Ich bin, wie gesagt, un=
ermüdlich damit beschäftigt, und werde es sogleich
abschicken, nachdem ich Ihre Antwort erhalten. — Sie
sprachen mir von Modeblättern. Werden Sie auch
Musikbeilagen geben? Für diesen Fall kann ich von
Meyerbeer sehr hübsche Liedermelodien gratis erhalten.

Und nun leben Sie wohl, teurer Freund, und be=
wahren Sie mir die liebreiche Gesinnung und das schöne
Vertrauen, das Sie mir so frei gewidmet, und das ich
immer als eine meiner kostbarsten Errungenschaften in
diesem Leben betrachtete.

Für den Fall, daß Sie mein humoristisches Epos
anzeigen wollen, bemerke ich Ihnen, der Titel ist: „Atta
Troll, von H. Heine."

81. An Heinrich Laube.

Paris, den 20. November 1842.

Liebster Laube!

Ihren Brief vom 12. November habe ich erhalten,
und ich eile, Ihnen ungefähr die erste Hälfte des Gedichtes
zu schicken; in etwa drei Tagen schicke ich Ihnen die
andere Hälfte, die etwa zwei Blätter stärker, aber ich
schicke sie ebenfalls per Briefpost, da die Portodifferenz
nicht so ungeheuer sein mag und jedenfalls von der
größeren Sicherheit der Beförderung aufgewogen wird.
Dadurch gelangen Sie auch gleich zur Gesamtkenntnis
des Gedichtes. Sie werden sehen, die zweite Sendung

ist unendlich schöner und wichtiger, jedenfalls poetischer als die heutige. Ich habe in dieser zweiten Hälfte versucht, die alte Romantik, die man jetzt mit Knüppeln totschlagen will, wieder geltend zu machen, aber nicht in der weichen Tonart der frühern Schule, sondern in der keckesten Weise des modernen Humors, der alle Elemente der Vergangenheit in sich aufnehmen kann und aufnehmen soll. Aber das romantische Element ist vielleicht unserer Gegenwart allzusehr verhaßt, es ist untergegangen bereits in unserer Literatur, und vielleicht in dem Gedichte, das ich Ihnen jetzt schicke, nimmt die Muse der Romantik auf immer Abschied von dem alten Deutschland!

Wie ich mich bei Cotta diskulpiere, sage ich Ihnen später. — Auf Herrn Voß werde ich das ungefähre Honorar des Atta Troll trassieren, sobald ich das Gedicht Ihnen ganz zugeschickt. In betreff seiner Besorgnis, daß ich das Gedicht nicht als Buch vor Mitte des nächsten Sommers drucken lasse, können Sie ihn beruhigen. Bis jetzt kam mir nichts anderes in den Sinn, als den Atta Troll meiner Gedichtsammlung einzuverleiben, die bereits seit Jahr und Tag angekündigt ist und gewiß nicht sobald kommen wird, da das Manuskript noch nicht abgeschrieben, was bei mir die Hauptsache. Ich habe einen wahrhaften Ekel vor solcher Arbeit, da mir Campe den ganzen Spaß verleidet — seitdem er einem Wihl, einem Gutzkow meine Manuskripte in Hände gegeben. Letzterer oder ersterer müssen sich sogar materiell an dem Manuskript meiner Gedichte dergestalt vergriffen haben, daß mir vieles drin fehlt — — und ich das durchsäuete und beschmutzte Manuskript wieder ganz neu abschreiben

muß. Diese Bewandtnis hat es mit meiner Gedichte=
sammlung!

Seuffert wird in acht Tagen Ihnen eine Parallele
zwischen der Rachel und der Dorval zusenden. Außer
Seuffert ist hier n u r Duisberg fähig, über Paris mit
Sachkenntnis und in gutem Deutsch zu schreiben. Dieser
würde die Übersichtsberichte am besten machen. Ich
habe bereits mit ihm in dieser Beziehung gesprochen.
— In meinem nächsten Briefe mehr hierüber. Heiter
grüßend

Ihr Freund

H. Heine.

Apropos: das erste und zweite Kapitel des Troll
müssen durchaus zusammen gedruckt werden, in der=
selben Nummer der „Eleganten".

82. An Charlotte Embden.

Paris, den 28. November 1842.

Liebste Schwester!

Obgleich mein Kopf wie betäubt ist von starken
Arbeiten, eile ich doch, Dir meinen Glückwunsch zu
senden. Wie soll ich die Freude aussprechen, die mich
beim Empfang Deines lieben Briefes fast bestürzt
machte; ich und meine liebe Frau, die den innigsten An=
teil an Euch nimmt, wir haben eine sehr vergnügte
Stunde genossen. — Sie läßt sich Euch allen dringendst
empfehlen, und für das Porträt, das wir erhalten, noch

besonders danken; sie war außer sich vor Freude, als
sie es empfing, und es parabiert seitdem in unserem
Salon, wo es jedem gezeigt wird, und oft bewundert
wird. — Du bist noch äußerlich und geistig so sehr jung,
und verheiratest schon eine Tochter, und wirst also bald
Großmutter werden! — Und die alte Gluck wird Ur=
großmutter! — Hätte ich nur einen Augenblick mein
armes Väterchen. Wie würde der sich gefreut haben!
Das ist beständig mein Gedanke, und das Glück macht
mich traurig! — Ich lasse mich der Braut sehr ergebenst
empfehlen, sowie auch dem Bräutigam. — Meinem
Schwager danke ich herzlich, daß er mir gleich ge=
schrieben hat, und ich gratuliere ihm mit großer Freude.
— Könnte ich nur auf einige Tage bei Euch sein! —
Welch ein Kummer! — Es ist aber jetzt nicht möglich.
— Die Hoffnung, daß Marie nach Paris kommen wird,
entzückt mich bis in tiefster Seele. Sie wird sich über=
zeugen, daß sie keinen gewöhnlichen Onkel hat, und daß
ihre Tante hübsch und gut ist. — Meine Mutter grüße
ich, und ich umarme Euch beide; werde dieser Tage
an Mutter schreiben. Bin wie gesagt vom vielen
Arbeiten sehr angegriffen. Hab' in diesem Augenblick
viel um die Ohren. Ich habe bis Ende Februar vollauf
zu tun, die wichtigsten Geschäfte, und leider ist mein
Kopf krank, und manchmal muß ich wider Willen
feiern. —

Ich komme aber durch, und dann will ich für mein
Kopfübel etwas Anhaltendes tun.

Dein getreuer Bruder

H. Heine.

83. An Heinrich Laube.

Den 3. Dezember 1842.

Liebster Laube!

In diesem Augenblick erhalte ich Ihren Brief. Ich ermesse ganz die Wichtigkeit Ihrer Bemerkung. Statt der mißfälligen Cancan-Strophe setzen Sie gefälligst folgende:

> Ja, ich möchte schier behaupten,
> Daß sie manchmal sehr bedenklich,
> Mit gemütlos frechen Sprüngen,
> An die Grand'-Chaumière erinnre.

Der Schluß des zweiten Kapitels kann ganz wegfallen, und Ihr gewünschtes Einschiebsel mag hier als
Ersatz dienen. Nämlich nach den Worten:

> In Gesellschaft des Laskaro,
> Der den Atta Troll getötet —

fällt alles weg, die sämtlichen Strophen bis am Ende,
und statt derselben setzen Sie gefälligst die folgenden,
die ich in diesem Augenblick gedichtet, während meine
Frau neben mir in der Badewanne sitzt:

> Dir, Varnhagen, sei gewidmet
> Dies Gedicht. Dem milden Freunde
> Möge es als Antwort dienen
> Auf den jüngsten seiner Briefe.
>
> Ach! es ist vielleicht das letzte
> Freie Waldlied der Romantik —
> In des Tages Brand- und Schlachtlärm
> Wird es kümmerlich verhallen!

167

Andre Zeiten, andre Vögel!
Andre Vögel, andre Lieder!
Wie sie schnattern! Jene Gänse,
Die gemästet mit Tendenzen!

Auf der Zinne der Partei
Flattern sie mit lahmen Schwingen.
Platte Füße, heis're Kehlen,
Viel Geschrei und wenig Wolle.

Manche weißgefärbte Raben
Sind darunter. Diese krächzen
Spät und früh: die Gallier kommen!
Sind des Kapitoles Retter.

Andre Vögel! andre Lieder!
Gestern las ich in der Zeitung,
Daß der Tieck vom Schlag gerührt
Und geheimer Hofrat worden.

Ich sehe wohl, lieber Laube, daß Sie mich ins Unglück bringen wollen. Jetzt wird der ganze Landsturm des Patriotismus über mich herfallen. Über meine Frivolität wird ja nur deshalb geklagt, weil ich nicht zu der Partei gehöre. Früher durfte ich deshalb alles nackt sagen, was ich nur wollte. — Seuffert schickt einen guten Artikel den 15. — Ich habe keine Zeit, Ihren Brief ordentlich zu lesen; auf Voß habe ich längst trassiert, wie Ihnen gemeldet und wie Sie es haben wollten. Es liegt mir den Teufel daran, ob ich die paar Groschen früher oder später trassiere, und ich tat es zunächst, weil ich eben in diesem Augenblick nichts auf Cotta abgeben wollte. Ich hoffe aber, meine Tratte ist richtig eingelöst worden. Ich arbeite angestrengt; muß noch vor

Ende des Jahres einige Artikel nach Augsburg schicken. Gutzkow wird hier schön geprickelt; je n'y ai pas nui. — Leben Sie wohl; nach einigen Tagen schreibe ich Ihnen über die andern gewünschten Veränderungen.

Ihr H. Heine.

84. An Betty Heine.

Paris, den 21. Februar 1843.

Liebe gute Mutter!

Meine Saumseligkeit im Schreiben mußt Du entschuldigen. Leider ist mein Augenübel einige Zeit die Schuld gewesen, warum ich nicht schreibe. Erst seit etwa zehn Tagen kann ich wieder ordentlich sehen. Diese temporäre Belästigung hatte mich diesmal sehr beängstigt, da sie jetzt mit einer Erschlaffung der Gesichtsmuskeln auf der rechten Seite des Gesichts (von der Kopfspitze bis zum Kinn) verbunden war. Aber mein Augenübel scheint doch nur ein vorübergehendes Übel zu sein, das noch oft zu gewissen Zeiten seine Aufwartung machen wird, und ebenso regelmäßig verschwinden wird, die übriggebliebene Gesichtsparalysie (die aber gottlob nicht sichtbar), wird schon etwas langsamer vertrieben werden können. Ich habe deswegen mir ein Haarseil im Nacken setzen lassen. Sonst befinde ich mich vom Herzen gesund, ja gesünder als je. Mein Übel stört mich sehr in betreff meiner Arbeiten, denn ich schon mich ganz außer-

ordentlich. Ich habe eine gute Leibeskonstitution, und
hoffe noch lange auf dieser Welt mitzuspringen. —
Daß Du aber, teure Mutter, krank warst, beunruhigt
mich nicht selten, schreibe mir bald und viel. — Lottchen
herzlich zu grüßen. — Ich denke an sie sehr oft. —
Madame Holländer hat mir meine Nichte Marie sehr
gerühmt. Wie die Holländer immer jung bleibt, und
trotz ihres zwanzigjährigen Aufenthalts in Hamburg
nicht das mindeste von ihrer französischen Liebens=
würdigkeit eingebüßt hat! Ich sah sie gestern auf einem
Balle bei ihrem Vater, dem alten Worms, wohin ich,
nebenbei gesagt, nur meiner Frau wegen gegangen bin.
Sie tanzt so gern, und verdient es, daß ich mich manchmal
für sie sakrifiziere. Sie hat mich auch in der letzten Zeit
sehr gut gepflegt, und von dieser Seite bin ich sehr
glücklich. —

Du fragst mich über den Atta Troll, er mag von
einem Emanzipations=Juden ein bißchen Färbung be=
kommen haben, doch hatte ich nur die Satire, auf die
menschlichen Liberalismus=Ideen überhaupt im Sinne,
unter uns gesagt. — Du siehst, ich stehe Dir Antwort.

Und nun lebe wohl, teure Mutter, und schreib mir
viel und oft.

Dein getreuer Sohn

H. Heine.

85. An Maximilian Heine.

Paris, den 12. April 1843.

Liebster Bruder!

Wenn ich Dir nicht schreibe, wenn ich Dir während einer Reihe von Jahren gar nicht geschrieben habe, so ist der Grund sehr einfach: Ich hätte Dir so viel zu sagen, daß ich nicht weiß, womit anfangen und wie endigen. Aber beständig denke ich an Dich, fast täglich spreche ich von Dir mit meiner Frau, die Dich so gern einmal sähe, und in meinen bittersten Nöten stärkt mich oft das Bewußtsein, daß ich einen getreuen Bruder habe, der mit ganzer Seele mir ergeben ist. Und es hat mir an Nöten in den letzten Jahren nicht gefehlt! — Ich lebe in diesem Augenblicke ziemlich ruhig, es herrscht ein Waffenstillstand zwischen mir und meinen Feinden, die aber darum nicht minder rührig im geheimen agieren, und ich muß mich auf alle möglichen Ausbrüche des tödlichsten Hasses und der feigsten Niederträchtigkeit gefaßt machen. Das hat aber alles nicht viel zu be= deuten, trüge ich nicht meinen schlimmsten Feind in meinem eigenen Leibe, nämlich in meinem Kopfe, dessen Krankheit in letzter Zeit in eine sehr bedenkliche Phase getreten. Fast die ganze linke Seite ist paralysiert, in bezug auf die Empfindung; die Bewegung der Muskeln ist noch vorhanden. Über der linken Augenbraue, wo die Nase anfängt, liegt ein Druck wie Blei, der nie aufhört; seit beinah zwei Jahren ist dieser Druck stationär; nur in Momenten des starken Anstrengens beim Arbeiten

empfand ich ihn weniger, nachher aber war die Reaktion
desto größer, und wie Du denken kannst, darf ich wenig
jetzt arbeiten. Welch ein Unglück! Damit ist auch das
linke Auge sehr schwach und leidend, stimmt oft nicht
zusammen mit dem rechten, und zu Zeiten entsteht da=
durch eine Verwirrung des Gesichtes, die weit unleid=
licher, als das Dunkel der vollen Blindheit. Seit zwei
Monat habe ich im Genick ein Harrseil, aber das ist
nur ein Palliativ, und ich habe zu keinem Heilmittel
Vertrauen. Ich erzähle Dir das, nicht weil ich von
Dir Rat erwarte, sondern weil ich Deine ärztliche Neu=
gier zufriedenstellen will. Ich habe wenig Hoffnung
des Besserwerdens und sehe einer trüben Zukunft ent=
gegen. — Meine Frau ist ein gutes, natürliches, heiteres
Kind, launisch, wie nur irgend eine Französin sein
kann, und sie erlaubt mir nicht, in melancholisches
Träumen, wozu ich so viel Anlage habe, zu versinken.
Seit acht Jahren liebe ich sie mit einer Zärtlichkeit und
Leidenschaft, die ans Fabelhafte grenzt. Ich habe seit=
dem schrecklich viel Glück genossen, Qual und Seligkeit
in entsetzlichster Mischung, mehr als meine sensible Natur
ertragen konnte. Werde ich jetzt die nüchterne Bitternis
des Bodensatzes schlucken müssen? Wie gesagt, mich
graut vor der Zukunft. — Aber wer weiß, es geht
vielleicht besser, als mein getrübter Sinn es ahnet. —
Bleibe Du mir nur zugetan, teuerster Bruder, und ich
gebe meinem Herzen einen Halt an Deiner Bruder=
treue, an Deiner sicheren Bruderliebe.

Im Hamburg scheint alles in floribus zu sein.
Daß Mariechen eine so gute Partie machte, ist ein groß
Glück, für welches ich dem lieben Gott danke. Welche

Freude für unsere Schwester und unsere Mutter!
Letztere altert sehr, aber das liegt in einem allgemeinen
Menschenschicksal; ich hoffe, sie wird lange bei uns
bleiben, die gute vortreffliche Mutter.

Mit der Familie stehe ich gut genug, auch mit
Onkel Heine, er gibt mir jährlich achttausend Franken,
ungefähr die Hälfte von dem, was ich brauche. Bin
aber zufrieden jetzt, wo ich körperlich leidend bin und
auf meine Arbeit nicht gut rechnen kann, eine fixe
Pension zu haben. — Nach Deutschland gehe ich nie
und nimmermehr zurück. Ich lebe hier umfriedet,
wenigstens in bezug auf äußere Berührung. — Und nun,
teurer Bruder, lebe wohl, und schreib' mir bald. Meine
Adresse ist: Faubourg Poissonière No. 46.

Möge Dich dieses Blatt in guter Gesundheit und
glücklicher Stimmung antreffen.

Außer meinem Kopf bin ich leiblich und geistig
ganz gesund.

86. An Julius Campe.

Paris, den 27. April 1843.

Und auch heute, liebster Campe, kann ich Ihnen
noch nicht ordentlich schreiben, und diese Zeilen sollen
Sie nur mit der notdürftigsten Beantwortung Ihrer
jüngsten Anfrage in betreff des zweiten „Reisebilder"-
Bands und des Liederbuchs beschwichtigen. Ich autori=
siere Sie nämlich, den zweiten Band der „Reisebilder"

in neuer Auflage erscheinen zu lassen, und zwar, indem
Sie ein Exemplar der zweiten Auflage dieses zweiten
Bandes so genau als möglich abdrucken lassen. Ich
denke nämlich, daß keine sonderlichen Druckfehler in
jener zweiten Auflage enthalten, und ich will keine neuen
Veränderungen drin vornehmen. Wenn ich in diesem
Buche etwas umändern oder ausmerzen will, so ist es
für Sie jedenfalls besser, daß dergleichen in der Gesamt=
ausgabe der Werke geschieht, mit deren Druck Sie, neben=
bei gesagt, jetzt nicht mehr lange zögern sollten. Sobald
Sie mir anzeigen, daß dieser Druck beginnen soll, schicken
Sie mir zugleich die vier „Reisebilder"=Teile, und ich
gehe sie genau durch, korrigiere und ordne, und eröffne
mit denselben die Gesamtausgabe.

Wenn es Ihnen recht ist, sollen die „Reisebilder"
in dieser neuen Form nur zwei Bände betragen, indem
ich nämlich die Gedichte ausscheide und sie zum Beschluß
der Gesamtausgabe liefere. Unterdessen glaube ich noch
einen fünften Teil „Salon" zu geben, aber auch dieser
(der ganze „Salon") soll zusammengedrängt in der
Gesamtausgabe nur drei Teile betragen. Ich bemerke
Ihnen dieses, damit Sie, wenn Sie etwa Lust hätten,
die Gesamtausgabe jetzt anzukündigen, dem Publiko an=
zeigen, daß das Ganze acht sehr starke Bände betragen,
und daß zwei Bände „Reisebilder" die Avantgarde
bilden würden. —

Was die neue Auflage des „Buchs der Lieder" be=
trifft, so autorisiere ich Sie ebenfalls, dieselbe nach der
zweiten Auflage ganz genau abdrucken zu lassen, so
genau als möglich, damit nicht die Druckfehler zu sehr
emporblühen, und ich werde Ihnen (Sie können sich

drauf verlaſſen) recht bald eine kleine Vorrede zu dieſer
neuen Auflage überſchicken.

Ich leide ſo ſtark an den Augen, daß ich faſt gar
nicht ſchreiben kann.

Wie man mir aus Deutſchland meldet, ſoll der
„Telegraph“ wieder die niederträchtigſten Inſinuationen
gegen mich enthalten, und ich bitte Sie, ſchicken Sie
mir ſo bald als möglich ein Exemplar, damit ich ermeſſe,
inwieweit ich mich über Ihre Unziemlichkeit und Lieb=
loſigkeit zu beklagen habe. Jedenfalls geſchieht mir
hier von Ihnen die größte Unbill, und jeder ſagt mir,
daß ich wie ein Niais handle, wenn ich mir dergleichen
ruhig gefallen laſſe . . . . Gäbe ich auch nach im
Momente, ſo bliebe doch eine bittere Verſtimmung zu=
rück, die uns ſpäter alle Luſt verleiden würde. Wie
kann ich den Mann als einen Freund behandeln, welcher
Blätter in die Druckerei ſchickt oder honoriert, worin
Heinrich Heine verunglimpft wird? Ich bitte Sie,
ich bitte Sie, tun Sie mir dieſes Ärgernis aus den
Augen — auf Ehre, es iſt bringendſt notwendig.

Ihr Freund

H. Heine.

87. An Betty Heine.

Paris, den 18. September 1843.

Liebe gute liebe Mutter!

Deinen Brief vom 18. Auguſt, den Du nach
Trouville adreſſiert, hat man mir richtig nachgeſchickt,

und seitdem erhielt ich auch Deinen Brief vom 2. September. — Aus letzterem ersehe ich mit tiefem Kummer, daß es mit Onkel Heines Gesundheit nicht gut aussieht; ich bitte Dich, mir nur immer recht bestimmt und ausführlich zu schreiben, wie es ihm geht. Ich bin in dieser Beziehung wo nicht ganz ruhig, doch von dem festen Glauben, daß die Gesundheit dieses teueren Mannes einen eisernen Fonds hat, der zwar durch Erschütterung allmählich aufgerieben werden kann, aber zu unserer aller Freude noch lange Zeit dauern wird. Außer Tischerzesse hat Onkel nie etwas gegen seine Gesundheit verbrochen, und die eigentlichen Lebenskräfte sind nur durch Kummer manchmal angegriffen worden. Gott erhalte ihn! —

Und Du alte süße Katze, wie geht es Dir? Wenn Du stirbst, ehe ich Dich wiedersehe, schieße ich mich tot. Merke Dir das für den Fall, daß Dir Anwandlungen kämen, Deine Dammthorwohnung gegen ein schlechteres Logis zu vertauschen! Merk Dir das, und Du wirst keine solche Torheit begehen. —

Ich habe gestern einen Freund von Mar hier gesprochen, den Gretsch aus Petersburg, der auch Dich kennt und mit so großer Vorliebe und Verehrung von Dir sprach, daß ich den ganzen Tag sehr melancholisch, mit einem weichgekochten Herzen herumging. —

Wäre es mir möglich, (aber es ist mir in diesem Augenblick fast nicht möglich), würde ich Dich doch noch dieses Jahr besuchen; nächstes Jahr geschieht es aber in jedem Falle. — Grüße mir Lottchen und die Kinder. —

Wie ich höre, soll X. in Paris sein. Welches Glück für Paris, eine Entschädigung dafür, daß die Königin von England nicht hierher gekommen!

Leb' wohl, überhaupt bleib am Leben so lang als möglich, und merk' Dir, was ich gesagt habe.

Dein getreuer Sohn

H. Heine.

88. An Betty Heine.

Paris, den 18. Oktober 1843.

Liebe gute teure Mutter!

Deinen letzten Brief habe ich richtig erhalten, und Deine Idee, dem Max aufs Frühjahr ein Rendezvous in Hamburg zu geben, hat den Wunsch, Dich einmal wieder zu sehen, sehr heftig in mir rege gemacht. Ich will Dich aber noch früher sehen als im Frühjahr, noch in diesem Jahr, und ehe Du Dich dessen versiehst, eines frühen Morgens stehe ich in Lebensgröße vor Dir. — Das ist aber ein großes Geheimnis, und Du darfst keiner Seele ein Wort davon sagen: denn ich reise nicht zu Waſſer, sondern gradeswegs durch Deutschland, und da ich auch hier niemandem davon spreche, und auch schnell reisen werde, ist von der Regierung nichts zu fürchten. — Aber wie gesagt, keiner Seele ein Wort davon; Onkel Heine werde ich es schreiben, aber nur einen Tag vor meiner Abreise, nicht früher, aus wichtigen Gründen.

— Kann Lottchen schweigen, so kannst Du es ihr sagen.
Meine Frau lasse ich hier in Paris, in der Pension,
wo sie früher war. Da ich nicht weiß, wann ich reise,
so schreib mir nicht mehr hierher. —

Künftige Woche mehr von

Deinem getreuen Sohn

H. Heine.

89. An Mignet.

Paris, 20 octobre 1843.

Ci-joint, mon cher Mignet, le livre sur la
Prusse et sa déplorable domination. Je vous
envoie en même temps deux numéros d'un journal
allemand que je vous prie de faire parvenir à M.
Cousin; dans l'un de ces numéros, je l'ai défendu
contre les calomnies de mon vertueux ami Leroux,
et dans l'autre, je l'ai tant soit peu attaqué, toutefois
en disant qu'il est le plus grand philosophe que
la France ait produit depuis Descartes. Dans le
numero 36, il est aussi question du beau secrétaire
perpétuel de l'Académie et de son beau discours
sur Daunou; veuillez charger le bon M. Stolz de
vous donner la traduction de ce passage.

Demain à 6 heures, je pars. Depuis trois
jours toute ma pensée est déjà en Allemagne, et
je vous avoue qu'elle commence déjà à s'y ennuyer;
je serai bientôt de retour. A revoir!

Que les Dieux vous prennent dans leur sainte
et digne garde.

90. An Mathilde Heine.

Bremen, den 28. Oktober 1843.

Liebster Schatz!

Ich bin soeben hier angelangt, nachdem ich zwei Tage und zwei Nächte durch gefahren; es ist acht Uhr morgens, und ich werde noch heute abend weiter reisen, so daß ich morgen in Hamburg eintreffe. Ja, morgen bin ich am Ziel meiner Pilgerfahrt, welche höchst langweilig und ermüdend war. Ich bin ganz erschöpft. Ich hatte viel Ungemach und schlechtes Wetter. Alle Welt reist hier im Mantel, ich in einem elenden Paletot, der mir nur bis an die Knie reicht, welche steif vor Kälte sind. Bei alledem ist mein Herz voller Sorgen: ich habe mein armes Lamm in Paris gelassen, wo es so viel Wölfe gibt. Ich bin die arme Hälfte eines Hahns. Ich habe schon über hundert Taler verbraucht. — Adieu, ich umarme Dich! — Ich schreibe Dir in einem Zimmer, das voller Leute ist; das Geschrei um mich her verursacht mir die entsetzlichsten Kopfschmerzen. — Tausend Grüße von mir an Madame Darte und unsere vortreffliche, phantastische Aurecia! Von Herzen

Dein armer Mann

Henri Heine.

91. An Mathilde Heine.

Hamburg, den 31. Oktober 1843.

Schönster Schatz!

Seit zwei Tagen befinde ich mich in Hamburg, wo ich all' meine Verwandten in bestem Wohlsein angetroffen habe, mit Ausnahme meines Oheims; obgleich er sich augenblicklich etwas erholt hat, ist sein Zustand doch beunruhigend, und man fürchtet, ihn bei einem nächsten Anfalle seiner Krankheit zu verlieren. Er hat mich mit großer Herzlichkeit, ja mit zuvorkommender Artigkeit empfangen, und da er sieht, daß ich nicht nach Hamburg komme, um Geld zu verlangen, sondern einzig, um ihn und meine Mutter wieder zu sehen, so stehe ich hoch in seiner Gunst. Er hat sich bei mir sehr angelegentlich nach Dir erkundigt, und stets aufs Rühmlichste von Dir gesprochen. Ich sehe mit Freuden, daß man im allgemeinen gut von Dir spricht, hier in Hamburg, wo man sich grimmiger als anderswo verlästert; es ist ein Nest voll Klatschereien und Schmähsucht.

Liebe Tante!

Ich habe mit vielem Vergnügen von meinem lieben Onkel gehört, daß Sie sich vollkommen wohl befinden; aber ich bedauere sehr, daß Sie nicht mitgekommen sind, uns in Hamburg zu besuchen. Jeder, der so glücklich war, Sie zu sehen, spricht mit Bewunderung von Ihrer

Schönheit und Liebenswürdigkeit, und ich bin höchst begierig, Ihre Bekanntschaft zu machen.

Unsere ganze Familie denkt viel an Sie, und wir hoffen alle, daß Sie uns nächstens mit Ihrem liebens= würdigen Besuche in Hamburg erfreuen werden.

Ich habe die Ehre, mich Ihnen bestens zu empfehlen, und verharre

Ihr ergebener Neffe

Ludwig.

Obige Zeilen sind von meinem Neffen, welcher mich soeben besuchte und meinem Briefe einige Worte beizufügen wünschte. Meine Schwester befindet sich wohl, meine Nichte Madame de Voß ebenfalls; alle beide sind zart wie Bernstein.

Was meine Mutter betrifft, so finde ich sie sehr verändert. Sie ist sehr schwach und entkräftet. Sie ist durch Alter und Sorgen zusammengeschrumpft. Ängstlich, wie sie ist, regt die geringste Kleinigkeit sie schmerzlich auf. Ihr größtes Übel ist der Stolz. Sie geht nirgends hin, da sie nicht die Mittel hat, bei sich Besuch zu empfangen. Seit dem Brande bewohnt sie zwei kleine Zimmer; es ist ein Jammer! Sie hat viel durch den Brand verloren, da sie bei einer Gesellschaft versichert war, die nicht bezahlen konnte.

Mein neuer Neffe, Herr de Voß, ist ein sehr junger und liebenswürdiger Mann. — Karl Heine scherzt immer über meine Eifersucht und wundert sich, daß ich mich habe entschließen können, Dich in Paris zu lassen! — Du bist meine arme geliebte Frau, und ich

hoffe, daß Du artig und vernünftig bist. Ich bitte
Dich inständigst, Dich nicht zu viel öffentlich zu zeigen,
auch nicht nach der Heilanstalt zu gehen; ich hoffe, daß
Du den obersten der Tröpfe nicht bei Dir empfangen
wirst; glaube mir, Du hast Freundinnen und ehemalige
Freundinnen, welche nichts sehnlicher verlangen, als
Dich mir gegenüber zu kompromittieren. — Tausend
freundliche Grüße von mir an Madame Darte und
Aurecia!

Dein armer Gatte

Henri Heine.

92. An Mathilde Heine.

Hamburg, den 2. November 1843.

Schönster Schatz! geliebte Nonotte!

Ich hoffe, daß es Dir wohl geht; mir geht es wohl.
Nur leidet mein abscheulicher Kopf etwas an jener
nervösen Krankheit, welche Du kennst. Gestern binierte
ich bei meinem Oheim, der sehr verstimmt war; der
arme Mann steht schreckliche Leiden aus. Es gelang mir
jedoch, ihn zum Lachen zu bringen. Heute speise ich bei
meiner Schwester mit dem jungen Ehepaar und meiner
alten Mutter. Das Wetter ist schön und so milde,
daß ich hier nur meinen kleinen Oberrock trage. — Ich
denke nur an Dich, meine liebe Nonotte. Es ist ein
großer Entschluß, daß ich Dich allein in Paris gelassen,
in diesem schrecklichen Abgrunde! Vergiß nicht, daß
mein Auge immer auf Dir ruht; ich weiß alles, was

182

Du tust, und was ich jetzt nicht weiß, werde ich später
erfahren.

Ich hoffe, daß Du nicht versäumt hast, Stunden
bei einem Schüler von Favarget zu nehmen, und daß
Du Deine jetzige Muße wohl benutzest.

Ich bin überzeugt, daß Du in diesem Augenblick
keinen Sou mehr in Deiner Börse hast. Künftige Woche
werde ich Dir die nötige Quittung senden, um in meinem
Namen meine monatliche Pension bei Fould erheben zu
lassen, und ich werde Dir gleichzeitig mitteilen, wie ich
über diese Summe zu disponieren gedenke.

Ich habe keinen Brief von Dir erhalten; wenn
Du noch nicht geschrieben hast, so bitte ich Dich, das
Schreiben nicht länger aufzuschieben. „An Herrn
H. H., Adr. Herren Hoffmann & Campe, Buchhändler
in Hamburg."

Ich kann noch nicht den Tag meiner Abreise bestimmen; wahrscheinlich wird sich mein Aufenthalt hier
in Hamburg bis zur Mitte dieses Monats verlängern.
Glaub mir, es ist keine verlorene Zeit. Meine Geschäfte mit meinem Buchhändler sind verwickelt, und
ich habe hier in dieser Hinsicht viel zu tun.

Grüße von mir Madame Darte, der ich mein
Teuerstes auf der Welt anvertraut; ich habe von ihr
mit mehreren Leuten gesprochen, die sich bei mir nach
den französischen Pensionaten erkundigten. Meine
Empfehlungen an Aurecia!

Von ganzem Herzen

Dein Mann

Henri Heine.

93. An Mathilde Heine.

Hamburg, den 5. November 1843.

Geliebte Nonotte!

Ich habe noch keine Nachricht von Dir erhalten, und ich fange schon an, mich darüber recht zu be=unruhigen. Ich bitte Dich dringend, mir sobald als möglich zu schreiben, unter der Adresse der Herren Hoffmann & Campe in Hamburg, welche ich Dir schon angegeben. Ich werde hier wahrscheinlich noch vierzehn Tage bleiben, und bei meiner Abreise werde ich meine Vorsichtsmaßregeln treffen, damit Deine Briefe nach Paris zurückgesandt werden, falls sie zu spät anlangen sollten. Ich werde hier von aller Welt gehätschelt. Meine Mutter ist glücklich; meine Schwester ist außer sich vor Entzücken, und mein Oheim findet an mir alle erdenklichen guten Eigenschaften. Auch bin ich sehr liebenswürdig. Welch saure Arbeit! ich muß den uninteressantesten Leuten gefallen! Bei meiner Rück=kehr werde ich so sauertöpfisch wie möglich sein, um mich von den Anstrengungen meiner Liebenswürdigkeit zu erholen.

Ich denke beständig an Dich, und ich vermag nicht ruhig zu sein. Unbestimmte und trübe Sorgen quälen mich Tag und Nacht. Du bist die einzige Freude meines Lebens — mache mich nicht unglücklich!

Alle meine Verwandten machen mir Vorwürfe, daß ich Dich nicht nach Hamburg mitgebracht. Ich habe jedoch wohlgetan, das Terrain ein wenig zu studieren, bevor ich in Deiner Begleitung käme. Wahrscheinlich

werden wir den Frühling und Sommer hier verbringen.
Ich hoffe, daß Du für Deine jetzige Langeweile hin=
reichend belohnt werden wirst. Ich werde das Mögliche
tun, Dich dafür schadlos zu halten. — Adieu, mein
Engel, meine Liebste, mein armes Kind, mein gutes
Weib!

Vergiß nicht, Madame Darte tausend Artigkeiten
von mir zu sagen. Ich hoffe, daß Du mit der guten
Aurecia auf bestem Fuße stehst. — Ich beschwöre Dich,
keine Leute zu besuchen, mit welchen ich schlecht stehe,
und welche Dich eines Tages verraten würden, wenn Du
Dich mit Ihnen überworfen hast. — Morgen oder
übermorgen werde ich Dir die nötigen Papiere senden,
um meine Pension zu erheben.

Mein Gott! mein Gott! seit vierzehn Tagen hab'
ich Dich nicht zwitschern hören. Und ich bin so fern
von Dir! Es ist ein wahres Exil. — Ich küsse Dich
auf das kleine Grübchen Deiner rechten Wange.

94. An Varnhagen von Ense.

Hamburg, den 9. November 1843.

Mein teurer Varnhagen!

Für Ihren lieben herzlichen Brief vom 6. meinen
vorläufigen Dank, beantworten aber kann ich ihn noch
nicht. Nur so viel: wenn es nur irgend möglich ist,
will ich Sie zu sehen suchen. — Ich reiste hierher in

185

der Absicht, nur meine Verwandten zu besuchen, durch=
eilte Deutschland so rasch als möglich, und wollte
ebenso rasch und direkt wieder nach Paris zurückkehren,
wo mir meine Frau nur auf einen Monat Urlaub gab.
Deshalb hatte ich in bezug der resp. deutschen
Regierungen gar keine Vorkehrungen genommen und be=
sitze gar keine Sicherheitsgarantien. Wozu auch An=
fragen? Eine solche ist bereits eine Konzession, und ich
werde wahrhaftig keine machen. Nicht die preußische
Regierung, sondern i ch bin der Gekränkte, der in seinem
Privatvermögensinteresse widerrechtlich Gekränkte —
und ich sollte eine demütige Anfrage machen, ob ich
auch sicher sei, keine persönliche Beleidigung zu erleiden,
wenn ich nach Berlin käme?

Sie raten mir, mich an Herrn v. Humboldt zu
wenden. Er hat sich in der Tat immer liebreich für
mich erwiesen. Aber, ehrlich gestanden, wie viel ich
auch von seiner Macht halte, so wenig halte ich von
seinem Willen, mir zu nutzen. Er hat vielleicht auch
nicht mehr die nötige Energie, gegen allerhöchste
Präventionen ein Wort zu sprechen.

Ich will reiflich darüber nachdenken, ob ich es
wagen soll, auf einen Tag nach Berlin zu kommen, wo
ich alsdann nur Sie sehen würde. Dieser Gedanke führt
mich auf die Idee, von hier zuvörderst nach Leipzig zu
gehen, von wo die Eisenbahn mich entweder rasch zu
Ihnen führt, oder Ihnen, wenn Sie nicht eben un=
päßlich sind, es möglich macht, mit Bequemlichkeit mir
eine kleine Strecke entgegenzukommen. Gott bewahre,
daß ich Ihnen eine große Fatigue zumuten möchte!

Vierzehn Tage bleibe ich noch hier, und gegen

Ablauf derſelben ſchreibe ich Ihnen meine beſtimmte
Reſolution. Bis dahin verharre ich mit ganzer Seele

Ihr Freund

H. Heine.

Meine Adreſſe iſt immer richtig, wenn Sie den
Brief an Salomon Heine adreſſieren oder an Hoffmann
& Campe hierſelbſt.

95. An Mathilde Heine.

Hamburg, den 10. November 1843.

Meine Liebe!

Ich habe noch keine Zeile Deines Gekritzels
empfangen. Ich denke mir, daß Du das Schreiben bis
zu dem Tage aufgeſchoben haſt, wo Du die Nachricht
von meiner Ankunft hierſelbſt erhielteſt. Schreibe mir
ruhig; ich werde bei meiner Abreiſe die Ordre hinter=
laſſen, mir die Briefe nach Leipzig zu ſchicken, wo ich
einige Tage verweilen werde, und wenn die Briefe
mich in Leipzig nicht mehr treffen, ſo wird man mir
ſie nach Paris zurück ſenden. Es ſind hauptſächlich
meine Buchhändleraffären, die mich hier noch eine Woche
feſthalten werden. Mein Buchhändler iſt der größte
Schelm von der Welt, und es koſtet mich viel Mühe,
meine Intereſſen ins Reine zu bringen. — Ich hoffe,
daß Du meinen letzten Brief empfangen haſt, welcher die
nötige Quittung enthielt, um die 400 Franken bei Foulb
zu erheben; vergiß nicht, mir ſofort mitzuteilen, ob
man ſie ohne Schwierigkeit ausbezahlt hat. — Mein

Oheim befindet sich besser seit einigen Tagen, und ich stehe auch besser mit ihm. Alle Welt macht mir Vorwürfe, daß ich Dich nicht hierher mitgebracht. Wie hätte ich mich gefreut, wenn Du gestern abend hier gewesen wärest; meine Nichte Madame de Voß gab mir zu Ehren eine große Abendgesellschaft; es wurde getanzt, das Souper war vorzüglich, und nichts fehlte, als Du. Meine Nichte wohnt wie eine Prinzessin, und all ihr Luxus hat etwas Solides und Komfortables. Die Kinder meiner Schwester sind sehr nieblich, und fragen mich unaufhörlich nach ihrer Pariser Tante. Sie werden sie, so Gott will, nächstes Frühjahr sehen, das wir, sowie auch den Sommer hier verbringen werden. Aber ich sage selbst nicht, daß ich diese Absicht habe; hüte Dich wohl, etwas davon an Karl Heine zu verraten, der im Februarmonat nach Paris kommen wird. Ich bitte Dich, sobald als möglich Unterrichtsstunden in der deutschen Sprache zu nehmen. Es versteht sich von selbst, daß Du Dich gegenwärtig des Schönschreibens befleißigst, was dringend notwendig ist. Benutze Deine Muße gut!

Adieu, meine Liebe! Ich denke stets an und für Dich. Mache meine Empfehlung an Madame Darte und Mademoiselle Aurecia. Schreibe mir viel, und betrage Dich w i e i ch e s v e r d i e n e.

Dein armer Sklav und Gatte

H e n r i H e i n e.

Sage Madame Barien nicht, was ich Dir schreibe, Du tätest gut, sie nicht überall zu besuchen, aus wichtigen Gründen.

96. An Mathilde Heine.

Hamburg, den 19. November 1843.

Geliebteste Freundin!

Ich hoffe, daß es Dir wohlgeht; was mich betrifft, so spielt mein abscheulicher Kopf mir immer noch Possen und hindert mich, meine Geschäfte in Hamburg schnell zu beenden. Ich bin leidend und langweile mich, denn ich denke immer an Dich; ich bin fast toll, wenn meine Gedanken die Richtung nach Chaillôt einschlagen. — Was macht jetzt meine Frau, die Tollste der Tollen? Es war Tollheit von mir, Dich nicht mit hierher zu bringen. — Um Gottes willen, tue nichts, worüber ich bei meiner Rückkehr böse werden könnte. Verhalte Dich so still wie möglich in Deinem Nestchen, arbeite, studiere, langweile Dich rechtschaffen, spinne Wolle, wie die biedere Lukretia, welche Du im Odeon gesehen hast. — Heute will ich Dir einen Auftrag geben. Ich brauche zwei Damenhüte, einen für meine Schwester, den andern für meine Nichte. Gehe zur Modistin, und wähle dort zwei der modernsten Hüte aus, die Du findest. Wenn nichts nach Deinem Geschmacke im Magazin vorrätig ist, so bestelle die Hüte. Sie brauchen nicht allzu reich, sie brauchen nicht allzu sehr mit Spitzen garniert zu sein, und selbst wenn sie nicht von Samt sind, hat das nichts zu sagen, wenn sie nur recht modern und elegant sind und guten Effekt machen. Keine dunkle Farbe, sondern helle Farben: weiß oder rosa oder jede andere Farbe, ausgenommen blau, welches meine Schwester nicht liebt. Ich glaube, auch grün ist eine wenig empfehlenswerte Farbe. Meine Nichte hat

einen kleinen Kopf, und ihr Hut darf nicht zu groß sein,
es muß etwas Kleines und Zierliches sein. Übrigens
kannst Du Dich dabei auf das Gedächtnis von Aurecia
verlassen, welche das kleine Persönchen gesehen hat.
Meine Schwester hat einen langen und schmalen Kopf,
und sie trägt Schmachtlocken, die ihr bis auf die Schultern
hinabfallen. Ihr Hut muß also tiefer hinabgehen als
der meiner Nichte, und er darf, wegen ihres gelockten
Haares, inwendig nicht zu viel garniert sein. — Deine
Modistin muß die Einpackung und sogar die Absendung
besorgen. Ich weiß nicht, ob das Dampfschiff noch
jeden Sonnabend von Havre abgeht; wo nicht, so muß
die Schachtel auf dem Landwege geschickt werden. Aber
Deine Modistin wird das auf dem Bureau der Messa=
geries royales erfahren, welche die Beförderung der
Schachtel übernehmen, die gut verpackt sein und unten=
stehende Adresse tragen muß.

Richte den Auftrag gut aus. Du kannst Deiner
Modistin sagen, wenn sie mich diesmal gut bediente,
so würde meine ganze Familie mir ihre Kundschaft
schenken,und ich würde ihr viel Hüte abkaufen. Es ist
wirklich ein Versuch.

Adieu, mein geliebter Engel. Meine Empfehlung
an Madame Darte! Freundliche Grüße an Aurecia!
Dein armer Mann

Henri Heine.

Folgendes ist die Adresse, welche auf die Hut=
schachtel gesetzt werden muß:
An Madame Honoré de Voß.
Alter Wandrahm Nr. 58.

Hamburg.

190

97. An Mathilde Heine.

Hambourg, le 20. Novembre 1843
Ma femme chérie!

Je t'ai écrit hier d'acheter chez la modiste
deux chapeaux, un pour ma soeur, l'autre pour ma
nièce. Mais ma nièce vient de me faire dire qu'elle ne
veut pas de chapeau dans ce moment, où qu'elle à encore deux chapeaux magnifiques et qu'elle accouchera
à la fin du mois prochain, ce qui l'empêchera de
faire usage d'un nouveau chapeau de sitôt. Pour
cette raison tu n'as besoin d'acheter que le chapeau
pour ma soeur qui doit être conditionné comme
je te l'ai dit hier. Elle a la figure minée, mais
ce n'est pas une grande femme; elle est à peu
près de la grandeur d'Elisa. Si le velours simple
ou le velours crêpé est la plus à la mode, tu
prendras un chapeau de cette étoffe; mais je le
répète, il ne doit pas être trop cher, la caisse
doit être adressée comme je l'ai dit dans ma
lettre d'hier. — Adieu, je t'embrasse. Mes affaires
vont très bien et je suis sur le point de régler
mes intérêts avec mon libraire d'une manière bien
favorable. C'etait bien nécessaire que je suis venu
ici; je ne perds pas mon temps. Tu trouveras
ici tout bien préparé. Adieu! Je ne pense qu'à
toi et je t'aime comme un fou que je suis

Henri Heine.

98. An Mathilde Heine.

Hamburg, den 25. November 1843.
Mein armes Lieb!

Ohne Nachrichten von Dir seit so langer Zeit!
Mein Gott! Ich versichere Dir, es ist schrecklich!

Dennoch muß ich noch bis Ende der nächsten Woche
hier bleiben (heute ist Sonnabend). Ich werde direkt
nach Paris zurückkehren, ohne mich irgendwo aufzuhalten,
so daß ich in vierzehn Tagen Dich, mein Schatz, wieder=
sehen werde. Inzwischen sei ruhig, fleißig und ver=
ständig. — Ich habe meine Zeit hier gut angewandt.
Meine Angelegenheiten mit meinem Buchhändler sind
ins Reine gebracht. Alles ist geordnet, selbst für die
Zukunft. Ich übertrage ihm das Recht, meine Werke
für alle Zeiten auszubeuten, statt des Termines, welcher
in vier Jahren ablief. Er zahlt mir dafür seinerseits
eine lebenslängliche Rente von 1200 Mark Banko
(das sind ungefähr 2400 Franken). Wenn ich vor Dir
sterbe, so wird diese Rente auf Dich übergehen, und
mein Buchhändler muß Dir alljährlich dieselbe Summe
auszahlen. Diese Rente beginnt erst mit dem Jahre
1848 (nach vier Jahren); aber wenn ich in diesen vier
Jahren sterbe, verpflichtet sich mein Buchhändler, schon
von da ab Dir Deine 2400 Franken per Jahr zu be=
zahlen; so daß Dir von heute an diese Summe für Dein
ganzes Leben gesichert ist. Das ist die Basis unsres
Kontraktes. Es ist ein großes Geheimnis, das ich
niemandem mitteile; aber da Du Details von mir zu
hören wünschest, vermag ich Dir dies neue Arrangement
nicht zu verschweigen, das mir in vier Jahren
200 Franken monatlich mehr verschafft, um unseren
Lebensunterhalt zu bestreiten. Zugleich ist es ein An=
fang, Deine Einnahmen nach meinem Tode zu firieren,
der übrigens nicht so bald eintreten wird, denn ich befinde
mich vortrefflich. — Es ist die Pflicht jedes Mannes,
für das Schicksal seiner Frau in seinem Todesfalle zu

sorgen und seine Witwe nicht Streitigkeiten ausgesetzt
zu lassen. Das ist kein Verdienst, sondern eine Pflicht.
— Leider hat mein Freund Christiani nicht so gedacht,
und der Wicht hat das ganze Vermögen verplempert,
welches meine arme Kousine ihm als Mitgift zugebracht,
140 000 Franken, die mein Oheim ihr geschenkt hatte,
und er hat unter lügnerischen Vorwänden
eine andere enorme Summe meinem Oheim abgepreßt,
der nichts mehr von ihm wissen will. Er hat das alles
im Spiel verloren, und man hat alles bei ihm ver=
steigert, bis auf die Nippsachen seiner Frau herab.
Welch ein Unglück! Dieser Vorfall hat die ganze
Familie betrübt, und ich habe mir die Sache tief zu
Herzen genommen. — Meinem Oheim geht es besser.
Unsre ganze Familie befindet sich wohl. Ich höre nicht
auf, von Dir mit meinen Nichten zu sprechen, die vor
Begierde brennen, ihre Tante Mathilde zu sehen.
Gestern war eine Tanzgesellschaft bei meinem Onkel
Henry. Lieber Gott, wie glücklich hätte es mich gemacht,
Dich dort mit Deinem dicken P . . . herumwirbeln
zu sehen! Ich muß meine Abreise beschleunigen, denn
es grämt mich zu sehr, daß Du nicht bei mir bist. —
Adieu, mein Schatz! Übe fleißig Deine Handschrift.
Was die Stunden im Deutschen betrifft, so denke ich,
daß Du sie erst bei meiner Rückkehr nehmen wirst. — Ich
bin in diesem Augenblick mit Geschäften überhäuft. —
Meine freundschaftlichsten Grüße an Madame Darte,
der ich nicht genug danken kann für die Sorge, welche
sie Dir widmen wird. Sie hat so viel Geist und Ge=
duld, und sie weiß den Schatz unerschöpflicher Güte, den
Du im Herzen trägst, hinlänglich zu würdigen, um Dir

gern jeden Ungestüm zu verzeihen, welcher so schnell
verfliegt. Was Aurecia betrifft, so sage ihr, daß ich
recht oft an sie denke, und daß ich auch auf ihr gutes
Herz rechne. Ich hoffe, sie gesund und munter wieder
zu sehen. — Verzeihe mir, wenn ich nicht oft genug an
Dich schreibe. Ich habe so vielerlei im Kopfe. Vor
meiner Abreise werde ich Dir noch schreiben. Ich liebe
Dich von ganzem Herzen und ich denke, daß Du mich
bei meiner Rückkehr mit Freuden umarmen wirst.

Dein Mann

Henri Heine.

99. An Therese Halle.

Hamburg, den 3. Dezember 1843.

Hochgeschätze und allerhübscheste Kousine!

Ich sende Dir anbei den Custine zurück, mit Dank=
sagung. Hoffentlich befindet sich Dein liebes Füßchen
heute besser und nicht im Bette. Was mich betrifft,
so habe ich die Grippe mit allem Zubehör und bin des=
halb verhindert, diesen Mittag bei Mlle. Sädchens zu
essen; ich bitte Dich, ihr diese Mitteilung zu machen,
damit kein überflüssiges Kuvert an meine Abwesenheit
erinnere.

Ich hoffe, Dich morgen heiter und wohl zu sehen,
und verharre unterdessen

Dein sehr verschnupfter und untertänigster Vetter

Heinrich Heine.

100. An Mathilde Heine.

Hamburg, den 6. Dezember 1843.

Meine liebe kleine Frau!

Morgen reise ich ab. Ich habe nicht früher abreisen können wegen meiner Geschäfte und wegen der Grippe, an welcher ich heute noch leide. Gestern hat mein Buchhändler den Kontrakt unterzeichnet, von welchem ich Dir geschrieben; Du hast keine Vorstellung davon, wieviel Schererein ich wegen dieses Kontraktes gehabt. Er ist köstlich! Ich bin entzückt davon. —

Ich weiß nicht, wo mir der Kopf steht, wenn ich an Dich denke, die mir so lange nicht geschrieben. Ich hatte Dich gebeten, mir unter allen Umständen zu schreiben, und Du hast es nicht getan. — Ich habe heute Kopfschmerz. — Was für hübsche Geschenke ich Dir von Hamburg mitbringe! Selbst meine Koufine Therese (die Tochter meines Onkels Salomon Heine) interessiert sich aufs liebenswürdigste für Dich, und sie hat mir einen Schmuck für Dich gegeben, den sie selbst getragen. Das freut mich doppelt, vor allem wegen Madame Karl — — Leb wohl! Tausend Grüße an Deine Freundinnen! Ich bin sehr in Eile.

101. An Mathilde Heine.

Bückeburg, den 10. Dezember 1843.

Geliebter Engel!

Ich bin überzeugt, daß Du nicht weißt, wo Bückeburg, eine sehr berühmte Stadt in den

Annalen unserer Familie, liegt. Aber das tut nichts,
die Hauptsache ist, daß ich unterwegs bin, daß ich mich
wohlbefinde, daß ich Dich herzlich liebe, und daß ich Dich
wahrscheinlich Sonnabend umarmen werde. Ich ge=
denke fast, einen Tag in Köln zu bleiben, und ich weiß
noch nicht, wie ich von Brüssel nach Paris reise. Ich
werde Dir schreiben, sobald ich in Brüssel eintreffe, da=
mit Du genau die Stunde meiner Ankunft wissest. Ich
werde von Sorgen Deinethalb gequält. So lange Zeit
ohne Nachrichten von Dir zu sein, o Gott, wie schrecklich!
Auch bin ich Dir deshalb böse, und werde Dir bei meiner
Ankunft nur fünfhundert Küsse statt tausend geben.

Ich hoffe, daß Du noch auf bestem Fuße mit
Madame Darte und Aurecia stehst, und ich bitte Dich,
ihnen die schönsten Grüße zu sagen von Deinem armen
Manne

Henri Heine.

102. An Charlotte Embden.

Paris, den 23. Januar 1844.

Liebe gute Schwester!

Die Mutter hat mir die glückliche Entbindung
Deiner Tochter angezeigt, vor etwa vierzehn Tagen,
aber seitdem bin ich ohne Nachrichten über ihr Be=
finden, was die Hauptsache ist, und muß Euch deshalb
der Nachlässigkeit anklagen. Ich hoffe, daß Marie sich
wohlbefindet, und ich auch noch dieser Tage darüber

beruhigende Nachrichten von Euch empfange. — Ich
und meine Frau wir befinden uns ziemlich wohl, und
sprechen beständig von Dir; ich kann ihr nicht genug
erzählen, was Du für eine Pracht von Schwester bist,
und die Liebe, womit ich von Dir spreche, macht sie fast
eifersüchtig. Wir leben still und eingezogen.

Meine Projekte für diesen Sommer sind noch immer
dieselben, und ich werde Dir seinerzeit ausführlich darüber schreiben. —

Schreib mir nur viel und umständlich, damit ich
das dortige Lokale immer genau beurteilen kann. Besonders über die Gesundheitszustände von Onkel gib mir
bestimmte Nachricht jedesmal. Ich hoffe, daß Du Dich
wohl befindest, und daß Du nicht zu viel ausstehst. —
Mutter klagt etwas über ihr Befinden, ich hoffe, es
ist nichts.

Trotz meiner zunehmenden Gesichtslähmung arbeite
ich viel. Vielleicht aber muß ich eines Tages die Feder
zum Teufel werfen und mich zum Garnichtstun verdammt sehn! —

Meine Frau führt sich ziemlich gut auf, zankt nicht
zu oft, bleibt aber immer eine Verbringerin. Mit Not
und Mühe komme ich aus, doch ich komme aus, und die
Sorgen vergehn. — Könnte ich Dich, süßer Engel, nur
manchmal sehen, Dich ansehn ohne zu sprechen! —

Lebe wohl und grüße mir die Sippschaft, Deinen
Haushahn und die Putchen.

Dein weitläuftiger Bruder

H. Heine.

103. An Julius Campe.

Paris, den 20. Februar 1844.

Liebster Campe!

Ihren Brief habe ich bereits vor acht Tagen erhalten, und auch heute bin ich noch nicht imstande, Ihnen ordentlich zu schreiben. Denn seit zehn Tagen ist mein schreckliches Augenübel, schrecklicher als je, wieder eingetreten, und ich schreibe Ihnen diese Zeilen mit der größten Mühe; ich kann kaum die Buchstaben sehen. War just mitten in einer großen Arbeit, als das Malheur wieder kam. Hab', seitdem ich zurück, viel gearbeitet, z. B. ein höchst humoristisches Reise-Epos, meine Fahrt nach Deutschland, ein Cyklus von zwanzig Gedichten, gereimt, alles gottlob fertig; werde eine Portion Prosa hinzuschreiben und Ihnen also recht bald das notwendige Bändchen geben. Sie werden sehr mit mir zufrieden sein, und das Publikum wird mich in meiner wahren Gestalt sehen. Meine Gedichte, die neuen, sind ein ganz neues Genre, versifizierte Reisebilder, und werden eine höhere Politik atmen, als die bekannten politischen Stänkerreime. Aber sorgen Sie frühe für Mittel, etwas, was vielleicht unter einundzwanzig Bogen, ohne Zensur zu drucken. —

In betreff Rothschilds schreibe ich Ihnen nächste Woche, habe dorthin noch nicht gehen können. Unterdessen aber danke ich Ihnen herzlich, daß Sie mir Gelegenheit geben, mich diesen Leuten verbindlich zu zeigen. Ich zweifle nicht, daß dieses mir nützlich ebenso wie erfreulich sein wird, denn die Influenz dieser Leute

auf die deutschen Kanzeleien ist sehr groß, und ich habe
derselben vielleicht nötig, wenn ich noch mehrere Ge=
dichte schreibe, wie die einliegenden — was ich aber
bleiben lasse.

Ich schicke Ihnen nämlich anbei meine Gedichte
aus der Rugeschen Revue, die Probebogen, die Sie aber
niemand zeigen dürfen, ehe die Revue dort angekommen,
damit kein Halloh vorher entsteht. Dieses Gedicht wird
den hohen Herren Schrecken einjagen — denn Sie sehen,
wessen ich fähig bin, wenn ich will. Aber Sie, liebster
Campe, wissen doch, daß ich der höchsten Mäßigung
fähig bin, wo eingelenkt werden muß im Interesse Ihres
Verlags.

Nächste Woche will ich mal versuchen, zu diktieren;
gelingt das mir, so haben Sie das neue Büchlein bald,
und ich kann dann sogar noch mehr Manuskript liefern,
als in der alten Weise. — Aber welch ein Unglück, dieses
Augenleid — es macht mich halb verrückt. Bin gesund
an Geist und Seele.

Ihr Freund

H. Heine.

104. An Julius Campe.

Paris, den 17. April 1844.

Liebster Campe!

Seit vier Wochen bin ich wieder von meinem
Augenübel hergestellt. Vorher war ich fast blind. —
Nicht schreiben können, und, was noch schrecklicher ist,

nicht lesen können — Sie haben keinen Begriff von dem
Unmut, der mich verzehrte. Zum Glück war mein großes
Gedicht fast vollendet. Nur der Schluß fehlte, und ich
habe ihn vielleicht sehr notdürftig ersetzt. Seitdem be=
schäftige ich mich mit dem Abschreiben dieser Arbeit,
und das schöne, reinliche Manuskript liegt jetzt vor mir.
Ich will es nur noch mal durchgehen, mit der Lupe, und
dann schicke ich es Ihnen direkt zu über Havre. Es ist
ein gereimtes Gedicht, welches, vier Strophen die Seite
berechnet, über zehn Druckbogen betragen mag und die
ganze Gärung unserer deutschen Gegenwart in der
kecksten, persönlichsten Weise ausspricht. Es ist politisch=
romantisch und wird der prosaisch=bombastischen Tendenz=
poesie hoffentlich den Todesstoß geben. Sie wissen,
ich prahle nicht, aber ich bin diesmal sicher, daß ich ein
Werkchen gegeben habe, das mehr Furore machen wird,
als die populärste Broschüre, und das dennoch den
bleibenden Wert einer klassischen Dichtung haben wird.

Ich hatte anfangs die Absicht, noch zehn bis zwölf
Bogen Prosa hinzuzuschreiben und hier die merkwürdigen
Veränderungen zu besprechen, die ich in Deutschland
vorgefunden. Aber während meiner Blindheit ver=
arbeitete sich dieser Stoff in meinem Kopfe weitläuftiger
aus, und jetzt sehe ich ein, daß dieser Stoff, wenn ich
noch durch eine zweite Reise nach Deutschland das
mangelnde Material sammle, eines meiner bedeutendsten
Werke hervorbringen kann. Schon allein die Personen=
schilderungen der verstorbenen Freunde und Bekannten
in der Literatur könnten einen großen interessanten
Band liefern: Hegel, Gans, Cotta, Immermann,
M. Beer, Schenk, Arnim, Chamisso, Fouqué, Frau von

Varnhagen, Roberts, Maltitz, und noch eine Menge
kleiner und großer Köter — nicht zu vergessen Grabbe,
den wichtigsten — kurz, ein Buch von lauter Personen,
die mir plastisch vor Augen stehen. Deshalb schicke ich
Ihnen nur mein metrisches Gedicht, und wenn ich noch
etwas hinschreibe in Prosa, so sind es etwa zwei bis
drei oder vier Bogen.

Aber jetzt stellt sich nun die Hauptfrage hervor: wie
können Sie das Buch drucken?

Damit Sie genau wissen, w i e und w a s es ist,
schicke ich es Ihnen unverzüglich, mit vollem Vertrauen.

Sobald Sie es gelesen, werden Sie leicht einsehen,
daß, wenn es als kleines Büchlein von zehn oder zwölf
Bogen erscheint, die Vogue ungeheuer sein wird, daß es
ein großes Geschäft ist, daß der enormste Absatz in diesem
Momente sicher ist. Aber zugleich werden Sie sehen, daß
dieses Büchlein durch keine Zensur gehen kann, und
wahrlich, ich habe bei der Abfassung auf alle Zensur
verzichtet und mir für den schlimmsten Fall einen Ab=
druck in Paris gedacht. — Also von Zensur kann gar
nicht die Rede sein. Ob Sie Ihre Firma auf den Titel
setzen sollen, mögen Sie selbst beurteilen; ich glaube,
Sie können's. Nun stellt sich also die Frage: können
Sie ein Buch unter zwanzig Bogen dort ohne Zensur
gedruckt bekommen? Ist dieses nicht der Fall, so muß
ich das Buch durch Zufügung von Allotria zu zwanzig
Bogen anschwellen, und in diesem Falle schlüge ich
Ihnen vor, den „Atta Troll“ hinzuzutun, nämlich in der
Gestalt, wie er jetzt noch ist, und in der neuen Gedicht=
sammlung würde ich ihn mit Zutaten vollständiger geben.
Doch ungern entschlöss' ich mich dazu. Prosaische Auf=

sätze hinzuzugeben, würde dem Buche seinen poetischen
Charakter rauben. Schreiben Sie mir u m g e h e n d
über diesen Punkt, welcher der wichtigste. Unterdessen
schicke ich Ihnen das Manuskript, zunächst auf höchste
Verschwiegenheit rechnend, und dann meine Interessen
Ihnen unbedingt ans Herz legend. Ich muß ganz sicher
auf Sie zählen können, dann kann ich auch Großes tun.
Dann habe ich Mut und sogar Talent. Über Honorar
habe ich, ich schwör' es Ihnen, noch nicht nachgedacht,
und als die wichtigste Frage lag mir der unverstümmelte
Druck meines Gedichtes im Sinn. In dieser Beziehung
kann ich nicht umhin, Ihnen zu gestehen, daß Personen,
die keine Zeile von meinem Gedichte kennen, aber den
Zeitinhalt ahnen, mir die glänzendsten Propositionen
gemacht, es hier in Paris drucken zu lassen. — Ich habe,
wie gesagt, niemandem eine Zeile von meinem Gedichte
gezeigt, lasse auch keine Zeile (obgleich manche hoch=
poetisch unverfängliche Stücke drin sind) bei Laube
drucken oder anderswo. Kurz, ich will überraschen,
einen Schlag machen — und rechne auf Ihre Klugheit
und Freundschaft. Auch Hamburg habe ich (zu Ihrem
E r g ö ß e n und N u ß e n) mit harmlosem Humor be=
dacht. — Liebster Campe! nur stumm wie ein Fisch. —
Der Titel des Buches ist: „Deutschland, ein Winter=
märchen." — —

105. An Gustav Kolb.

Paris, den 22. April 1844.

Liebster Kolb!

Ihr Brief vom 16ten hat mir einen großen Stein
vom Herzen gewälzt. Nur mit Kummer hätte ich die

202

„Allgemeine Zeitung" aufgegeben; verdanke ich ihr doch
unter anderm auch, daß ich zuweilen Brief von meinem
lieben alten Freund Kolb bekomme, der zu beschäftigt ist,
als daß er mir ohne dringendste Redaktionsanlässe je
eine Zeile schreiben würde! So lange Sie in der „All=
gemeinen" sind, werde ich ihr selbst unter noch drücken=
deren Umständen treu bleiben. — Den Artikel über
Konzerte werde ich umarbeiten und Ihnen nebst einem
zweiten Artikel über die Oper in acht Tagen zuschicken;
ich warte nämlich so lange, wegen der Konzerte von
Liszt, der jetzt hier enormen Spektakel macht und den
ich jetzt weit besser und würdigender besprechen kann.
— Den einliegenden Artikel habe ich selbst zensiert,
und ich hab darin so viel gestrichen, daß ich Sie flehent=
lichst bitte, mir nichts darin zu streichen. — Über den
„Salon" werde ich nicht schreiben, da mir Seuffert vor
14 Tagen sagte, daß er darüber einen Artikel anfertige.
Der „Salon" ist so mittelmäßig, daß ein Artikel genügt.
Lassen Sie sich beileibe von Mme. d'Angoult nichts
über Lehmann aufbinden. Über Liszt wird sie wohl
aus Takt nichts in der „Allgemeinen Zeitung" schreiben.

Ihr Freund

H. Heine.

106. An Franz Liszt.

Zwischen 22. und 25. April 1844.

Ich will Sie, Liebster, morgen zwischen 2 und 3 Uhr
bei mir erwarten.

Ich habe bereits einen ersten Artikel geschrieben,

den ich **v o r** Ihrem zweiten Konzerte fortschicken möchte,
und es steht vielleicht etwas drin, was Ihnen nicht
gefiele; deshalb ist es mir ganz recht, daß ich Sie
erst spräche.

Ihr Freund

H. Heine.

107. An Julius Campe.

Paris, den 11. Juli 1844.

Liebster Campe!

Schon seit vier bis fünf Tagen könnte ich Antwort
auf meinen letzten Brief von Ihnen haben, worin ich
Ihnen die Verlegenheit meldete, die mir Ihr Still=
schweigen verursacht. Letzteres ist mir unbegreiflich,
und beunruhigt mich in einer Weise, die ich unmöglich
schildern kann. Was geht mit Ihnen vor? Sind Sie
krank? Haben Sie meinen Brief nicht erhalten? Plagt
Sie der Teufel? Oder bin ich selbst toll? Da lasse
ich die schöne Jahreszeit dahingehen, wo ich wegen
meines Kopfübels notwendig ins Bad gehen müßte,
und bleibe hier auf dem brennenden Asphaltpflaster von
Paris, in dem dumpfen Wagengerassel, nach grünen
Bäumen und reiner Luft lechzend, die Nerven fieberhaft
irritiert, vor Ungeduld unfähig, die Feder in der Hand
zu halten — und das alles, weil ich keine Zeile von
Ihnen erhalte! Sind geringfügige Ursachen hier im
Spiel, wenn nicht gar merkantilische, so wär' das un=
verzeihlich. An meiner Gesundheit leide ich einen
Schaden, der wahrlich nicht zu ersetzen ist, und von

Zeitverlust will ich gar nicht reden, und beklage mich nur in bezug auf die Verspätung meiner Reise. Ich werde wahrscheinlich, indem ich bis Ende der nächsten Woche noch auf Brief von Ihnen warte, gar nicht mehr ins Bad gehen können. — Haben Sie dies gewollt, haben Sie etwa meine Reise nach der Schweiz ungern gesehen, so ist es Ihnen gelungen, sie mir zu vereiteln. — Aber der Teufel! warum lassen Sie einen Freund in dieser Not? Sie wissen doch, daß ich keine Ruhe habe, ehe ich über das Schicksal meines Manuskripts Gewißheit erlange. — Ich glaube, ich werde es zuletzt nicht mehr aushalten können und über Hals und Kopf nach Hamburg eilen. — Gestern ging ich mit Hebbel drei Stunden lang auf und ab, und da er ebenfalls keine Nachricht von Ihnen hat, brachen wir uns vergeblich die Köpfe. Ich schließe, denn die Feder fällt mir aus der Hand.

Ihr Freund

H. Heine.

108. An Charlotte Embden.

Paris, den 11. Juli 1844.

Liebe gute Schwester!

Gestern habe ich der lieben Mutter geschrieben, und ihr gemeldet, daß ich die Reise nach Hamburg per Land und zwar über Antwerpen machen werde. Jetzt also wird sie nicht mehr bei jedem Windzug zittern. —

Dir aber, liebes Lottchen, sage ich heute die Wahrheit, nämlich, daß ich nächste Woche, den 20. Juli, mit dem Dampfschiff von Havre nach Hamburg abfahre, also den 22. oder 23. bei Euch anlage. Die Mutter braucht nichts zu wissen, bis ich gesund und wohl mit meiner Ehehälfte angelangt bin. —

Es ist die schönste Zeit zum Seereisen und außer der Seekrankheit ist auch nicht das geringste zu besorgen. — Jetzt aber, liebes Lottchen, kommt die Frage des Logierens, und über diese will ich Dir heute aufs bestimmteste sagen, was zu tun ist.

Ich bin dieses Jahr gar nicht ins Bad gereist, und meine Nerven sind so gereizt, daß ich gewiß krank werde, wenn ich nicht noch einige Zeit auf dem Lande frische Luft oder am Meere Seeluft einatme, und zwar in der größten Seelenruhe. Könntest Du also, liebes Lottchen, vor dem Dammtor noch eine Landwohnung für mich finden, wo ich den August, September und Oktober zubringen könnte, so wäre mir das sehr recht. Ist es aber nicht möglich, so bleibe ich zuerst nur einige Tage in Hamburg und reise gleich mit meiner Frau nach Helgoland, um dort einige Wochen in der Seeluft zu atmen, und wenn sie mir nicht schlecht bekommen, auch Bäder zu nehmen. — Ich habe es so nötig. —

Sobald ich in Hamburg angekommen, steige ich wieder ab bei Hillert, obgleich ich voraussehe, daß seine neugebaute Stadt London gewiß für mich, der ich ein Greuel gegen alles frische Bauwerk habe, nicht zuträglich sein wird. Aber ich bleibe ja doch nur wenige Tage dort und gehe dann aufs Land, wenn ich eine Landwohnung habe, oder nach Helgoland, wenn ich keine habe. Gehe ich nach Helgoland, so suchst Du mir unterdessen eine Wohnung in der Stadt, in Deiner Gegend,

206

die ich bei meiner Rückkehr gleich beziehen kann. — Im
Fall es Dich gar nicht geniert (aber nur in diesem Fall),
wär es mir angenehm, wenn Du die paar Tage, die
ich bei Hillert zubringe, meine Frau beherbergen könntest,
nicht weil ich Geld sparen will, sondern weil es mir an=
ständiger dünkt, daß meine Frau nicht im Wirtshaus
abgestiegen. Jedenfalls werde ich Dir darüber nochmals
schreiben. —

Wie wär' es, wenn Du Dir ein Pläsierchen machtest
und uns nach Helgoland begleitetest? — Das wäre mir
noch am angenehmsten. Kannst Du das möglich machen?
Jedenfalls wäre es Dir sehr zuträglich. — —

Da ich nur bis Mitte, spätestens Ende November
dort bleibe, so werde ich nichts von Haushalt mitbringen,
und ich muß daher die Wohnung auf dem Lande oder
später die Stadtwohnung ganz möbliert und mit allen
nötigen Geräten mieten. Doch brauchte die Einrichtung
nicht komplett zu sein, da es mir ganz gleichgültig ist,
allerlei Sachen und Gerät dort anzuschaffen, die ich doch
immer später dort gebrauchen oder vielleicht gar mit=
nehmen kann. — Ich habe nötig: zwei Schlafzimmer,
jedes mit einem Bett, dann ein Wohnzimmer, ein Arbeits=
zimmer und ein Stübchen für eine Magd. — —

109. An Mathilde Heine.

Hamburg, Montag, den 12. August 1844.

Meine liebe Nonotte!

Ich bin seit Deiner Abreise zu Tode betrübt. Wenn
Du diesen Brief empfängst, wirst Du Dich hoffentlich

schon von den Anstrengungen Deiner Reise erholt haben.
Du hast schönes Wetter gehabt, keinen Wind, und die
Überfahrt muß weniger unangenehm als auf der Her=
reise gewesen sein. Alle Welt hier, besonders meine arme
Mutter, ist betrübt wegen Deines Fortgangs. Schon
drei Tage, daß ich Dich nicht gesehen habe. Diese
Tage sind mir wie Schatten entschwunden. Ich weiß
nicht, was ich tue, und ich denke gar nichts. — Sonn=
abend erhielt ich einen Brief von meinem Oheim, worin
er mich wegen seiner Anschnauzereien fast um Verzeihung
bittet; er gesteht auf eine rührende Weise, daß sein
leidender Zustand und die Arbeiten, mit denen er über=
häuft, die Ursachen jener schlechten Laune sind, welche
bei jeder Gelegenheit losplatzt. Obschon ich an meiner
schrecklichen Migräne litt, mußte ich doch gestern, Sonn=
tag, bei ihm speisen. Er war sehr liebenswürdig. Aber
mein Kopf ist heute wie ein gebratener Apfel. Du
kennst jenen Zustand von Stumpfsinn, in welchem ich
mich am nächsten Tage befinde, wenn ich, trotz meiner
Migräne, mich angestrengt habe. Ich vermag kaum zu
schreiben; ich hoffe, daß Du mein Gekritzel lesen kannst.
Schreibe mir bald und viel; Du brauchst Dich vor mir
nicht zu genieren. Laß mich wissen, ob Du wohl und
munter angekommen bist, ohne Unfall, ohne bestohlen zu
sein, ob die Douane Dich nicht chikaniert hat, ob Du gut
untergebracht bist, ob Du Dich wohl befindest, und o b
i ch D e i n e t h a l b e n r u h i g s e i n k a n n. Halte
Dich still in Deinem Neste bis zu meiner Rückkehr. Laß
die Deutschen nicht Deinen Schlupfwinkel aufspüren;
sie haben vielleicht aus dem Geschwätz einiger deutscher
Blätter erfahren, daß Du ohne mich nach Frankreich

zurückgekehrt bift. Wir kennen einen von ihnen, der
nicht allzu zartfühlend ift, und der fähig wäre, nach der
Penfion zu kommen; vergiß nicht, für diefen Fall Deine
Vorfichtsmaßregeln zu treffen. — Viele Grüße von mir
an Mademoifelle Pauline, an Mademoifelle Clotilde,
und vor allem an Madame Darte. Auch an Aurecia;
ich hoffe, ihren Vater zu fprechen, wenn Karl zurück
kommt. — Ich liebe Dich mehr als je!

Von Herzen Dein

Henri Heine.

110. An Mathilde Heine.

Hamburg, den 20. Auguft 1844.

Mein geliebter Schatz!

Seit Deiner Abreife tue ich nichts als feufzen.
Ich denke unaufhörlich an Dich . Ich leide an meinem
gewöhnlichen Kopfweh, und diefe Schmerzen werden
immer gefteigert und genährt durch die Unruhe meines
Herzens. Ich will nicht mehr von Dir getrennt fein!
Wie fchrecklich! Ich fühle mehr als je die Notwendig=
keit, Dich immer vor Augen zu haben. Sage Dir einmal,
wie es mich aufregen muß, daß ich noch keine Nachricht
von Dir habe. Schreibe mir, ich befchwöre Dich, fo oft
wie möglich, wenigftens zweimal die Woche, unter der
Adreffe der Herren Hoffmann & Campe; der Faktor gibt
mir in Perfon meine Briefe, er weiß mich überall zu
finden. In zwei Tagen verlaffe ich mein großes Logis,
ich werde ein Zimmer beziehen, das mir nicht fo viel

koſtet, und wo ich während der Nacht kein Hundegebell
höre, wie in meiner jetzigen Wohnung. Es hat ſich
hier eine ganze Meute gegen meinen Schlaf verſchworen;
das macht mich jede Nacht wütend.

Schreibe mir, ob Du viel an der Seekrankheit gelitten haſt, ob Du nicht von der Douane chikaniert worden
biſt, ob Du unterwegs nichts verloren haſt, und vor
allem, ob Du in der Penſion gut aufgehoben biſt. Ich
bitte Dich inſtändig, mir in dieſer Hinſicht die volle
Wahrheit zu ſagen; denn wenn Du es nicht gut haſt,
werde ich meine Rückkehr noch mehr beſchleunigen, als
ich es ſo ſchon tue. Sage mir, ob Deine Lage einigermaßen erträglich iſt, dann kann ich meine Geſchäfte mit
mehr Muße und Ruhe beenden. — Der Stand der
Dinge iſt hier noch derſelbe. Alle Welt fragt mich nach
Neuigkeiten von Dir, und da ich ſelbſt noch keine habe,
bin ich um ſo beſorgter. — Ich hoffe, daß Du mein
Gekritzel leſen kannſt; ich habe keine Tinte mehr, und
meine Feder iſt abſcheulich. — Meine Komplimente an
Madame Darte, und an Deine jungen Freundinnen;
ich hoffe, daß Pauline mir einen langen Brief voller
Details über Dich ſchreiben wird. Sag ihr, daß ich noch
immer der Bewunderer ihres ſchönen Beines ſei. —
Bleibe ruhig in Deinem Neſt, mein armes Täubchen;
zeige Dich nicht öffentlich, damit niemand meiner Bekannten erfahre, daß Du ohne mich in Paris biſt.

Dein armer Hund

Henri Heine.

210

111. An J. H. Detmold.

Hamburg, den 23. August 1844.

Liebster Detmold!

Der Mensch denkt und das Weib lenkt! Seit vier Wochen bin ich hier, wo ich bis zum Winter bleiben wollte. Aber Mathilde, die ich mitbrachte, erhielt plötzlich einen fatalen Brief von ihrer Mutter, die sie vor ihrem Sterben noch einmal sehen möchte, und ich mußte sie daher dieser Tage wieder nach Frankreich zurückreisen lassen, ganz allein, aber entschlossen, ihr so bald als möglich nachzufolgen. — Ich bleibe also nicht sehr lange mehr hier, höchstens drei Wochen, und mein freudiger Plan, es so einzurichten, daß ich Sie eine Weile hier bei mir sähe, wird zu Wasser. Aber sehen muß ich Sie doch, da ich wahrscheinlich jetzt sobald nicht mehr nach Deutschland komme. Ich kann nicht über Hannover reisen, muß zu Wasser die Rückfahrt machen, und Sie müssen also das Opfer bringen, hierher zu kommen. Aber kommen Sie bald, ich hätte Ihnen vieles zu sagen, was mir das Herz abdrückt. Meine Adresse ist Dr. H. H. auf der Esplanade in H. — Sagen Sie mir gleich, wann ich Sie erwarten kann. Ich war einige Wochen unpäßlich.

Ihr Freund
H. Heine.

112. An Mathilde Heine.

Hambourg, 23 août 1844.

Ma chère Nonotte! je ne veux pas m'inquiéter, mais je pourrais avoir de tes nouvelles depuis long-temps: j'espère que je reçois aujourd'hui une lettre de toi. Ce silence est impardonnable, car tu sais que quand je perds la tête, je reviens à Paris en toute hâte, sans avoir terminé mes affaires. Écris-moi vite et beaucoup, aussi souvent que possible; je prends des précautions que tes lettres me soient envoyées à Paris, s'il en arrive après mon départ dont je ne peux guère fixer l'époque, vu que tout dépend des nouvelles que je reçois de toi. Je suis bien triste et tu me manques partout, ma pauvre brebis; enfin je le vois bien, je ne vis que pour toi; toutes mes pensées sont à Chaillot, no 101. Bien des choses à tes amies, principalement à Pauline. O que je serai heureux à Paris quand je reverrai sa belle jambe! A Paris! A Paris! que je serai content d'être de retour à Paris. Je t'aime trop.

Henri Heine.

113. An Karl Marr.

Hamburg, den 21. September 1844.

Liebster Marr!

Ich leide wieder an meinem fatalen Augenübel, und nur mit Mühe kritzle ich Ihnen diese Zeilen. In-dessen, was ich Ihnen wichtiges zu sagen, kann ich Ihnen

anfangs nächsten Monats mündlich sagen, denn ich
bereite mich zur Abreise, beängstigt durch einen Wink von
Oben — ich habe nicht Lust, auf mich fahnden zu lassen,
meine Beine haben kein Talent, eiserne Ringe zu tragen,
wie Weitling sie trug. Er zeigte mir die Spuren. Man
vermutet bei mir größere Teilnahme am „Vorwärts",
als ich mich deren rühmen kann, und ehrlich gestanden,
das Blatt beurkundet die größte Meisterschaft im Auf=
reizen und Kompromittieren. Was soll das geben, sogar
Mäurer ist deberdiert! — Mündlich mehr hierüber.
Wenn nur keine Perfidien in Paris ausgesponnen werden.
Mein Buch ist gedruckt, wird aber erst in 10 bis 14 Tagen
hier ausgegeben, damit nicht gleich Lärm geschlagen wird.
Die Aushängebogen des politischen Teils, namentlich wo
mein großes Gedicht, schicke ich Ihnen heute unter Kreuz=
kuvert in dreifacher Absicht. Nämlich, erstens, damit
Sie sich damit amüsieren, zweitens, damit Sie schon gleich
Anstalten treffen können, für das Buch in der deutschen
Presse zu wirken, und drittens, damit Sie, wenn Sie
es ratsam erachten, im „Vorwärts" das erste aus dem
neuen Gedichte abdrucken lassen können.

Ich glaube, bis zu Ende des sechzehnten Kapitels
des großen Gedichts ist alles geeignet zum Wieder=
abdruck, nur müssen Sie Sorgen tragen, daß die Partie,
worin Köln behandelt ist, nämlich die Kapitel 4, 5, 6
und 7, nicht getrennt gedruckt wird, sondern in dieselbe
Nummer kommt. Dasselbe ist der Fall mit der Partie,
die den alten Rotbart betrifft, nämlich die Kapitel 14,
15 und 16, die zusammen in derselben Nummer ab=
gedruckt werden müssen. Schreiben Sie, ich bitte, zu
diesen Auszügen ein einleitendes Wort. Den Anfang

des Buches bringe ich Ihnen nach Paris mit, der nur
aus Romanzen und Balladen besteht, die Ihrer Frau
gefallen werden. (Sie herzlich von mir zu grüßen ist
meine freundlichste Bitte; ich freue mich darauf, sie bald
wiederzusehen. Ich hoffe, der nächste Winter wird
minder melancholisch für uns sein, wie der vorige.)

Von dem großen Gedichte macht jetzt Campe noch
einen besonderen Abdruck, worin die Zensur einige
Stellen gestrichen, wozu ich aber eine Vorrede geschrieben,
die sehr unumwunden; den Nationalen habe ich darin
aufs Entschiedenste den Fehdehandschuh zugeworfen. Ich
schicke Ihnen dieselbe nachträglich, sobald sie gedruckt.
Schreiben Sie doch an Heß (dessen Adresse ich nicht
weiß), daß er am Rhein, sobald ihm mein Buch zu Gesicht
kommt, alles, was er vermag, in der Presse dafür tue,
ob die Bären drüber herfallen. Ich bitte, nehmen Sie
auch Jung in Anspruch für einen Hilfsartikel. — Für
den Fall, daß Sie die requirierten Einleitungsworte zum
„Vorwärts" mit Ihrem Namen unterzeichnen, können
Sie sagen, daß ich Ihnen die frischen Bogen gleich zu=
gesandt. Sie verstehen die Distinktion, warum ich in
anderer Weise dieser Bemerkung gern überhoben wäre.
Ich bitte Sie, suchen Sie Weill zu sehen und ihm in
meinem Namen zu sagen, daß ich seinen Brief, der an den
unrechten Henri Heine (es gibt deren viele hier) geriet,
erst dieser Tage erhielt. Ich werde ihn in 14 Tagen
persönlich wiedersehen, er solle unterdessen keine Zeile
über mich drucken lassen, am allerwenigsten in bezug auf
mein neues Gedicht. Ich würde ihm, wenn meine Augen
es erlauben, vielleicht noch vor meiner Abreise schreiben.
Freundliche Grüße an Bernays. — Ich bin froh, daß ich

fortkomme. Meine Frau hab' ich schon vorher nach
Frankreich zu ihrer Mutter geschickt, die am Tode dar=
niederliegt. — Leben Sie wohl, teurer Freund, und ent=
schuldigen Sie mein verworrenes Gekritzel. Ich kann
nicht überlesen, was ich geschrieben — aber wir brauchen
ja wenige Zeichen, um uns zu verstehen!

Herzinnigst

H. Heine.

114. An Betty Heine.

Paris, den 17. Oktober 1844.

Meine liebe gute Mutter!

Den Brief, den ich Dir bei meiner Ankunft in
Amsterdam geschrieben, wirst Du hoffentlich erhalten
haben. Der Rest meiner Reise war ebenfalls durch das
schönste Wetter begünstigt, und ich bin gestern abend
im besten Wohlsein bei meiner lieben Frau in Paris
angekommen. Ich fand sie frisch und gesund, und hat
sie sich mit musterhaftem Gehorsam, ganz wie ich es
vorgeschrieben, aufgeführt. Wir sind beide noch wie
betäubt von der Freude des Wiedersehens! Wir sehen
uns mit großen Augen an, lachen, umarmen uns, sprechen
von Euch, lachen wieder und der Papagei schreit da=
zwischen wie toll. Wie froh bin ich, meine beiden Vögel
wieder zu haben. Du siehst, liebe Mutter, ich bin
glücklich, wie es nur ein Mensch sein kann, da nichts
auf der Welt vollkommen ist; mir fehlt jetzt nur ein
gesunder Kopf und die Nähe meiner guten Mutter, und

meines lieben Lottchens. In einigen Tagen werde ich
Euch noch mehr entbehren, jetzt erfüllt mich noch zu sehr
das Freudegefühl der Rückkehr.

Sage an Lottchen, daß sie mir nur bald schreibt
(Faubourg Poissonnière Nr. 46), ich werde ihr erst
später schreiben, da ich ihr noch nichts mitzuteilen habe,
und sie meine glückliche Ankunft aus diesem Brief er=
fährt. Ich grüße die ganze Clique, die Putchen, den
Jung, und ganz besondere Empfehlungen in meinem und
meiner Frau Namen sind an meinen Schwager zu be=
stellen, welchem meine Frau für seine artige Aufmerksam=
keit ihren verbindlichsten Dank sagen läßt.

Schreibt mir nur bald, wie sich Onkel Heine be=
findet, Euch habe ich alle in so gutem Wohlsein verlassen,
daß ich letzteres voraussetze.

Eine große Masse Arbeit harret meiner hier in
diesem Augenblick, und trotz meines bösen Kopfübels
muß ich die nächsten Monate mich sehr anstrengen. Aber
ich bin froh und munter. — Meiner Frau habe ich ein
wunderprächtiges Stammbuch gekauft, ein Album, wie
sie es längst gewünscht. Sie verspricht, Euch bald zu
schreiben. — Gott erhalte Euch unterdessen, und Ihr
werdet lange leben.

Ich umarme Dich, liebe Mutter — hat Jette Mitt=
woch nacht oft nach dem Winde sehen müssen?

115. An Julius Campe.

Paris, den 19. Dezember 1844.

Ich danke Ihnen, liebster Campe, daß Sie mir die
Augen geöffnet und gezeigt haben, daß ich mit Ihnen
ebensogut wie mit andern die herkömmlichen Sicherheits=

maßregeln nehmen muß, wenn ich nicht meine sauer erworbenen paar Pfennige einbüßen will. Da ich letztere jetzt notwendiger gebrauche als ehemals, wo ich weder krank noch verheiratet war, so will ich sie wohl schon zu verteidigen wissen. Es ist vielleicht ein Freundschaftsdienst, daß Sie mir eine Lektion gaben, wie man niemandem trauen soll.

Ich kann freilich mich noch nicht entschließen, zu glauben, daß Sie um eine Summe, die nicht der Mühe wert, mich beeinträchtigen wollen, ich habe auch kein Recht, vorderhand an etwas anderes zu glauben, als an einen Irrtum; das Wahrscheinlichere bleibt, daß ein Hintergedanke bei Ihnen im Kopfe ist, wie dies oft bei Ihnen vorkommt, und den ich nicht erraten kann. Der Himmel verzeihe es Ihnen aber, daß Sie mich in einem Augenblicke beunruhigen, wo mein Herz von großen Kümmernissen niedergedrückt ist und wo ich in Arbeiten stecke, die alle meine Geisteskräfte in Anspruch nehmen. —

Aber wie gesagt, schreiben Sie mir gleich, damit ich Ihnen mit erleichtertem Gemüte über eine Publikation schreiben kann, die sehr drängt; ich muß nämlich eine Reihe Briefe über Deutschland publizieren, voll der wichtigsten Polemik. Schreiben Sie mir umgehend, und rauben Sie mir keine Zeit durch unnütze Auseinandersetzungen.

Ich zögerte mit dem „Atta Troll", weil ich einige Stücke hinzufügen und diese auf dem Schauplatze des Gedichtes, in den Pyrenäen, dieses Frühjahr schreiben wollte. Epische Gedichte müssen überhaupt mehrfach umgearbeitet werden. Wie oft änderte Ariost, wie oft Tasso! Der Dichter ist nur ein Mensch, dem die besten

Gedanken erst hintenach kommen. Das „Wintermärchen“
ist auch in der jetzigen Gestalt unvollendet; es bedarf
bedeutender Verbesserungen, und die Hauptstücke darin
fehlen. Ich habe den heißesten Wunsch, diese so bald als
möglich zu schreiben und Sie zu bitten, eine umgearbeitete
und stark vermehrte neue Ausgabe des Gedichtes zu
veranstalten. Sie werden sehen, wie es dadurch vollendet
sein wird, und welcher Nachjubel entsteht. Während ich
aber nur an die Poesie denke, sind Sie nur auf gelbliche
Vorteile, ja auf Übervorteilung bedacht. — Ich wünschte,
Sie glaubten ein bißchen an Gott!

Meine Augen sind im schlechtesten Zustand, und ich
habe diktieren müssen. Gott verzeih’ es Ihnen, daß Sie
mich eben jetzt belästigt, wo ich mit meinen Briefen über
Deutschland beschäftigt, die gleichzeitig hier und dort
erscheinen sollen. Ich habe gute Laune nötig, und Sie
rauben mir dieselbe. Und sind so reich jetzt, und habe
das Meinige dazu beigetragen, Sie zu förbern,
und Sie wollen mir noch meine paar Sous nehmen. —
Ich glaub’ es nicht, es ist fabelhaft — ein schnödes
Wintermärchen.

116. An Charlotte Embden.

Paris, den 29. Dezember 1844.

Liebe gute Schwester!

Gestern abend spät erhielt ich Deinen Brief. Du
kannst Dir leicht vorstellen, welche schreckliche Nacht ich
verbracht habe. Das Gehirn zittert mir im Kopf. Ich

218

kann noch keine zwei Gedanken zusammen fassen. Obgleich ich auf den Fall gefaßt war, erschüttert er mich doch so tief, wie mich seit dem Tode meines Vaters noch nichts bewegt. Ich wundere mich, daß Du bei aller Deiner Betrübnis mir gleich schreiben konntest.

Du weinst, ich habe aber bis jetzt keine Träne vergießen können. Den Vorteil habt ihr Weiber, daß ihr leichter weinen könnt. Auch meine Frau weint, sie ist dreimal diese Nacht zu mir gekommen. Du hast recht, daß die Zeit allein hier trösten kann. Wie muß Therese, die gute Frau, leiden! — Und Karl, der arme Junge, wieviel muß der ausgestanden haben! Ehe ich nicht gefaßt und ruhig bin, will ich den armen Kindern nicht schreiben. O Gott, welch ein Kummer. —

Unser guter Onkel Henry, wie muß der angegriffen sein. Sag' ihm alles, Liebe. — Zu kondolieren steht mir noch nicht der Kopf. Die Feder zittert mir in der Hand. Dazu sind meine Augen wieder in dem schrecklichsten Zustand. — Wenn ich nur weinen könnte! —

Noch gestern schrieb ich ihm, obgleich ich das Unglück wohl ahnte. Gebe mir nur recht viele Details über seine letzten Augenblicke. Dieser Mann spielt eine große Rolle in meiner Lebensgeschichte, und soll unvergeßlich geschildert werden. Welch ein Herz! Welch ein Kopf! — Über seine letzten Verfügungen bin ich längst ohne Besorgnis; er hat mir selbst genug davon gesagt oder deutlich angedeutet. Ich gäbe meinen letzten Schilling darum, wenn ich ihn nur fünf Jahre, oder auch nur drei Jahre länger hätte behalten können; ja die Hälfte meiner übrigen Lebensjahre würde ich darum geben. Und wie liebenswürdig behandelte er meine arme

Mutter. — Mir sagte er viel Hartes, er hat diesen
Sommer mir in der Aufregung sogar einen Schlag mit
dem Stock gegeben. — Ach Gott! Wie gern bekäme ich
wieder meine Schläge. — Könnte ich nur weinen!

Ich erwarte mit Angst den Jammerbrief von
Mutter, die, wie ich sie kenne, sobald nicht beruhigt sein
wird und alle alten Wunden aufreißt. — Schreib mir
nur gleich, wie sich Karl befindet; sowie auch Therese,
die bei all' ihrer Standhaftigkeit doch ein zartes Wesen
ist, und schon so viel geduldet. Ihr Vater war ihr
Alles, und sie ist ihm im ganzen Wesen so ähnlich. Lebe
wohl und schreibe mir gleich. — Ich habe Dir nichts zu
sagen, ich bin heute nur ein matter Waschlappen. —
Ich war beständig auf diesen Fall gefaßt, und habe mir
alles Tröstliche schon längst vorgesagt, und doch trifft
mich das Unglück, als wenn es ganz unerwartet, ganz
unmöglich gewesen wäre. Ja ich weiß, daß es wahr
ist, daß ich ihn verloren habe, aber ich kann es doch nicht
glauben. —

Grüß mir Deinen Mann. Küsse mir die lieben
Kinder. — Möchte ihnen etwas Heiteres sagen, aber
heute vergeht mir der Spaß.

Dein Bruder

H. Heine.

117. An Julius Campe.

Paris, den 8. Januar 1845.

Liebster Campe!

Ich weiß, daß trotz unserer jüngsten Differenz
Sie mir doch als Freund beistehen, und in der delikatesten

Sache wende ich mich an Ihre kluge Tätigkeit. Sie
werden die Sache leicht begreifen. Ich schicke Ihnen zwei
Briefe: der eine ist ein Brief von Karl Heine, den Sie
mir gefälligst aufbewahren wollen. Sie sehen daraus,
was man mit mir vorhat. Ich glaube, daß, wenn ich
mich knebeln lasse, mir die Pension nach wie vor ausbezahlt würde; man will mich nur in Händen haben,
daß ich wegen des Testamentes schweige und daß ich
gegen die Foulds, nämlich Karl Heines Frau und
Schwiegermutter, deren Interessen ich gekreuzt, nichts
unternehme. Dann schicke ich Ihnen einen Brief für
Karl Heine, den Sie lesen und in Abschrift für mich
aufbewahren müssen. Das Original schicken Sie un -
v e r z ü g l i c h v e r s i e g e l t an Karl Heine. — Ich
schreibe in der größten Eile. Soviel werden Sie merken,
daß ich einen Todeskampf beginne und neben den Ge-
richten auch die öffentliche Meinung für mich gewinnen
will, im Fall Karl Heine nicht nachgibt. Ich will mein
Recht, und müßte ich es mit meinem Tode besiegeln.
Sprechen Sie mit Sieveking, daß er durch Halle, der
dabei viel verschuldet, meinen Vetter zu stimmen suche.
Wissen Sie sonst jemand, der mit ihm rede? Ich schreibe
in der größten Eil. Est periulum in mora.

In einigen Tagen schicke ich Ihnen eine Vollmacht
für einen Advokaten. Wen wähle ich? Ich glaube
Karl Heise. Dann schicke ich die auf Beweisführung
bezüglichen Papiere; kurz, ich werde ohne Zaudern
handeln, obgleich ich krank und elend bin und kaum die
Feder in der Hand halten kann. Aber welch ein Unglück!
ich provozierte wahrlich nichts. Welcher Mistkarren von
Dreck — an letzteren bin ich gewöhnt — andere sind

nicht daran gewöhnt, und bedenken sich vielleicht, ehe
sie das Signal geben, wobei der Pöbel ein Gaudium hat.
Ich bin auf alles gefaßt — erbittert durch unerhörte
Dinge. Seit zwei Tagen sitzt meine Frau wie ein
Marmorbild am Kamin und spricht kein Wort; das
Unerhörte hat sie wie versteinert. Ich bin nie so ent=
schlossen gewesen wie jetzt, und die klugen Leute haben
eine große Dummheit begangen, daß sie mich jetzt ge=
schont. Handeln Sie für mich.

Ihr Freund

H. Heine.

Vergessen Sie nur nicht, von dem Brief an Karl
Heine eine Abschrift zu behalten.

Konferieren Sie gefälligst mit meiner Schwester.

118. An J. H. Detmold.

Paris, den 9. Januar 1845.

Liebster Detmold!

In großer Not können Sie immer darauf rechnen,
von mir einen Brief zu erhalten. Vielleicht haben Sie
bereits von Hamburg aus gehört, welch ein großes Un=
glück mich betroffen. Ich meine nicht den Tod meines
Onkels, sondern die Art, wie er meiner gedacht. Aus
manchen Dingen hatte ich längst geargwohnt, daß man

ihm in den Kopf gesetzt, daß ich doch jede größere Summe
vergeuden würde, oder von den Regierungen Beschlag
darauf gelegt werde. Meine Pension war eine ab=
gemachte Sache. Ehrlich gesagt, ich hoffte nicht auf
testamentarisch großes Bedachtsein, sondern auf Er=
höhung meiner Pension. Da erhalte ich schon (den
30sten!) sieben Tage nach seinem Tode, einen wahr=
scheinlich am Begräbnistage geschriebenen großen Brief
von Karl Heine, worin dieser, der sonst mein sanftester
Freund, mir mit den dürrsten Worten ankündigt, mein
Oheim habe mir nur 8000 Mark Banko in seinem Testa=
mente hinterlassen, von Pension sei nicht die Rede, er
aber wolle mir jährlich 2000 Franken geben — unter
der Bedingung, daß, wenn ich über seinen Vater schriebe,
ich vorher das Manuskript zur Durchsicht einschicken
müsse. Gestern antwortete ich ihm, mit hinlänglicher
Verachtung, und kündigte ihm einen Prozeß an; denn
in betreff der Pension habe ich Beweistümer der Ver=
pflichtung. Ich erhielt bisher jährlich 4800 Franken,
die auf meine Frau nach meinem Tode übergehen sollten.
Vielleicht erwartete man, daß ich mich aufs Bitten legen
würde, und ich bekäme vielleicht das Geld wieder wie
sonst. Aber ich glaube, hier wirke ich stärker durch
Drohung, und letztere führt sicherer zum Zweck. Der
Prozeß ist keine Drohung, ich kann ihn sehr gut machen.
Aber man wird, wenn ich Ernst mache, schon furchtsam
werden und nachgeben. Das beste muß hier die Presse
tun zur Intimidation, und die ersten Kotwürfe auf
Karl Heine und namentlich auf Adolf Halle werden schon
wirken. Die Leute sind an Dreck nicht gewöhnt, während
ich ganze Mistkarren vertragen kann, ja diese, wie auf

Blumenbeeten, nur mein Gedeihen zeitigen. Ich über=
lasse also Ihrer Klugheit, schleunigst eine Menge kleiner
Artikel in Blätter, die nach Hamburg kommen, zu
fördern, worin mein Oheim verteidigt wird, warum er
anderweitig als durch testamentarische Verfügung für
mich sorgen wollte, und wie man jetzt glaubt, mich in
Händen zu haben, und mir droht, sogar meine Pension
nicht mehr auszuzahlen — wenn ich meine Gedanken
über das Testament und über die Ränke, die gegen mich
geschmiedet worden, öffentlich ausspräche. Die öffent=
liche Meinung ist leicht zu gewinnen für den Dichter —
gegen Millionäre. — Campe wird Ihnen schreiben.
Die Artikel müssen alle aus Hamburg datiert sein. Wenn
Sie Freunde in Hamburg hätten, die direkt auf Adolf
Halle wirken könnten? Der will Senator werden und
hat Furcht vor der Presse. — Sie sehen, hier steht nicht
ein Buch, sondern die Existenz auf dem Spiel. Eilen Sie
und gewinnen Sie den Gegnern den Vorsprung ab. Ist
es mir möglich, so geh' ich selbst in nächster Woche nach
Hamburg, das sag' ich aber nur Ihnen, nicht mal meiner
Mutter oder Schwester, die sich ängstigen würden, denn
ich muß durch Deutschland reisen — daher das strengste
Geheimnis. Meine Ankunft soll wie eine unerwartete
Bombe wirken. — Mathilde habe ich etwas beruhigt,
indem ich ihr sagte, daß ich Ihnen schriebe, dem großen
Helfer in der Not. Da ich bald reise, so brauchen Sie
nicht zu antworten; ist es mir möglich, nächste Woche.
Der Schlag traf mich aus heiterem Himmel. Meine
hiesigen Feinde, die Foulds, reizen Karl Heine auf gegen
mich . . . Es ist eine mystische Geschichte, und ich denke,
Sie kommen jetzt nach Hamburg, sobald ich dort bin.

Mathilde ist krank vor Schreck und Ärger; alles stürmt zugleich auf uns ein.

Ihr armer Freund, der aber nicht den Kopf verliert,

H. Heine.

119. An Julius Campe.

Paris, den 4. Februar 1845.

Liebster Campe!

Ich danke Ihnen für die Teilnahme, die sich in Ihrem jüngsten Briefe ausspricht, und Ihre Vermittelung ist mir ganz recht; wahrlich, was auf friedlichem Wege zu erlangen ist, darf nicht verabsäumt werden. Ich hätte Ihnen bereits schon früher wieder geschrieben, aber seit vierzehn Tagen stecke ich bis am Hals in einer Hetze von Quälnissen, hauptsächlich infolge der preußischen Verfolgungen gegen alle, die am „Vorwärts" geschrieben; heute muß schon Marr weg, und ich bin rein wütend. Dabei kommen die Umtriebe gemeiner Frankfurter Juden und ihrer Spadassins gegen mich, von feigster Art. Meine Frau krank, und ich halb blind. Sie sehen, ich könnte den Hamburger Successionskrieg wohl entbehren — können Sie mir ihn vom Halse schaffen, desto besser, und ich führe meine anderen Kriege mit desto mehr Macht. Dr. Heise laß' ich herzlich danken für den mir versprochenen juristischen Beistand; er irrt sich aber, wenn er glaubt, Karl Heine werde es nicht zum Eklat kommen lassen; ich kenne Karl Heine besser, der ist ebenso starrköpfig wie verschlossen. Auf dem Wege der Am-

225

15

bition kann man ihm nicht beikommen, denn er ist in
dieser Beziehung das Gegenteil des Vaters, der der
öffentlichen Meinung wie ein Höfling schmeichelte; Karl
Heinen ist es ganz gleichgültig, was die Leute reden.
Er hat nur drei Leidenschaften: die Weiber, Zigarren
und Ruhe. Wenn ich die Hamburger Freudenmädchen
gegen ihn aufwiegeln könnte, müßte er bald nachgeben.
Seine Zigarren kann ich ihm nicht nehmen — aber
seine Ruhe. Hier ist die Lücke des Harnisches, die
ich benutzen werde, und dazu dient mir eben der Prozeß,
der nur der Rahmen sein soll zu den Tribulationen, die
ich aushecke: da kann ich unaufhörlich in den Zeitungen
reklamieren, Memoiren schreiben, Gott und die Welt als
Zeugen einmischen, bei jedem Inzidenzpunkt einen Eid
schwören lassen more majorum — nein, das hält er
nicht aus, und er bittet mich um Gotteswillen auf=
zuhören — ehe ich noch den Prozeß verloren habe.
Ob ich, um ihn zu gewinnen, hinreichende Be=
weistümer besitze, ist Nebensache, o b g l e i c h   i c h
a u c h   d a   g u t   v e r s o r g t   b i n.   Aber ich kenne
zu gut die Fatalität d e s   O r t e s   und der richter=
lichen Willkür, um auf ein Gewinnen allein zu
rechnen. — —

Aber hoffentlich kommt es nicht dazu — und des=
halb gebe ich Ihnen unbedingte Vollmacht, entweder
direkt mit Karl Heine, wenn derselbe dazu geeignet wäre,
oder indirekt durch die Vermittelung des Dr. Halle
meine Pensionsfrage auszugleichen. Da sowohl meine
Finanzen als meine Ehre Ihnen am Herzen liegen, so
erteile ich Ihnen die weiteste Befugnis. Als mein
Ultimatum bestimme ich Ihnen zwei Punkte:

1) Die lebenslängliche Pension muß mir unbedingt
und unverkürzt, wie ich sie in den letzten Jahren bezog
(nämlich 4800 Franken jährlich) l e g a l z u g e =
s i ch e r t werden, damit ich, wenn ich meinen armen
Vetter überlebe (was der Himmel verhüte!), von seinen
Rechtsnachfolgern nicht gekränkt werden kann; daß die
Hälfte der Pension, im Fall ich vor meiner Frau sterbe,
derselben zu gute kommen solle, wird gewiß Karl Heine
schon aus Großmut bewilligen, da er ja doch die Witwe
von Heinrich Heine nicht vor Hunger sterben lassen darf.

2) Ich meinerseits bin bereit, einen Revers aus=
zustellen, worin ich mein E h r e n w o r t gebe, nie eine
Zeile zu schreiben, die meine Familie verletzen könnte.
Die Abfassung dieser Verpflichtung mag so bindend als
möglich sein — hat dieselbe Ihre Billigung, so wird die
Unterzeichnung unverzüglich erfolgen. Kann ich den
Frieden mir sichern, so werde ich ebenso zahm und lenk=
sam sein, wie ich wild und zähe bin, wenn ich Krieg
führen muß.

Daß die mir im Testamente vermachten 8000 Mark
Banko mir ebenfalls ausbezahlt werden müssen, versteht
sich von selbst; diese haben nichts mit meiner Pensions=
frage zu schaffen. Schon vor acht Tagen habe ich bei
einem Notar eine Vollmacht aufsetzen lassen, wodurch ich
Ihnen die Befugnis erteile, jene Summe für mich in
Empfang zu nehmen. Wegen der vielen gerichtlichen
und gesandtschaftlichen Formalitäten werde ich diese
Vollmacht erst in einigen Tagen Ihnen schicken können.
Ich habe Ihnen darin zugleich in betreff meiner Pension
die hinlänglichsten Befugnisse erteilt, meine Rechts=
ansprüche gerichtlich geltend zu machen und auch zu

diesem Behufe einem Advokaten die hinlängliche Bevollmächtigung zu erteilen. Zahlt man Ihnen die erwähnte Summe gleich aus, so bitte ich Sie, mir dieselbe hierher in einem Wechsel auf Paris zu remittieren. Werde Ihnen dieser Tage noch besonders deswegen schreiben.

Was Sie mir von einer Testamentsklausel sagen, wodurch man wegen gerichtlicher Klage sein Legat einbüßen könne, so ist das eitel Spiegelfechterei, wie dergleichen bei vielen Testamenten vorkömmt; wäre sie ernsthaft durchzuführen, so brauchte der Universalerbe eigentlich gar kein Legat auszuzahlen; denn wegen Schikanen muß man doch klagen, sonst bekommt man nichts von gewissen Leuten; — und nun sollte eben diese Klage das Resultat haben, daß man nichts bekäme? Wie können vernünftige Leute sich durch ein solches Dilemna des Unsinns verblüffen lassen! Nein, liebster Freund, mein Legat wird nicht präjudiziert durch eine Klage zur Erlangung meiner Pension; ebensowenig, wie letztere präjudiziert wird durch die Annahme des Legats — doch das führt zu weit. Für heute genug. Apropos des Testamentes meines Oheims: suchen Sie doch, aber ohne daß ich Kosten dadurch mir mache, eine richtige Abschrift desselben zu bekommen. Ich dürfte vielleicht später in den Fall kommen, dasselbe mit Randglossen herauszugeben.

Suchen Sie doch die »Revue des deux Mondes« vom 15. Januar zu lesen; es ist ein großer Artikel über mich darin, und Ew. Wohlgeboren werden darin sehr huldreich erwähnt.

Und nun, leben Sie wohl, und machen Sie, daß ich meine Familienärgernisse mir schnell vom Halse schaffe; sie stören mich verflucht.

Ihr Freund

H. Heine.

120. An Betty Heine.

Paris, den 21. Juni 1845.

Meine liebe gute Mutter!

Seit etwa vierzehn Tagen lebe ich zu Montmorency, komme sehr selten zur Stadt. Gestern abend hier angelangt, höre ich, daß mir ein deutscher Brief nach Montmorency nachgeschickt worden, und ich vermute, daß der Brief von Dir ist, morgen werde ich ihn erhalten, und ist es nötig, so werde ich ihn nachträglich beantworten, wo nicht, so begnüge Dich mit der Nachricht, daß wir uns wohl befinden. Ich habe in Montmorency ein kleines Landhaus mit einem hübschen Garten, ein wahres Paradies en miniature. — Meine Frau führt sich sehr liebenswürdig auf und amüsiert sich mit den Blumen. — Mein Papagei spricht etwas zu viel. — Mein linkes Auge ist immer noch zu. — Ich brauche Schwefelbäder, die mir gut bekommen. — Ich kann mit meiner heutigen Feder fast gar nicht schreiben; ich will Dich aber nicht allzu lange ohne Brief lassen. — Ich hoffe, daß Du und Lottchen Euch wohl befindet. Geh' nur viel spazieren. — Wir sprechen beständig von Euch,

229

und Du haſt keinen Begriff davon, wie meine Frau Dich
liebt. — Schreib mir nur bald, wie es Dir geht. — Ich
tue ſehr wenig, ſchreibe gar nichts. —

Lebe wohl und behalte lieb

Deinen getreuen Sohn

H. Heine.

121. An Julius Campe.

Montmorency, den 21. Juli 1845.

Teuerſter Freund!

Ihren jüngſten Brief hätte ich gleich beantwortet,
wenn ich nicht ſeit vierzehn Tagen auch bettlägerig ge=
weſen wäre und dabei das Schreiben mit einem halben
Auge mich doppelt angegriffen hätte. Heute ſtehe ich
auf, matt und wie zerſchlagen, doch mein Erſtes ſei,
Sie über den Zuſtand meiner Geſundheit zu beruhigen.
Er iſt keineswegs ſo troſtloſer Art, wie man in Deutſch=
land glaubt, nach den Briefen zu urteilen, die ich
empfange. Zu dem Augenübel hat ſich zwar auch eine
Lähmung des Oberleibes geſellt, die aber hoffentlich
ſchwindet. Ins Bad reiſen konnte ich nicht, und ich zog
aufs Land nach Montmorency, wo meine Frau mich
liebevoll pflegt. Ich habe ganz meine Geiſtesheiterkeit
bewahrt, denke viel, und erlaubt es ſpäter mein phyſiſcher
Zuſtand, ſo werde ich mich noch dieſes Jahr auf den
literariſchen Gebärſtuhl ſetzen und Ihre Hebammendienſte
in Anſpruch nehmen. Aber vor allem Wiederherſtellung
meiner Geſundheit, ſie iſt mir die Hauptſache, alles

andere tritt in den Hintergrund, sogar meine Finanz=
nöten und Differenzen mit meiner Familie, die sich
zwar auszugleichen scheinen, aber noch nicht ganz be=
endigt sind, da ich mich jetzt um keinen Preis aufregen
und mit widerwärtigen Expektorationen beschäftigen
darf — daher später das Nähere über meine Stellung zu
Karl Heine. Dieser hat sich schrecklich an mir ver=
sündigt und ahnt nicht die Bedeutung seiner Missetat.

Ich habe Ihnen noch für Ihren vorletzten Brief zu
danken; Ihr treuer Freundschaftseifer hat meinem
Gemüte wohlgetan: ich danke Ihnen aus innigstem
Herzen. Zugleich gratuliere ich Ihnen nachträglich zu
Ihrer Vermählung; möge der Himmel Ihnen auch in
dieser Lotterie ein gutes Los beschieden haben! Die
Ehe ist überall eine gute Sache, in Deutschland aber ist
sie eine Notwendigkeit.

Es wäre gewiß gut, wenn ich nach Hamburg käme,
auch hegte ich die Absicht, aber es ist rein unmöglich;
ich muß mich auch vor Emotionen hüten. Lebe ich lange,
so gleichen sich meine Familiendifferenzen von selbst aus,
und lebte ich nicht lange, so könnte mir doch diese Aus=
gleichung wenig nützen. So denke ich jetzt und genieße
heute in ländlicher Ruhe einige schmerzlose Momente.

Ihren Wunsch, daß ich Ihnen endlich den „Atta
Troll" schicke, werde ich bald erfüllen. Er soll nächste
Woche von mir aus dem Pult gezogen werden, und ich
will mich ernsthaft mit ihm beschäftigen; Sie sollen
ihn bald haben.

Sagen Sie an Detmold, daß ich ihm nicht schreibe,
weil ich so sehr leidend. Ich habe ihm durch Beschreibung
meines elenden Zustandes keinen Kummer machen

wollen, und er erhielt deshalb keinen Brief von mir seit
sechs Monat.

Ihre Briefe werden mir richtig hierher geschickt.
Grüßen Sie mir dortige Freunde. Die Feder fällt mir
vor Müdigkeit aus der Hand.

Ihr Freund

H. Heine.

122. An Dr. med. L. Wertheim.

Paris, den 22. Dezember 1845.

Liebster Doktor!

Ich teile ganz Ihre Ansicht über die Ehrenhaftigkeit
der Madame Straus und das ihr widerfahrene Un=
recht. Hätte der Gemahl dieser Dame, als ich mich mit
ihm geschossen hatte und verwundet ward, die in solchen
Fällen üblichen Höflichkeiten nicht unterlassen, so würde
ich mich gewiß meinerseits beeifert haben, seiner Frau
die bündigste Ehrenerklärung zu geben, um so mehr,
da ich schon damals die feste Überzeugung gewonnen,
daß die Anzüglichkeiten, die ich mir in betreff ihrer
zu schulden kommen ließ, auf ganz irrigen und
grundlosen Annahmen beruhten. Mit Vergnügen
ergreife ich jetzt die Gelegenheit, die sich mir darbietet,
in der geeignetsten Weise meine Sinnesänderung in
jener Beziehung zu beurkunden. Ich veranstalte nämlich
bei Hoffmann & Campe in Hamburg eine verbesserte
Gesamtausgabe meiner Werke, und ich gebe Ihnen
mein Ehrenwort, daß darin die Stellen, welche Madame

Strauß perſönlich berührten, nicht wieder abgedruckt
werden. Ich bitte Sie, der ehrenwerten Dame dieſe
Mitteilung zu machen und ihr zugleich anzudeuten, daß
jene Stellen (wie mein Verleger bezeugen kann) nicht
im urſprünglichen Manuſkripte ſtanden, wie ich es nach
Hamburg zum Drucke ſchickte, und daß ſie erſt ſpäter,
als ich mir dasſelbe wieder zur Durchſicht hierher
zurückſchicken ließ, flüchtig hineingeſchrieben wurden,
in einer menſchlichen Stunde und nicht ohne Provokation.

Ihr Freund

H. Heine.

123. An Varnhagen von Enſe.

Paris, den 3. Januar 1846.

Teuerſter Varnhagen!

Es iſt dieſes der erſte Brief, den ich in dieſem
neuen Jahre ſchreibe, und ich beginne ihn mit dem
heiterſten Glückwunſch. Möge in dieſem Jahre leibliches
und geiſtiges Wohlſein Sie beglücken! Daß Sie von
körperlichen Leiden oft niedergedrückt, höre ich hier mit
großer Betrübnis. Ich hätte Ihnen gern zuweilen ein
tröſtendes Wort zugerufen, aber Hekuba iſt eine ſchlechte
Tröſterin. Mir ging es nämlich in der jüngſten Zeit ſpott=
ſchlecht, und das Schreiben erinnert mich beſtändig an
mein körperliches Mißgeſchick; ich kann kaum meine
eigenen Schriftzüge ſehen, in dem ich ein ganz ge=
ſchloſſenes und ein bereits ſich ſchließendes Auge habe,
und jeder Brief mir eine Pein. Ich ergreife daher mit

innigſter Freude die Gelegenheit, Ihnen durch einen
Freund mündlich Nachrichten von mir zukommen zu
laſſen, und da dieſer Freund eingeweiht iſt in allen
meinen Nöten, kann er Ihnen umſtändlich mitteilen,
wie entſetzlich mir von meinen Sippen und Magen mit=
geſpielt worden, und was etwa in dieſer Beziehung noch
für mich zu tun wäre. Mein Freund, Herr Laſſalle,
der Ihnen dieſen Brief bringt, iſt ein junger Mann von
den ausgezeichnetſten Geiſtesgaben; mit der gründlichſten
Gelehrſamkeit, mit dem weiteſten Wiſſen, mit dem größten
Scharfſinn, der mir je vorgekommen, mit der reichſten
Begabnis der Darſtellung verbindet er eine Energie des
Willens und eine Habilité im Handeln, die mich in
Erſtaunen ſetzen, und wenn ſeine Sympathie für mich
nicht erliſcht, ſo erwarte ich von ihm den tätigſten Vor=
ſchub. Jedenfalls war dieſe Vereinigung von Wiſſen
und Können, von Talent und Charakter für mich eine
freudige Erſcheinung, und Sie, bei Ihrer Vielſeitigkeit
im Anerkennen, werden gewiß ihr volle Gerechtigkeit
widerfahren laſſen. Herr Laſſalle iſt nun einmal ſo
ein ausgeprägter Sohn der neuen Zeit, die nichts von
jener Entſagung und Beſcheidenheit wiſſen will, womit
wir uns mehr oder minder heuchleriſch in u n ſ e r e r
Zeit hindurchgelungert und hindurchgefaſelt. — Dieſes
neue Geſchlecht will genießen und ſich geltend machen
im Sichtbaren; wir, die Alten, beugten uns demütig vor
dem Unſichtbaren, haſchten nach Schattenküſſen und
blauen Blumengerüchen, entſagten und flennten, und
waren doch vielleicht glücklicher als jene harten Gladia=
toren, die ſo ſtolz dem Kampftode entgegen gehen.
Das tauſendjährige Reich der Romantik hat ein Ende,

und ich selbst war sein letzter und abgedankter Fabel=
könig. Hätte ich nicht die Krone vom Haupte fort=
geschmissen, und den Kittel angezogen, sie hätten mich
richtig geköpft. Vor vier Jahren hatte ich, ehe ich ab=
trünnig wurde vor mir selber, noch ein Gelüste, mit den
alten Traumgenossen mich herumzutummeln im Monden=
schein — und ich schrieb den „Atta Troll", den
Schwanengesang der untergehenden Periode, und Ihnen
habe ich ihn gewidmet. Das gebührte Ihnen, denn Sie
sind mein wahlverwandtester Waffenbruder gewesen in
Spiel und Ernst. Sie haben gleich mir die alte Zeit
begraben helfen und bei der neuen Hebammendienst
geleistet — ja, wir haben sie zu Tage gefördert und
erschrecken. — Es geht uns wie dem armen Huhn, das
Enteneier ausgebrütet hat und mit Entsetzen sieht, wie
die junge Brut sich ins Wasser stürzt und wohlgefällig
schwimmt!

Ich bin durch Buchhändlervertrag verpflichtet, den
„Atta Troll" herauszugeben. Das soll in einigen
Monaten geschehen, mit Vorsicht, damit man mir nicht
den Prozeß macht und mich köpft.

Sie merken, teurer Freund, wie vag, wie ungewiß
mir zu Mute ist. Solche schwachmatische Stimmung ist
jedoch zumeist in meiner Kränklichkeit begründet;
schwindet der Lähmungsdruck, der gleich einem eisernen
Reif mir die Brust einklemmt, so wird auch die alte
Energie wieder flügge werden. Ich fürchte jedoch, das
wird noch lange dauern. Der Verrat, der im Schoße
der Familie, wo ich waffenlos und vertrauend war, an
mir verübt wurde, hat mich wie ein Blitz aus heiterer
Luft getroffen und fast tödlich beschädigt. Wer die Um=

stände erwägt, wird hierin einen Meuchelmordsversuch
sehen; die schleichende Mittelmäßigkeit, die zwanzig Jahre
lang harrte, ingrimmig neidisch gegen den Genius, hatte
endlich ihre Siegesstunde erreicht. Im Grunde ist
auch das eine alte Geschichte, die sich immer erneut.

Ja, ich bin sehr körperkrank, aber die Seele hat
wenig gelitten; eine müde Blume, ist sie ein bißchen
gebeugt, aber keineswegs welk, und sie wurzelt noch
fest in der Wahrheit und Liebe.

Und nun leben Sie wohl, teurer Varnhagen; mein
Freund wird Ihnen sagen, wie viel und wie unauf=
hörlich ich an Sie denke, was um so begreiflicher, da
ich jetzt gar nicht lesen kann, und bei den langen Winter=
abenden nur an Erinnerungen mich erheitere.

124. An Alexander v. Humboldt.

Paris, den 11. Januar 1846.

Herr Baron!

Das Wohlwollen, womit Sie mich seit Jahren be=
ehren, ermutigt mich, Sie heute um einen Dienst an=
zugehen.

Trübselige Familienangelegenheiten rufen mich
dieses Frühjahr nach Hamburg, und ich möchte alsdann,
die Gelegenheit benutzend, einen Abstecher für einige Tage
nach Berlin machen, teils um alte Freunde zu sehen,
teils auch um die Berliner Ärzte über ein sehr bedenkliches
Übel zu konsultieren.

Bei einer solchen Reise, deren einziger Zweck Er=
heiterung und Gesundheit ist, darf ich wahrlich von keiner
atra cura beängstigt werden, und ich wende mich an Sie,
Herr Baron, mit der Bitte, durch Ihren hohen Einfluß
mir von den resp. Behörden die bestimmte Zusicherung zu
erwirken, daß ich von denselben während meiner Reise
durch die königlich preußischen Staaten, wegen keinerlei
Beschuldigungen, welche auf die Vergangenheit Bezug
haben, in Anspruch genommen werden soll. Ich weiß
sehr gut, daß ein solches Gesuch keineswegs in Einklang
steht mit den dortigen administrativen Bräuchen; aber
in einer Zeit, die selbst etwas exzeptionell ist, dürfte man
sich vielleicht dazu verstehen, die alte Registratur mit
einer Rubrik für exzeptionelle Zeitgenossen zu bereichern.

Empfangen Sie, Herr Baron, im Voraus meinen
tiefgefühlten Dank, und betrachten Sie meine Bitte selbst
als einen Beweis der Verehrung, womit ich verharre,

Herr Baron,

Ihr ergebener und gehorsamer

Heinrich Heine.

125. An Ferdinand Lassalle.

Paris, den 10. Februar 1846.

Mein teuerster Lassalle! —

Läge es mir nicht lastend auf der Seele, daß ich
Ihnen unverzüglich danken muß für so viel Liebeseifer,
so würde ich Ihnen dennoch heute noch nicht schreiben,
denn ich bin seit drei Wochen leidender als je. — Vier=

zehn Tage lang mußte ich das Zimmer hüten, und jetzt
muß ich ängstlich meinen kranken Kopf schonen, damit
kein Gehirnfieber, sich ausbildet. — Acht Tage lang nach
Ihrer Abreise hatte ich gar zu anstrengend gearbeitet,
um das Versäumte wieder einzuholen, und das mag mir
wohl die Krankheit befördert haben. Warum ich Ihnen
den Brief wegen Mendelssohn noch nicht geschickt, ist
Ihnen jetzt begreiflich; in einigen Tagen werde ich Ihnen
denselben zusenden. Heut beschränke ich mich darauf,
Ihnen zu danken; noch nie hat jemand so viel für mich
getan. Auch habe ich noch bei niemand so viel Passion
und Verstandesklarheit vereinigt im Handeln gefunden.
— Wohl haben Sie das Recht frech zu sein — wir
andern insurpieren bloß dieses göttliche Recht, dieses
himmlische Privilegium. — In Vergleichung mit Ihnen
bin ich doch nur eine bescheidene Fliege. Ich sprach
noch gestern abend davon mit Grün, dem ich ein halb
Dutzend der übermütigsten Gedichte für den Musen=
almanach von Püttmann gegeben habe. —

Was Sie mir von Varnhagen sagen, freut mich;
er ist der erfahrenste Mensch, der die Verhältnisse und
Personen am besten kennt. — Achten Sie auf seine
Worte, sogar auf das, was er nicht sagt. — „Sein
Sprechen ist belehrend, sein Schweigen bildend" — wo
steht das? — Was z. B. Varnhagen über Sieveking in
Hamburg sagt, ist gewiß richtig, und es ist mir von der
äußersten Bedeutung. — Ich bin entzückt, daß der
dortige Ministerresident von Hamburg und seine Frau
für mich gewonnen, das ist von einer größeren Wichtig=
keit für die Folge, als Sie glauben. — Wenn Mendels=
sohn nicht schreiben will, so ist mir das ganz recht, denn

sein Schreiben würde doch in diesem Augenblick nichts fruchten, wogegen später ein bloßer Antrag der Vermittelung von seiner Seite von entscheidendstem Nutzen sein kann. — An Humboldts Sympathie habe ich nie gezweifelt, sein Brief ist offenherzig und es schlägt darin ein warmes Herz. — Dieffenbachs Freundschaft ist für mich ein tröstender Gedanke, ich sage zu meiner Krankheit: nimm dich in acht, mich gar zu sehr zu molestieren, denn der heilende Gott ist mein Freund. Zum Glück habe ich keine eigentliche Schmerzen, sondern nur Lähmungen, Genuß- und Lebenshindernisse. — Meine Lippen sind manchmal so lahm, daß ich ganze Abende schweigend neben meiner Frau am Kamin sitze. Quelle conversation allemande! ruft sie dann manchmal seufzend aus. — Was soll ich nun aber vom Fürsten Pückler sagen! — welch ein grand Seigneur! Sein Brief ist nicht bloß ein schriftstellerisches Meisterstück, sondern auch ein bedeutsames Denkmal, bedeutsamer als es ihm selber dünken mag, in bezug auf unsere sozialen Verhältnisse und Umwälzungen. — Es versteht sich von selbst, daß dieser Brief gedruckt werden muß, er ist von dem allgemeinsten Interesse, und die Sehenden werden wohl merken, daß dies nicht eigentlich ein Schreiben Pücklers ist an A. B. in Sachen C. D., sondern daß hier einer der letzten Ritter der alten Geburtsaristokratie den Emporkömmlingen der neuen Geldaristokratie noch zuletzt eine Lektion gibt über das Thema der Ehre, und zwar zum Besten des beleidigten Genius. — Ja, die Lektion ist siegreich, der chevvalereske Hochsinn zeigt sich hier auf seinem schönsten Turnierrosse und in seinem fleckenlosesten Harnisch, dem Point d'honneur und der Loyauté;

das plumpe selbstische Krämertum, ich hätte fast gesagt: das Bürgertum, findet hier seine kläglichste Niederlage; und an Verhöhnung wird es nicht fehlen, zumal von seiten der allermodernsten Gegner der jetzigen Geld= herrschaft — Sie wissen, welche Leute ich meine. Der Genius freilich spielt hier eine trübselige Figur; die Romantik, die er selber auf den Tod befehdet, tritt hier großmütig für ihn selbst in die Schranken, denn am Ende, wenn Pückler auch Fürst in den Idealprovinzen des Geistes ist, so ist er es doch auch in dem preußischen Schlesien, und seine Handlungsweise ist ebenso adlig als edel. —

Ich werde bei nächster Gelegenheit dem Fürsten schreiben; unterdessen melden Sie ihm gefälligst meinen gerührten Herzensdank. Sein Brief muß in jedem Falle publiziert werden. Das beste wäre, Varnhagen schriebe einen Korrespondenzartikel für die „Allgemeine Zeitung" und teilte den Brief mit in demselben, nach eingeholter Erlaubnis des Fürsten. — Den Artikel müßte Herr von Varnhagen direkt an den Baron Cotta nach Stuttgart schicken, denn in Augsburg ist zwar Kolb mein innigster Freund, aber auf seine Kollegen kann ich mich nicht ver= lassen: Cottas ist man aber sicher, wo er die Namen Varnhagen, Pückler und Heine sieht.

Hier ist alles still, oder vielmehr ich sehe und höre nichts. Roger hat einen großen bal paré et costumé gegeben, wo ich aber nicht sein konnte. Hermance ist noch immer bettlägerig. Madonna habe ich noch nicht besucht, Eugenia ein einziges Mal — Schwäche, Dein Name ist — — ! — Mit Rothschild sehr gespannt, aber eben in der geeignetsten Stellung zu meinem Projekt.

— Mein Ballet habe ich geschrieben, ist mir vorzüglich
gelungen, — weiß aber noch nicht, ob es nicht zu spät
angelangt — Hab' wieder angefangen, an der Börse zu
spielen. Brauche noch immer die Homöopathie. — Aber
die große Nachricht, die Sie jetzt längst wissen, Calmonius
kommt in acht Tagen hierher mit Ihrer Schwester!
Gestern hab' ich Brief von ihm erhalten. Es scheint,
daß das Zinkprojekt, wozu ich die Initiation gab, ihm
im Kopfe steckt. Ich freue mich sehr, ihn und Ihre
Schwester zu sehen. — Bin neugierig, ob sie auch so
feine passionierte Lippen hat. — Ich liebe Sie sehr;
es ist ja nicht anders möglich, Sie quälen ja einen so
lange, bis man Sie liebt.

126. An Ferdinand Lassalle.

Paris, den 11. Februar 1846.

Liebster Lassalle!

Sie haben in Ihrem letzten Brief vergessen, mir
Ihre direkte Adresse mitzuteilen, und ich hege ein Be-
denken, über den wichtigsten Punkt Ihres Briefes, Ihnen
durch Beförderung dritter Hand meine unumwundene
Ansicht zu sagen. — Jedenfalls melde ich Ihnen, daß
alles, was Sie wünschen, geschehen soll. In bezug
Mendelssohns — wie Sie auf diese unbedeutende Sache
Wert legen können, begreife ich nicht — in bezug Felix
Mendelssohns füge ich mich gern Ihrem Wunsche, und
es soll keine böse Silbe mehr gegen ihn gedruckt werden.
— Ich habe Malice auf ihn wegen seines Christelns,

ich kann diesem durch Vermögensumstände unabhängigen Menschen nicht verzeihen, den Pietisten mit seinem großen, ungeheuren Talente zu dienen. — Je mehr ich von der Bedeutung des letzteren durchdrungen, desto erboster werd' ich ob des schnöden Mißbrauchs. Wenn ich das Glück hätte, ein Enkel von Moses Mendelssohn zu sein, so würde ich wahrlich mein Talent nicht dazu hergeben, die Pisse des Lämmleins in Musik zu setzen. Unter uns gesagt, der nächste Grund, warum ich manchmal Mendelssohn prickelte, betraf einige hiesige Stockenthusiasten desselben, die ich ärgern wollte, — z. B. Ihren Landsmann Frank, auch Heller, — und die unedel genug waren, jenen Angriffen das Motiv unterzulegen, ich wollte dadurch Meyerbeer den Hof machen. — — —

Ich schreibe Ihnen alles dieses mit Vorsatz und ausführlich, damit Sie später die Gründe meines Zerwürfnisses mit Mendelssohn besser kennen mögen, als der Pöbel, dem man sie entstellt insinuieren wird. Bis dahin bleibt alles unter uns. Ich werde Ihnen ausführlich schreiben, sobald ich Ihre direkte Adresse habe. Ich bin noch immer sehr leidend, kann fast gar nicht sehen und meine Lippen sind so gelähmt, daß mir das Küssen verleidet wird, was noch unentbehrlicher als das Sprechen, dessen ich mich wohl enthalten könnte. — Ich freue mich sehr auf die Herkunft Ihres Schwagers und Ihrer Schwester. Hier ist alles still; Maskenbälle und Oper; man spricht seit acht Tagen von nichts als von Halevys „Mousquetaires", für welche meine Frau schwärmt. — Letztere befindet sich wohl und zankt in diesem Jahre so wenig, wie es von einer tugendhaften

Frau nur irgend zu verlangen ist. — Leben Sie wohl
und sein Sie überzeugt, daß ich Sie unaussprechlich
liebe. Wie freut es mich, daß ich mich nicht in Ihnen
geirrt; aber auch niemandem habe ich je so viel getraut,
— ich, der ich so mißtrauisch durch Erfahrung, nicht
durch Natur. Seit ich Briefe von Ihnen erhielt, schwillt
mir der Mut und ich befinde mich besser.

Ihr Freund

H. Heine.

127. An Varnhagen von Ense.

Paris, den 24. Februar 1846.

Teuerster Freund!

Anbei erhalten Sie das Konzept des infamen
Artikels, den ich gegen Heinrich Heine geschrieben. Ein
Freund schickt ihn heute nach der „Kölner Zeitung", wo
er als Inserat gedruckt werden soll, und alle Vorkehrungen sind getroffen, daß ich von dieser Seite keine
Indiskretion zu befürchten habe, auch ist der Artikel
derart, daß es niemand glauben würde, ich sei hier im
Spiele. In sechs bis acht Tagen nach Empfang meines
heutigen Briefes können Sie also den Artikel in der
„Kölnischen" lesen — ich rechne nämlich darauf, daß er
gedruckt wird; — und indem ich Ihnen denselben also
heute schon im Manuskript schicke, können Sie den
Artikel für die „Allgemeine Zeitung", den ich von Ihnen
zu haben wünsche, gehörig vorbereiten, so daß ich ihn

unverzüglich nach Augsburg abschicken kann, sobald jener
erscheint. Ich habe in dem Kölner Artikel Ihnen das
beste Motiv geliefert, worum Sie den Pücklerschen Brief
in Ihrem Artikel einschalten und ihn auch selber unter=
zeichnen m u s s e n , und Ihnen auch sonstig Gelegenheit
gegeben zu möglichen Expektorationen. Nachdem Sie
den Pücklerschen Brief mitgeteilt, müssen Sie auch der
Antwort von Karl Heine erwähnen und sagen: Sie
würden ihn ganz mitteilen, wenn nicht ein zu beleidigender
Groll gegen mich daraus hervorbräche, man sehe deut=
lich daraus, daß hier nicht eine Geldsache zu Grunde
liege, auch gestehe es Karl Heine in bestimmten Worten,
und Sie müssen ihn in Schutz nehmen gegen den Arg=
wohn, als wolle er mir tatsächlich meine Pension ent=
ziehen, auch wüßten Sie aus authentischer Quelle, daß
ich immer den ungefähren Betrag bezogen, nur das Wie
sei tadelhaft, da hier der Unmut die unwürdigste Ge=
legenheit ergreife, um sich für alte Beleidigungen zu
rächen; ja, Sie, liebster Freund, Sie können den An=
fang des Briefes meines Vetters sogar mitteilen bis zu
den Worten: „Die Pietät gebietet mir, selbst der Bos=
heit Schranken zu setzen."

Wir bezwecken dadurch, daß es späterhin, wie auch
die Sachen gehen, meinem Vetter unmöglich wird, die
Pension nicht mehr oder nur verkürzt zu zahlen, ohne
sich zu prostituieren. Das ist fast schon erreicht; doch für
mich ist es nicht die Hauptsache, ich ziele in allem darauf
hin, meinen Vetter zu einer legalen Anerkennung der
Pension zu drängen, damit ich nicht mehr turmentiert
werden kann. Das bloße faktische Auszahlen ist eine
Verhöhnung, ich stehe da wie ein Bettler, dem Feinde

244

ein Almosen zuwerfen, und diese Position ist nicht zu
ertragen. Wie wenig Eitelkeit mich beseelt, sehen Sie
aus dem Artikel, den ich gegen mich selbst geschrieben.
Aber Sie haben keinen Begriff davon, wie selbst=
quälerisch mein Gemüt ist, wenn es sich gedemütigt sieht
in sich selber. Nur an der Achtung Heinrich Heines
liegt mir etwas, und ich habe demgemäß gelebt und ge=
litten; was ich bei der Welt gelte, ist mir gleich. — Sie
ahnen hieraus, in welcher tiefsten Qual ich jetzt stecke,
helfen Sie mir aus dieser Hölle heraus.

Leben Sie wohl, teuerster Freund, und entschuldigen
Sie, daß ich Ihnen so viel Mühe mache. Ich bitte Sie,
Herrn Lassalle, dem ich morgen, spätestens übermorgen
schreiben werde, die heutige Mitteilung wissen zu lassen.
Ich glaube, es wäre nicht übel, wenn er, sobald der
Schmähartikel in der „Kölner" erscheint, eine vehemente
Entgegnung schriebe im Tone entrüsteter und indignierter
Jugend und solche ebenfalls als Inserat in die Kölner
schickte (versteht sich, daß ich mir die Kosten nicht schenken
lasse). In allem aber muß der oben angedeutete Zweck
im Auge behalten werden.

Ihr H. Heine.

128. An Ferdinand Lassalle.

Paris, den 7. März 1846.

Liebster Lassalle!

Ihre zwei gleichzeitigen Briefe vom 27. Februar
habe ich richtig erhalten. Der Hauptinhalt hat mich
zwar in Verwunderung gesetzt, ja, ich habe über Ihre
Unerfahrenheit große Augen gemacht, doch den Fonds

der Sache habe ich verstanden und beherzigt. Wie wenig ich passend bin zu einem Auftrage, der mehr ins Gebiet der Sueschen Romane als zu meinen Begebnissen gehört, merke ich schon daran, daß ich bis heute noch nicht imstande war, auch nur das Terrain kennen zu lernen, wozu aber auch freilich mein momentan abscheulicher Gesundheitszustand beiträgt. Aber auch ein anderer würde auf diesem Wege nichts ausrichten; ein besserer Weg ist die Anwendung einer Gelegenheitsmacherin de haute volée, wie es deren hier gibt, mit der Sie aber nur direkt agieren könnten, aus Gründen, die ich hier nicht erörtern darf. Das ist nicht so leicht und kostet viel Geld oder vielleicht auch nicht so viel Geld, wenn Sie durch Ihre persönliche Gewandheit suppleieren. Wenn Sie also selbst hierher kommen, ist Hoffnung des Gelingens vorhanden. Auf dem vorgeschlagenen Wege ist die Unmöglichkeit.

Wie der Zufall jede Berechnung zu schanden macht, merke ich daran, daß die Kölner Zeitung bis jetzt den bewußten Artikel nicht gedruckt hat. Ich habe nun hinschreiben lassen, daß sie ihn unverzüglich an den Einsender zurückschicke und will dann sehen, was ich damit anfange. Wahrscheinlich, wenn ich ihn überhaupt drucken lasse, warte ich damit noch einige Wochen, da mein leidender Kopf mich zwingt, jede gewaltsame Handlung, überhaupt jeden offenen Krieg einige Zeit zu abjournieren. Das zu Ihrer Nachricht und Richtschnur. Jede zu große Emotion tötet mich jetzt, und das Schreiben ist mir Gift. Nur gelinde Mittel sind in diesem Augenblick für mich ratsam. Aber ich bin noch immer der Meinung, daß jener Artikel, wenn er gedruckt würde, von der heilsamsten

Wirkung wäre, selbst wenn keine Verteidigung drauf
folgte; die Niederträchtigkeit meiner Feinde ist hier am
anschaulichsten. Ist das nicht Ihre Meinung? Nur um
Liebeswillen handeln Sie diskret. — Meyerbeer ist ein
durchtriebener Fuchs, aber ich werde ihm doch den Balg
abziehen. Ich habe Ihnen die strenge Wahrheit immer
gesagt, bis auf Unbedeutendes, welches sich auf die ver-
wickelten Tripotagen bezieht, wo seine Eitelkeit und sein
Geiz das ennuyanteste Wechselspiel bilden. Soviel ver-
sichre ich Sie: E r kostet mir mehr als ich i h m. Sie
haben keinen Begriff davon, wie ich täglich von den
hiesigen Deutschen gebrandschatzt werde, und wie ich nur
für Meyerbeer dafür einigen Nutzen zog. Sagen Sie
mir bestimmt, was er sagte, und ich wasche ihm den
Kopf, wie er ihm noch nie gewaschen worden. — Jedenfalls aber sorgen Sie, daß er in entschiedenster Sprache
an Karl Heine schreibt, und daß ich Kopie dieses Briefes
erhalte. Das wird er tun, und das ist jetzt das Zweck-
mäßigste. — Den Brief von ihm an mich, den Sie in
Händen haben, werde ich Ihnen vielleicht bald zurück-
fordern; ich habe ihn vielleicht sehr dringend nötig. Sie
wissen, es ist eins meiner wichtigsten Aktenstücke. —
Melden Sie mir nur unverzüglich, ob Meyerbeer an
Karl Heine geschrieben. — Inwieweit Herr v. Humboldt
nützen könnte, weiß ich jetzt nicht. Das Aussprechen
seiner Meinung in einem Privatbriefe an mich
(bei Gelegenheit der näheren Beantwortung meines
Gesuches wegen der Berliner Reise) wäre mir gewiß
nützlich, indem ich einen solchen Brief an Karl Heine
schicken würde. Doch würden Sie nicht so leicht dieses
erlangen, wie Sie zu glauben scheinen.

Ich gebe Ihnen mein Ehrenwort, daß ich an Karl Heine, v o r der Eröffnung des saubern Testamentes, kein verletzendes Wort geschrieben, und daß er also nichts derartiges in Händen hat von früherem Datum.

Leben Sie wohl und bleiben Sie mir mit Gewissen=haftigkeit gut und liebend. Seien Sie überzeugt, ich denke oft mit der größten Sorge an Sie und Ihre Zukunft; ich spreche es aber nie aus, weder gegen Sie selbst, noch am wenigsten gegen andre; dazu bin ich wieder zu klug und erfahren. Wie viele Rippenstöße werden Sie noch bekommen, ehe Sie meine Erfahrung gewonnen! Und alsdann werden Sie müde und krank sein wie ich, und alle Erfahrung wird Ihnen alsdann nichts nützen können. Das ist das Leben! Ich habe es satt.

Ihr Freund

H. Heine.

Calmonius und Ihre Schwester leben hier wohl und heiter; ersterer ist der glücklichste Mensch! Er glaubt alles und jedem und sogar sich selber!

129. An Julius Campe.

Tarbes, den 1. September 1846.

Liebster Campe!

Ich habe lange mit Schreiben gezögert, hoffend, es würde mit mir besser gehen, so daß ich Ihnen erfreulichere Dinge zu melden hätte, als heute; leider aber hat mein Zustand, der sich seit Ende Mai bedenklich verschlimmert, in diesem Augenblick eine so ernsthafte Form angenommen, daß ich selbst erschrecke. Während der ersten Wochen, die ich in Barèges zubrachte, hatte ich mich etwas erholt und Hoffnung geschöpft, aber seitdem ging es den Schneckengang; meine Sprachwerkzeuge sind so gelähmt, daß ich nicht sprechen kann, und essen kann ich nicht seit vier Monat, wegen der Schwierigkeit des Kauens und Schluckens und der Abwesenheit des Geschmacks. Auch bin ich entsetzlich abgemagert, mein armer Bauch ist kläglich verschwunden, und ich sehe aus wie ein dürrer, einäugiger Hannibal. Traurige Symptome (beständige Ohnmachten) haben mich nun bestimmt, nach Paris zurückzueilen, und gestern hab ich Barèges verlassen. Ich bin keineswegs ängstlich, sondern sehr gefaßt und trage, wie bisher, mit Geduld, was sich nicht ändern läßt und ein altes Menschenschicksal ist.

Meine Meinung geht dahin, daß ich nicht mehr zu retten bin, daß ich aber vielleicht noch eine Weile, ein oder höchstens zwei Jahre, in einer trübseligen Agonie mich hinfristen kann. Nun, das geht mich nicht an, das ist die Sorge der ewigen Götter, die mir nichts vorzuwerfen haben, und deren Sache ich immer mit Mut und Liebe auf Erden vertreten habe. Das holdselige Bewußtsein, ein schönes Leben geführt zu haben, erfüllt meine Seele selbst in dieser kummervollen Zeit, wird mich auch hoffentlich in den letzten Stunden bis an den weißen Abgrund begleiten; — unter uns gesagt, dieser letztere ist das wenigst Furchtbare, das Sterben ist etwas Schauderhaftes, nicht der Tod, wenn es überhaupt einen Tod gibt. Der Tod ist vielleicht der letzte Aberglaube.

Was soll ich zu dem Zufall sagen, der eben in

jetziger Zeit eine falsche Todesnachricht von mir in
Deutschland verbreitete? Diese hat mich eben nicht
ergötzlich gestimmt. Zu anderen Zeiten hätte ich drüber
gelacht. Zum Glück hatte ich fast gleichzeitig einen
Artikel in der „Allgemeinen Zeitung", der meinen
Feinden gewiß eine Freude verdorben hat, wenn sie
nicht etwa selbst jene Nachricht geschmiedet.

Sowie ich nach Paris komme, schreibe ich Ihnen in
betreff meiner Gesamtausgabe, die ich jetzt nicht länger
verschoben sehen möchte. Ich bitte Sie, da jetzt noch
Dampfschiffe gehen, schicken Sie mir gefälligst alle meine
Bücher (die Exemplare, die ich hatte, sind alle verzettelt),
und ich gebe mich gleich an die Durchsicht und Anordnung
der Gesamtausgabe. Daß ich Ihnen den „Troll" noch
nicht geschickt, ist wahrlich nicht meine Schuld; die
Familiengeschichten hatten mir alle gute Laune geraubt,
und die zunehmende Krankheit verhinderte mich, das
Gedicht nachträglich so auszurüsten, wie ich es gern
täte; jetzt aber will ich es, wie es auch gehe, schnell
fördern, und werde es bei meiner Ankunft in Paris
schnell vornehmen. Mein Geist ist klar, sogar schöpferisch
geweckt, aber nicht so beseligend heiter wie in den Tagen
meines Glücks. Gott verzeihe meiner Familie die Ver-
sündigung, die sie an mir verschuldet. Wahrlich nicht
die Geldsache, sondern die moralische Entrüstung, daß
mein intimster Jugendfreund und Blutsverwandter das
Wort seines Vaters nicht in Ehren gehalten hat, das hat
mir die Knochen im Herzen gebrochen, und ich sterbe
an diesem Bruch. Wie ich höre, hat meine falsche
Todesnachricht meinen Vetter sehr erschreckt; er hatte
wahrlich erschreckende Gründe.

Unter den jetzigen Umständen ist es wohl über=
flüssig gewesen, Ihnen besonders zu melden, daß ich auf
das Vergnügen, Ihr Söhnchen über die Taufe zu halten,
verzichten muß. In diesem Jahr wäre ich sehr gern
nach Hamburg gekommen, um meine alte Mutter noch
einmal zu sehen und mich an heimischer Teilnahme in
meinem Unglück zu trösten! Aber es sollte nicht sein.
— Meine Finanzen sind schlecht, diese Krankheit und die
Reise nach Barèges haben mich schier ausgebeutelt, und
ich weiß wahrhaftig nicht, wie ich die zunehmenden
Lebenskosten diesen Winter erschwinge! Selbst indem
ich die 200 Mark Banko, die ich dieses Jahr von Ihnen
zu fordern habe, bei meiner Ankunft in Paris an die
Ordre von L. Leo auf Sie abgebe, bin ich noch nicht
sehr gefördert! Bloß meine Ärzte haben mir in einem
Monat mehr gekostet! doch genug davon, ich gerate hier
auf das Kapitel, das in jedem deutschen Dichterleben
so fürchterlich bitter rebachiert wird. —

Leben Sie wohl und glücklich, und sein Sie über=
zeugt, daß ich es immer ehrlich und gut mit Ihnen ge=
meint und auch Ihre freundschaftliche Sympathie immer
zu schätzen mußte. Grüßen Sie mir alle dortigen
Freunde. — Ich habe in Paris meine Wohnung ver=
ändert und wohne jetzt: Faubourg Poissonière No. 41.

Ihr treu ergebener

H. Heine.

130. An Heinrich Laube.

Paris, den 19. Oktober 1846.

Liebſter Laube!

Auf Ihren freundſchaftsvollen Brief vom 10. Oktober kann ich heute noch nicht ordentlich antworten, weil ich noch extra leidend bin; doch ich werde dieſer Tage bei beſſerem Leibeswetter das Verſäumte nachholen. Heute beſchränke ich mich darauf, Ihnen für Ihren Brief zu danken und meine Freude für den für mich wichtigſten Punkt deſſelben auszuſprechen. Ich bin entzückt über Ihren Vorſatz, hierher zu kommen. Führen Sie ihn nur bald aus. Sie müſſen ein bißchen eilen, denn obgleich meine Krankheit eine ruhig fortſchreitende iſt, ſo kann ich doch nicht einſtehen vor einem Salto mortale und Sie könnten zu ſpät kommen, um mit mir über Unſterblichkeit, Literatenverein, Vaterland und Campe und ähnliche höchſte Fragen der Menſchheit zu reden; Sie könnten einen ſehr ſtillen Mann an mir finden. Ich bleibe dieſen Winter auf jeden Fall hier und wohne vorderhand (ziemlich geräumig) Faubourg Poissonnière No. 41; und finden Sie mich nicht hier, ſo ſuchen Sie mich gefälligſt auf dem Cimetière Montmartre, nicht auf dem Père Lachaise, wo es mir zu geräuſchvoll iſt.

Auch meine Frau freut ſich, Monſieur et Madame Laube dieſen Winter hier zu ſehen, denn wir ſehen voraus, daß letztere mitkommt.

Schicken Sie mir doch meinen Nekrolog; eine ſolche Freude, ihren eigenen Nekrolog zu leſen, wird ſelten den Sterblichen geboten. Die falſche Todesnachricht hat

mich jedoch sehr verstimmt, und es tut mir leid, daß auch
meine Freunde dadurch affiziert wurden; zum Glück
kam die rektifizierende Nachricht, wodurch mein Untod
gemeldet ward, schnell hinterdrein. Sie wundern sich,
daß so viele falsche Nachrichten über mich im Umlauf,
und sagen, daß ich komplett mythisch werde. Ich könnte
leicht den Schlüssel zu diesen Mythen geben und Ihnen
überhaupt die Quellen anzeigen, woraus all die mehr
oder minder albernen, aber jedesmal bösgemeinten
Notizen über mein Privatleben fließen. Der Monsieur
Straus hier hat gestanden, daß er über 4000 Franken
ausgegeben für Journale und Journalisten, um seine
roh erdachten und von den uns wohlbekannten Spiegel=
bergern verfeinerten Verunglimpfungen meines Privat=
lebens ins Publikum zu bringen. Ich habe nie dagegen
reklamieren wollen, um den Leuten nicht Stoff zu Dis=
kussionen zu liefern. Mr. Gutzkow habe ich auch hier
als einen der betriebsamsten Gehilfen der Verdächtigung
und Entstellung meiner Privatverhältnisse — ertappt.

131. An Benjamin Lumley.

Paris, den 27. Februar 1847.

Werter Freund!

Hiermit erhalten Sie das Manuskript, das ich
Ihnen Ende dieses Monats zu liefern versprach. Ich
versichere Ihnen, daß ich nie wieder ein Versprechen
dieser Art machen werde. Sie haben keinen Begriff
davon, wie sehr ich mir in meiner jetzigen Lage durch den
Versuch geschadet, meine Aufgabe würdig zu lösen. Ver=

schaffen Sie sich so bald wie möglich die englische Über=
setzung, und lesen Sie dieselbe in einer ruhigen, müßigen
Stunde. Solch eine Lektüre wird Sie mein Ballettbuch
besser verstehen lassen, in welchem z. B. der „Heren=
sabbat" nur dürftig skizziert ist, während mein Brief
eine ebenso vollständige wie authentische Beschreibung
davon gibt. Sie werden selbst darüber urteilen, wenn
Sie den Fürsten der Finsternis mit seiner Domina tanzen
lassen. Während meiner Nachforschungen hab' ich einige
wunderbare Dinge in betreff des phantastischen Tanzes
entdeckt, von denen ich Ihnen, wenn mir das Leben er=
halten bleibt, später mehr schreiben werde.

Die wenigen Anmerkungen, welche ich meinem
langen Briefe hinzugefügt, sind Zitate, die Sie, nach
Ihrem Ermessen, in der Broschüre weglassen mögen.

Sollte Ihnen der Inhalt der Anmerkungen nicht
zusagen, so müßte der Verleger beiläufig erwähnen,
daß sie weggelassen worden sind. Lassen Sie mir gütigst
ein Exemplar der englischen Übersetzung des Buches und
des Briefes zukommen, damit ich sie vor dem Druck
korrigieren kann. Meine Broschüre müßte für diejenigen,
die nur den Goetheschen „Faust" kennen, sehr interessant
sein. Ich werde sie daher später einmal in deutscher
Sprache herausgeben, jedoch in erweiterter Gestalt und
mit einigen gelehrten Erläuterungen, damit ich nicht
dem Tadel unserer hochweisen Faustologen verfalle.
Halten Sie den Namen meines Balletts bis zum letzten
Augenblick geheim, und nennen Sie es nötigenfalls
„Astaroth". Ich habe in meinem Briefe bewiesen, daß
dieser Name, ebensogut wie Mephistopheles, dem von
Faust angerufenen Dämon gebühre; daher dürfen Sie

in Ihren Ankündigungen mit Fug denselben als pro=
visorischen Titel gebrauchen. Es wird Ihnen angenehm
sein, zu gewahren, welche Mühe ich mir gegeben, um den
Leuten begreiflich zu machen, daß Sie den wirklichen
Faust der Legende vorführen.

Ihr ergebener

H. Heine.

132. An Betty Heine.

Paris, den 28. Februar 1847.

Liebe gute Pracht=Mutter!

Dein und Lottchens jüngste Briefe, worin die Be=
antwortung meiner Anfrage bei Campe, habe ich richtig
erhalten, und ich danke Dir herzlich, liebes Lottchen, für
die rasche Förderung. Ich habe jetzt Mittel gefunden,
wie ich gleich Antwort von Euch haben kann, nämlich
durch eine Kommission. — Ich hoffe, Ihr befindet Euch
alle sehr wohl. Hier ist wieder eine grimmige Kälte ein=
getreten, die mir eben nicht sehr zuträglich ist. Ich be=
finde mich jedoch ziemlich wohl, mein Zustand bessert sich
peu à peu, und ich sehe einem angenehmen Frühling
und Sommer entgegen. Nur meine armen Augen sind
sehr leidend, oder vielmehr die Augenlider zieht die
krampfhafte Lähmung immer tiefer herab, so daß ich
jetzt sehr schlecht sehe; die Augen selbst sind gesund. —
Mit Karl Heine bin ich ganz aufs Reine, ja, ich
bin sogar sehr mit ihm zufrieden! Nicht bloß daß er
mir die Pension, ganz wie ich sie früher von seinem
Vater bezogen, bis an mein Lebensende auszahlt, sondern

er hat mir noch außerdem das feierliche Versprechen
erteilt, daß nach meinem Tode (Gott erhalte mich!) die
Hälfte der Summe, nämlich 2400 Franken, als lebens=
längliche Pension auf meine mich überlebende Frau
übergehen solle. — Das ist mir lieber, als wenn er
mir eine große Summe geschenkt hätte. Zwar ist es noch
eine große Frage ob sie mich überlebt, aber sie ist so
verwöhnt und unerfahren, daß ich nicht genug für sie
sorgen kann. Wäre sie klüger, würde ich mich minder mit
ihrer Zukunft beschäftigt haben, und auch hier siehst Du,
wie die Dummheit eine glückliche Gottesgabe ist, denn
andre müssen für sie sorgen. Meine Geschäfte gehen
übrigens gut. Ich meine nicht die der Börse, von denen
ich mich mit einem blauen Auge zurückgezogen. —

Von Dir und dem lieben Lottchen und den lieben
Kindern sprechen wir hier beständig. Gott erhalte
Euch! —

Schöne Grüße an meinen Schwager Moritz, be=
sonders von meiner Frau, die einen Narren an ihm
gefressen hat. — Karl war verwundert, mit welchem
Enthusiasmus meine Frau von Moritz sprach, auch
er lobt ihn. —

Und nun lebt wohl und behaltet mich lieb

H. Heine.

133. An Caroline Jaubert.

Ce 13 avril 1847.

Je vous remercie, madame, de vos dernières
petites lettres et de vos autres dragées. Juliette,

comme vous l'avez prévu, a croqué presque toute la boîte. Que vous êtes aimable!

J'ai passé un terrible hiver, et je suis étonné de n'avoir pas succombé. Ce sera pour une autre fois.

Je suis enchanté de ce que vous me dites de madame votre fille; ça est jeune et rétablissable. Je viendrai très prochainement chez vous. Je suis curieux de voir Mme. de Grignan comme reconvalescente.

Elle doit avoir beaucoup maigri, et la maigreur lui donne sans doute un charme tout nouveau. Au bout du compte, la chair cache la beauté, qui ne se révèle dans toute sa splendeur idéale qu'après une maladie ait animé le corps; quant à moi, je me suis adonisé, à l'heure qu'il est, jusqu'au squelettisme. Les jolies femmes se retournent quand je passe dans les rues; mes yeux fermés (l'œil droit n'est plus ouvert que d'un huitième), mes joues creuses, ma barbe délirante, ma démarche chancelante, tout cela me donne un air agonisant qui me va à ravir! Je vous assure, j'ai dans ce moment un grand succès de moribond. Je mange des cœurs; seulement je ne peux pas les digérer. Je suis à présent un homme très dangereux, et vous verrez comme la marquise Christine Trivulzi deviendra amoureuse de moi; je suis précisément l'os funèbre qu'il lui faut.

Adieu, toute bonne et toute belle! que Dieu vous préserve d'embellir à ma manière. Je vous recommande à sa sainte et digne garde.

Henri Heine.

134. An Betty Heine.

Liebste gute Mutter!

Deinen und Lottchens lieben Brief, worin der Empfang meines Kistchens angezeigt, habe ich seinerzeit richtig hier erhalten, denn schon seit drei Wochen lebe ich hier, in meiner wunderschönen Landwohnung, wo ich das angenehmste und behaglichste Dasein genieße. — Ein großer Garten, beinah ein Park, wo hohe Bäume, und worin die Nachtigohls, wie der alte Nathan David aus Kopenhagen sagt, so wunderschön singen. Und dabei tue ich nichts und pflege nur meine Gesundheit. — Du siehst, daß Du wegen meiner nicht in Sorgen zu sein brauchst. Meine Frau ist dabei so lustig wie eine Meer=katze, erheitert mir die Stunden, wo ich betrübt, und führt sich sogar sehr gut auf. — Wäre nicht mein Augen=übel, das mir aller Lektüre zu entsagen gebietet, würde ich nichts entbehren, als etwa meine Mutter und Schwester, aber wir sprechen von Euch beständig mit innigster Liebe. —

Zu London kommt in diesem Augenblick ein Ballett von mir zur Aufführung, auf dem Theater der Königin von England. Da es mir von dem Direktor bereits bezahlt ist, (und mit einer enorm großen Summe), so erwarte ich ganz ohne Unruhe den Erfolg; ist dieser ein glänzender, wie zu erwarten steht, so erblüht mir in England eine neue Geldhilfsquelle, wie ich dergleichen nie in Deutschland, und auch nicht in Frankreich bis jetzt gefunden. — Mein liebes Lottchen küsse ich, nebst den Kindern, herzlich. —

Meine Frau, die liebenswürdige Verbringerin, läßt
Euch alle, und hauptsächlich meinen Schwager, recht
herzlich grüßen. —

Mein Papagei schreit in diesem Augenblick, als
wenn er ebenfalls Grüße nach Hamburg zu bestellen
habe. —

Euer

H. Heine.

135. An Théophile Gautier.

Montmorency, le 7 Juin 1847.

Mon cher Théophile!

Nous vous attendons chez nous mercredi, et
nous vous attendons le matin de bonne heure; afin
que nous pouvons après le déjeûner nous mettre en
route pour quelque bel endroit de la forêt. Ma
femme se réjouit à la pensée de monter à cheval
et de galopper avec Signora Ernesta à qui elle
fait dire bien des choses.

Je vous répète mon adresse:
Rue de la Chataigneray N. 2 (la petite ruelle à
côté de l'Hôtel des bains)
Tout à vous votre dévoué

Henri Heine.

136. An Betty Heine.

Montmorency, den 27. Juli 1847.

Liebste gute Mutter!

Wenn ich Dir jetzt wenig schreibe, so geschieht es
einesteils, weil ich Dir wirklich nichts Erhebliches mit-

zuteilen habe, andererseits, weil ich, seitdem ich auf dem
Lande lebe, so faul bin, daß ich vor Tinte und Feder
einen wahren Abscheu empfinde. Ich befinde mich
leiblich wohl, doch mein Augenübel ist halsstarrig. Ich
darf fast gar nichts lesen, und das Schreiben ist mir
ebenfalls nicht sonderlich heilsam. —

Diesen Winter werde ich mir in Paris einen Vor=
leser anschaffen, der mir zugleich als Sekretär dienen
soll. Wenn Du daher alsdann mal einen Brief von
mir erhältst, der nicht eigenhändig geschrieben ist, so
erschrick nicht; ich sage es Dir sechs Monat voraus. Ich
will hoffen, daß Du in Deinem jüngsten Brief (den Du
direkt hierher adressiert), die Wahrheit gesagt hast, und
Dich wohl befindest; Du hast keinen Begriff davon, wie
sehr ich manchmal mich ängstige, wenn ich an Euch denke.
Ich gehe selten nach Paris, und lebe hier still und fried=
sam in meiner Ländlichkeit, ich pflege mich mit Gewissen=
haftigkeit. — Seit zwei Tagen ist ein schändlich schlechtes
Regenwetter, und bei meiner Frau zwitschern die Grunz=
vögelchen; sie liebt Dich und Lottchen unaussprechlich,
und wir sprechen beständig von Euch. Sie führt sich
sehr gut auf bis auf die kleine Launenhaftigkeit und die
große Verbringerei. — Immerhin, da ich keine Kinder
habe, verbringt sie im Grunde nur ihr eigenes Geld, da
ich ihr weniger hinterlassen werde, als wenn sie sparsam
wäre! —

Mein liebes Lottchen und die Kinder grüße ich
herzlich. Ach, hätte ich nur heute ein Graupensüppchen,
wie man sie bei Lottchen bekommt, oder einen Auflauf,
wie Anna ihn liebt! — Lebt wohl, und schreibt mir

hierher nach Montmorency direkt unter der angegebenen
Adresse. —

Es gießt der Regen wie mit Eimern vom Himmel.

Euer getreuer

H. Heine.

137. An Betty Heine.

Montmorency, den 28. August 1847.

Liebe gute Mutter!

Deinen lieben Brief vom 3. August habe ich richtig
erhalten. Es ist hier alles beim alten, und ich werde, bis
es herbstlich wird, hierbleiben. Dies wird aber wahrscheinlich nicht über vier Wochen währen, da es Ende
September hier sehr kalt zu werden anfängt. Meine
Augen im selben Zustand und das Schreiben macht mich
übel; schreibe daher fast gar nicht. Heute schreibe ich
Dir zunächst, um Dir einliegende Papiere zurückzu-
schicken, die zu diesem Endzweck bereits seit sechs
Monaten, wo ich meine Skripturen ordnete, bereit lagen.
Wozu soll ich sie im Grunde bei mir behalten? Denn
ehrlich gestanden, nur als ein Zeichen Deiner mütterlichen
Liebe hatten sie für mich eine Geltung, sonst aber kam es
mir nie in den Sinn, davon jemals Gebrauch zu machen.
Max wird in dieser Beziehung ganz so denken wie ich;
Du mußt, nach meinem Rat, die ganze Summe meiner
Schwester lassen. — Mein weib- und kinderloser, in
Amt und Glück stehender Bruder Max ist versorgt,

wohlverforgt, und auch ich hab' bis an mein Ende
genug zu leben; auch für meine Frau ift geforgt und (fie)
ift fchon dadurch beglückt, daß Du fie liebft, hier kann
alfo von keinem Opfer die Rede fein.

Sei überzeugt, auch Guftav hat dies Geld ebenfo=
wenig nötig, wie ich und Max. Das ift mein Wunfch
und mein Rat, die beide um fo mehr Gewicht haben
dürften, da ich der ältefte meiner Gefchwifter bin, und
mein Wort Dich jedenfalls gegen Dich felbft beruhigen
darf. — Nun, tue, was Du willft, und laß mich nichts
mehr von diefer Angelegenheit hören.

Dein liebend getreuer Sohn

Heinrich Heine.

138. An Dr. L. Wertheim.

Montmorency, den 25. September 1847.

Liebfter Wertheim!

Mir geht es fo fchlecht, oder vielmehr es geht gar
nicht mehr; feit vierzehn Tagen find auch meine Beine
und Füße fo paralyfiert, daß ich nicht das Zimmer
verlaffen konnte und kaum wenige Schritte zu gehen
vermag. Der Unterleib ebenfalls fo bedeutend
paralyfiert, und ich bin mehr als unwohl. Ich will
deshalb Donnerstag mich wieder nach meiner alten
Wohnung (Faubourg Poissonnière 41) verfügen, wo
Sie mich Donnerstag abend oder Freitag früh finden
können. So ift mir alfo auch Montmorency mißglückt,

wie voriges Jahr Barèges, und mein Schicksal eilt dem
Ende entgegen. Ich trage es mit Ruhe und Stolz.

Ihr H. Heine.

139. An Betty Heine.

Paris, den 30. März 1848.

Liebste gute Mutter!

Eben weil es jetzt so stürmisch in der Welt, und hier
besonders tribulant hergeht, kann ich Dir wenig schreiben.
Der Spektakel hat mich physisch und moralisch sehr her-
untergebracht. Ich bin so entmutigt, wie ich es noch nie
war. Will jetzt ganz ruhig leben, und mich um nichts
mehr bekümmern. Mitten in der Krise meiner Kur
ging der Lärm los, und nicht bloß Geld, sondern
auch Gesundheit habe ich eingebüßt. — Sollten sich
hier die Sachen, wie ich fürchte, noch düsterer gestalten,
so gehe ich fort mit meiner Frau, oder auch allein. Bin
sehr verdrießlich. — In Deutschland muß es auch nicht
angenehm zugehen, und dahin hab' ich auch kein großes
Begehr. — Meine Frau befindet sich wohl. Wir leben
still, und von der Welt abgesondert. Ich will mich in
keinem Fall hervorstellen. Dennoch werde ich von den
hiesigen Deutschen viel verleumdet. Sie schreien darüber, daß ich von der vorigen Regierung Geld bekommen,
als mein Name auf der Pensionsliste gefunden. —

Das Wetter ist wunderschön und ich gehe viel
spazieren. Meine Haushaltung geht ihren ruhigen

Stiefel fort. Meine Frau führt sich gut auf. Führte
sie sich nicht gut auf, so würde ich ihr jetzt die Freiheit
geben, wie alle Könige ihren Völkern; sie würde dann
schon sehen, was bei der Freiheit herauskommt. — Du
hast keinen Begriff davon, welche Misère jetzt hier
herrscht. — Die ganze Welt wird frei und bankrott. —
Leb wohl!

Schreib mir nur viel, liebe Mutter. Auch Du,
liebes Lottchen. Rechnet aber nicht viel auf Nachrichten
von mir; setzte gar zu ungern die Feder an. Fürchte das
Schreiben. Um meine Adresse noch bestimmter zu machen,
so schreibt: An H. Heine chez M. Faultrier, 84
Rue de Lourcine à Paris.

So lasse ich alle meine Briefe jetzt adressieren, denn
ich traue meinem Hausportier nicht. Hat die Familie
viel Geld verloren? — Schreib mir nur viel, lieb
Lottchen und küsse die Kinder. Meine Frau grüßt
herzlich.

140. An Julius Campe.

Paris, den 25. April 1848.

Liebster Campe!

Ich schreibe Ihnen heute, um Sie auf Ihr vorletztes
Schreiben und Ihr jüngstes vom 15. dieses nicht ganz
ohne Antwort zu lassen, wenigstens in bezug auf die in
letzterem enthaltene Anfrage. Ich bin seit einigen
Wochen kranker als je, und ohne die größte Anstrengung
kann ich keine Zeile aufs Papier bringen. Auch diktieren

kann ich nicht; denn seit 20 Tagen sind meine Kinn=
laden gelähmt, kann ohne Krämpfe nur halb hörbar
wenig sprechen, und dadurch, daß ich nichts Konsistentes
mehr kauen kann, bin ich in diesem Augenblick sehr
schwach. Kann nicht mehr auf den Beinen stehn. —

Warum haben Sie also gewartet, warum hatte ich
also keine Antwort voriges Jahr, als ich Ihnen meinen
Prospekt zur Gesamtausgabe schickte. Damals war ich
noch imstande zu arbeiten. Warum keine Antwort auf
mein letztes Schreiben, wo ich um Quittung, Lebens und
Sterbens wegen, dringend bat? Warum, während mir alle
Freunde Zeichen der Teilnahme widmeten, obstinierten
Sie, Campe, sich immer, meinen Krankheitszustand zu
ignorieren? Waren Sie immer sicher, daß ich der
tätigen Hilfe in solchem Zustande nicht manchmal be=
dürftig? Und sagte Ihnen Ihr Gewissen nie, daß Sie
dazu moralisch einigermaßen verpflichtet gewesen sein
möchten, wenn auch keine merkantilische Obligatio zu
erfüllen war? Sein Sie in dieser Beziehung außer
Sorge, es geht mir pekuniär noch nicht ganz schlecht, und
ginge es ganz schlecht, so sind die Verpflichteten die letzten,
denen ich verpflichtet sein möchte in meinen letzten Tagen.

Ich hoffe, dieser Tage imstande zu sein, Ihnen in
bezug auf Ihr vorletztes Schreiben mehr zu sagen.
Schicken Sie mir jedenfalls gleich Abschrift des ob=
erwähnten Prospektus, und Ihre Wünsche in betreff der
Reihenfolge der Schriften sollen bei der Gesamtausgabe
beachtet werden; hinzuschreiben kann ich jetzt leider
nichts mehr — warum warteten Sie?

Was die neue Auflage des ersten Teils der „Reise=
bilder" und des ersten Teils des „Salons" betrifft, so

können Sie immerhin beide Bücher wieder so abdrucken, wie sie sind. Ich habe nie meine Gesinnung geändert, und habe also auch seit der Februarrevolution nichts in meinen Büchern zu ändern. Die neue Auflage des ersten Reisebilderbands lassen Sie gefälligst nach der zweiten Auflage abdrucken, nicht nach der ersten. Die Gedichte im ersten Salonteile sind in den „Neuen Gedichten" bei erneuertem Druck manchmal verbessert, und ich bitte, den Abdruck hiernach zu bewerkstelligen.

Ich habe mir unsägliche Mühe gegeben, meinen trostlosen Zustand meiner Mutter zu verbergen, und ich empfehle Ihnen ernsthafteste Diskretion. Vielleicht er= spart der Himmel der alten Frau den Kummer, welchen ihr die Kenntnis meines Elends bereiten müßte. Des= halb darf auch meine Schwester nichts wissen, und auch d i e s e habe ich immer zu täuschen gewußt. — Ich bleibe bis zum 7. Mai in der Heilanstalt, wo ich seit $2^1/_2$ Monat daniederliege, und ich begebe mich wieder, um die großen Unkosten zu sparen, nach meiner Wohnung Reu de Berlin Nr. 9, wohin Sie gefälligst Ihre Briefe adressieren wollen.

Ich werde, wie gesagt, Ihnen die nächste Woche schreiben — der Kranke rechnet immer auf bessere Tage. Mein Kopf ist frei, geistesklar, sogar heiter. Auch mein Herz ist gesund, fast lebenssüchtig, lebensgierig ge= sund — und der Leib so gelähmt, so makulaturig. Bin wie lebendig begraben. Sehe niemand, spreche niemand. — Schreiben Sie mir, was es Neues in Deutschland gibt. — Grüßen Sie mir mein junges Patchen, der kommt zu einer wunderlichen Zeit in die Welt! Leben Sie wohl, und sein Sie überzeugt, daß

ich Ihnen des zeitlichen Wohles in Hülle und Fülle
wünsche und Ihnen ohne Eigensüchtigkeit, wie immer,
freundschaftlich ergeben bin.

141. An Charlotte Embden.

Passy, den 10. Juni 1848.

Liebste Schwester!

Meine Frau wünscht, daß ich Dich über meinen
wahren Gesundheitszustand nicht in allzu großer
Täuschung, die der Mutter wegen nötig war, länger
erhielt, damit, wenn ich sterbe, Du Dich nicht zu
sehr erschrickst. Letzteres aber, liebes Kind, wird
hoffentlich nicht so bald geschehen, und ich kann
mich ein Dutzend Jahre noch hinschleppen wie ich
bin, leider Gottes. Bin seit vierzehn Tagen so
gelähmt, daß ich wie ein Kind getragen werden
muß, meine Beine sind wie Baumwolle. Meine Augen
entsetzlich schlecht. Von Herzen aber bin ich wohl, und
mein Hirn und Magen sind gesund. Werde gut gepflegt,
und es fehlt mir gar nichts zur Bestreitung großer
Krankheitskosten; — — — Meine Frau führt sich gut
auf und wir wohnen sehr angenehm. Sterbe ich in
diesem Zustand, so ist mein Ende doch noch besser, als
das von tausend anderen. Nun weißt Du, woran Du
bist. — Gern hätte ich Euch diesen Sommer besucht,
vielleicht sehe ich Euch nächstes Frühjahr, oder Du
kommst vielleicht nächstes Jahr hierher. Dieses Jahr bin
ich im Grunde froh, Dich nicht hier sehen zu können,

wegen des Weltrevolutionsgepolters, das Ihr dort gewiß
in ebenso hohem Grade wie wir hier zu ertragen habt.
Ja, wir leben in einem miserablen Moment, und ich
wünsche wohl und heiter, und nicht auf einige kranke
Augenblicke, ein Wiedersehen mit Dir zu genießen.
Werde ich aber besser werden? Das weiß Gott, der
alles zum Besten lenkt. — Schreib mir oft und viel,
wie es dort aussieht bei der Familie. — Der Mutter
wollen wir nach wie vor meine Krankheit verheim=
lichen. — — — —

> Schattenküsse, Schattenliebe,
> Schattenleben, wunderbar,
> Glaubst Du, Schwester, alles bliebe
> Unverändert, ewig wahr?
>
> Was wir lieblich fest besessen,
> Schwindet hin, wie Träumerein,
> Und die Herzen, die vergessen,
> Und die Augen schlafen ein.

142. An Betty Heine und Charlotte Embden.

Paris, den 19. Oktober 1848.

Liebe Mutter und liebste Schwester!

Soeben erhalte ich Euren Brief, woraus ich mit
Freuden Euer Wohlsein ersehen habe. Was mich be=
trifft, so ist mein Zustand noch immer derselbe, oder doch
nur sehr wenig gebessert. Meine Krämpfe haben etwas
nachgelassen, aber meine Augen sind noch immer spott=
schlecht, obgleich ich sie unsäglich schone, gar nicht lese,
und sogar Euch nicht eigenhändig schreibe. Briefe je=

doch, liebes Lottchen, lese ich immer mit eigenen Augen,
was ich Dir wegen Deiner Anfrage besonders bemerke.
— In betreff der Cholera braucht Ihr Euch für mich
ebenfalls nicht sehr zu ängstigen; diese alte Bestie ist
übrigens nicht mehr so furchtbar wie ehemals. Schreck=
licher sind die Dinge in Wien, und unser armer Gustav
mag wohl einige Angst ausgestanden haben. —

Schreibt mir, wie es ihm gegangen. — Ich stehe
nicht mit ihm in direktem Briefwechsel. — Meine Frau
befindet sich wohl und läßt Euch herzlich grüßen. —
Wir sprachen beständig von Euch, und besonders von der
Mutter können wir nicht genug Erfreuliches und An=
genehmes reden. Die Hauptsache, die ich Euch heute
zu melden habe, ist, daß ich mit meiner neuen Wohnung
noch immer sehr zufrieden bin, und das Opfer, das ich
der Veränderung gebracht habe, keineswegs bereue. —
Wir leben ruhig, still und sicher vor dem Schuß. —
Grüßt mir und küßt mir die jugendliche Sippschaft, und
bleibt liebevoll zugetan

Eurem getreuen

H. Heine.

143. An François Mignet.

Paris, le 17 janvier 1849.

Mon cher ami!

Venez donc me voir! J'ai besoin de toucher la
main d'un homme tel que vous, cela me fera peut-
être du bien dans ce moment, où je suis plus souffrant

que d'habitude; je ne suis nullement gai, quoiqu'il se fasse dans le monde des choses assez drôles; l'Allemagne l'emporte sur la France en bacchanales politiques. Tout va bien chez nous au delà du Rhin, et le communiste le plus avancé pourrait y trouver la réalisation des ses idées. Oui, nous y jouissons du communisme de fait sinon de titre; nous sommes parvenus à l'égalité des fortunes, car personne ne possède plus rien; nous sommes tous aussi gueux qu'on puisse jamais l'être en Icarie; nous sommes arrivés aussi à la communauté des femmes, seulement les maris ne s'en aperçoivent pas encore. Dieu est tout-à-fait détrôné, à la stupéfaction de David Strauss et de votre ami Henri Heine, qui, après avoir poussé à cette catastrophe pendant 20 ans, en sont épouvantés et attristés à l'instar de vos amis M. M. Odilon Barot et consorts, lors de leur victoire sur la royauté, le 25 février de funeste mémoire. — Aussi, je vous l'avoue, il s'est opéré en nous une grande réaction réligieuse. David Strauss l'a confessé en plein parlement; quant à moi, c'est encore mon secret, que je ne confie qu'à ma garde-malade et à quelques femmes supérieures. Au risque d'être accusé de ganachisme, je ne vous cacherai non plus le grand événement de mon âme: j'ai déserté l'athéisme allemand, et je suis à la veille de rentrer dans le giron des croyance les plus banales. Je commence à m'apercevoir qu'un tout petit brin de Dieu ne saurait nuire à un pauvre homme, surtout, quand on est couché sur le dos pendant sept mois, tenaillé par les tortures les plus atroces. Je ne crois pas entièrement encore au ciel, mais j'ai déjà l'avant-goût de l'enfer par les brulures qu'on vient de me faire sur la colonne vertébrale; c'est un progrès, car je peux me donner au diable, avantage que j'ai sur mes pauvres compatriotes athées qui en auraient cependant tant besoin pour le moment, surtout à Berlin, où le roi, il est vrai, a octroyé une très bonne constitution, mais contre laquelle on ressent une certaine répugnance semblable à l'aversion que nous inspire le plus grand gâteau à l'idée qu'il puisse contenir un peu de poison, un tout petit peu d'acide prussique.

Je ne puis vous écrire sans vous demander un service quelque petit qu'il soit, habitué que je suis d'être toujours votre obligé; aujourd'hui je vous demande de me prêter le livre de M. Thierry sur la Conquête de l'Angleterre par les Normands; si vous pouvez en disposer pour quelques semaines, veuillez le remettre au porteur.

Votre tout dévoué

Henri Heine.

144. An Charlotte Embden.

Paris, den 29. März 1849.

Liebes Lottchen!

Dein Brief hat mich tief erschüttert, und ich habe seitdem geweint und wieder geweint, so daß ich heute fast gar nicht sehen kann. Nur ein Wort zum Trost: Sterben ist kein Unglück, aber jahrelanges Leiden, ehe man es dahin bringt zu sterben. — Jahrelanges Leiden — glücklich sind die, welche schnell fertig werden: Per acquit, wie mein Väterchen sagte, und man dreht sich herum und schläft ein, und alles ist bezahlt. — Ich bin

in diesem Augenblick zu leidend, als daß ich Deinem
Mann besonders kondolieren könnte; ich drücke ihm
schweigend die Hand. — Und Du, armes, starkes Herz,
wieviel hast Du ausstehen müssen! Gott erhalte Dich,
liebe, gute Schwester. — Du, meine gute Mutter, wirst
noch einige Zeit auf Brief von mir warten müssen, und
ich kann Dich heute nur flüchtig umarmen. —

Küsse für mich mein Lottchen und die Kinder. —
Meine Frau befindet sich wohl, ich bin noch in dem=
selben traurigen Zustand. —

Euer getreuer

H. Heine.

145. An Karl Maria Kertbeny.

Paris, den 15. August 1849.

Wertester Herr!

Mein trauriger Gesundheitszustand ist schuld
daran, daß ich Ihnen erst heute und nur wenige Zeilen
schreiben kann. Vor einigen Tagen habe ich Ihre Über=
setzung der ungarischen Gedichte nebst Ihrer freund=
lichen Zuschrift erhalten; ich danke Ihnen vorläufig für
die darin ausgesprochenen freundschaftlichen Gesinnun=
gen, und ich hoffe, Ihnen später in einem erweiterten
Schreiben alles das sagen zu können, was ich heute,
wie gesagt, nur in einem flüchtigen Dankesworte zu=
sammenfassen kann. Ich bitte Sie daher, mir eine
sichere Adresse anzugeben; denn ich fürchte, daß mein
Brief Sie nicht mehr in Baden antreffen möchte.

Seit fünfzehn Monaten bin ich bettlägerig, an
allen Gliedern gelähmt, so daß ich mit der Außenwelt
wenig kommunizieren kann und fast wie ein Toter zu
betrachten bin. Ihre freundliche Erinnerung hat mir
bei einem solchen isolierten Zustande um so größeres
Vergnügen gemacht; noch größer wäre das Vergnügen,
wenn ich Sie einmal wieder persönlich hier in Paris
sehen könnte: bei den politischen Wirren und Stürmen,
die jetzt herrschen, glaube ich sogar, daß dieses über früh
oder spät der Fall sein möchte, besonders da Ihnen
Ihre Nationalität in reaktionär deutschen Regierungs-
bezirken sehr viel V o r s ch u b gewähren dürfte. Unterdessen leben Sie wohl, und bleiben Sie freundschaftlich
zugetan

Ihrem ergebenen

Heinrich Heine.

50 rue d'Amsterdam.

146. An Betty Heine.

Paris, den 21. Januar 1850.

Liebste gute Mutter!

Dein und des lieben Lottchens Brief mit Neu-
jahrswünschen habe ich richtig empfangen. Ich hoffe,
Ihr habt dieses Jahr angenehm angetreten. Gebe der
Himmel, daß es sich ruhig und ohne Schrecknisse endige.
Bei mir hat dieses neue Jahr noch gar keinen Charakter
angenommen, und es dröhnelt sich hin, blöde und
melancholisch wie das vorige.

Auch nicht die geringste Veränderung in meinem Gesundheitszustande; meine Augen schone ich noch immer, aber ohne Resultat. Wenn ich sie nicht schonte, eben wie meinen Augapfel, so wäre ich jetzt blind, was doch das größte Übel ist, wovor einen der liebe Gott bewahre. — Ich schreibe Dir daher noch immer nicht eigenhändig, was doch so kein großer Unterschied ist, da ich jetzt doch nie mehr in Briefen meine Gedanken ausspreche. — Meine Frau leidet noch immer an den Folgen ihres Leichtsinns; sie kann nämlich noch immer nicht gehen, fängt aber doch jetzt schon an auf einem Bein, wie ein Frosch im Zimmer umher zu hüpfen. Sie läßt Euch mit innigster Zärtlichkeit grüßen, wie Ihr denn überhaupt unsere beständige Unterhaltung seid. Meine Frau trägt ihr Mißgeschick mit weniger Ungeduld, als ich erwartete; die bösen Augenblicke der Mißlaune vergütet sie wieder durch so unendlich viel Liebenswürdigkeit in anderen Augenblicken, daß ich bei diesem Geschäft noch immer meine Rechnung finde. — Ich bitte Euch, mir recht bald zu schreiben, und auch von Dir erwarte ich einen langen Brief, über Dich und meine Lieben, die ganze heilige Familie. — Ich hoffe, daß Du von Deinem Unfall jetzt ganz hergestellt bist. Der Hansnarr von Wihl kommt zuweilen zu mir, und ermangelt nie, mich in einer oder der anderen Weise zu amüsieren. Man muß sich freilich vor ihm in acht nehmen; aber freilich, vor welchen Menschen müßte man sich nicht auch in acht nehmen. — Über die Absurdität in deutschen Blättern, über meine sogenannte Bekehrung, will ich mich nicht aussprechen. — Es ist hier derselbe Fall, wie bei allen mich betreffenden Zeitungsnachrichten. — Und nun,

274

liebe Mutter, leb wohl. Der liebe Gott erhalte Dich, bewahre Dich vor Schmerzen und Augenübel, schone Deine liebe Gesundheit, und wenn Dir die Dinge auch manchmal nicht zu Wunsche gehen, so tröste Dich mit dem Gedanken, daß wenige Frauen von ihren Kindern geliebt und verehrt worden sind, wie Du es bist, und wie Du es wahrlich zu sein verdienst, Du meine liebe, brave, rechtschaffene und treue Mutter. Was sind die anderen in Vergleich mit Dir. —

Man sollte den Boden küssen, den Dein Fuß betreten hat. —

Der Winter ist unendlich rauh, wenn Du es nur warm hast in Deinem dünnen wackligen Häuschen am Dammtor. — Ich laß mir nichts abgehen und brenne zur Heizung ganze Wälder. — Werde überhaupt gut gepflegt.

Dein treuer Sohn

H. Heine.

147. An Heinrich Laube.

Paris, den 25. Januar 1850.

Liebster Laube!

Erst seit einigen Tagen habe ich erfahren, daß Du Theaterdirektor in Wien bist, und das hat mir eine so große Freude gemacht, daß ich es nicht länger aufschieben will, Dir einige Nachrichten von mir direkt zukommen zu lassen. Die Ursache meines Stillschweigens war immer das peinliche Gefühl, daß ich Dir nichts Gutes mitzuteilen hatte, ich wollte immer eine gesunde Stunde und ein erfreuliches Ereignis abwarten, um Dir zu schreiben. Aber die Stunden und die Ereignisse haben sich seitdem immer verschlimmert, die Gerüchte, die über meinen Gesundheitszustand im Umlauf, sind leider mehr als wahr: Seit ein und dreiviertel Jahren liege ich zu Bette, Tag und Nacht mich in den abscheulichsten Schmerzen umherwälzend, und an allen Gliedern gelähmt. Beständige Krämpfe, die widerwärtigsten Kontraktionen, schier gänzliche Erblindung — ein Unglück, wie es selten vorkommt in den Annalen des menschlichen Leidens, ein unerhörtes, grauenhaftes, wahnsinniges Unglück! Die gräßlichste Hoffnungslosigkeit mit einem Geleite von moralischen Torturen, die ich jedoch ebenfalls wie die physischen mit einer Ruhe ertrage, die ich mir selber nie zugetraut hätte. Mein Kopf ist sehr schwach durch das beständige Auf dem Rücken liegen und durch den Übergebrauch von betäubenden Opiaten; doch ganz ruiniert ist er noch nicht, und ich hoffe, ihn bis zu meinem Ende, das, unter uns gesagt, ziemlich nahe ist, in einiger Klarheit zu erhalten. Was man von meiner jetzigen Gläubigkeit und Frömmelei herum erzählt, ist mit vielem Unsinn und noch mehr Böswilligkeit vermischt. Es hat sich in meiner religiösen Gefühlsweise gar keine so große Veränderung zugetragen, und das einzige innere Ereignis, wovon ich Dir mit Bestimmtheit und mit Selbstbewußtsein etwas melden kann, besteht darin, daß auch in meinen religiösen Ansichten und Gedanken eine Februar-Revolution eingetreten ist, wo ich an der Stelle eines früheren Prinzips, das mich doch früherhin ziemlich indifferent ließ, ein neues Prinzip aufstellte, dem ich ebenfalls nicht allzu fanatisch an-

hänge, und wodurch mein Gemütszustand nicht plötz=
lich umgewandelt werden konnte; ich habe nämlich, um
Dir die Sache mit einem Worte zu verdeutlichen, den
Hegelschen Gott oder vielmehr die Hegelsche Gott=
losigkeit aufgegeben und an dessen Stelle das Dogma
von einem wirklichen, persönlichen Gotte, der außer=
halb der Natur und des Menschengemütes ist, wieder
hervorgezogen. Dieses Dogma, das sich ebenso=
gut durchführen läßt, wie unsere Hegelsche Synthese,
haben am tiefsinnigsten, laut den Zeugnissen der
neoplatonischen Fragmente, schon die alten Magier
dargestellt, und später in den mosaischen Urkunden
tritt es mit einer Wahrheitsbegeisterung und einer
Beredsamkeit hervor, welche wahrlich nicht bei
unseren neuen Dialektikern zu finden ist. Hegel ist bei
mir sehr heruntergekommen, und der alte Moses steht
in floribus. — Hätte ich aber doch neben dem Moses
auch seine Propheten! Das ist ein großes Mißgeschick,
daß mir in meinem jetzigen Greuelzustand nicht die hin=
länglichen Mittel zu Gebote stehen, mir einige Tages=
nöte vom Leibe zu schaffen, die mich ebenfalls un=
versehens überfallen. Obgleich die Februar=Revolution
mich wie so viele andere finanziell ruiniert hat, so bleibt
mir doch noch soviel übrig, daß einige deutsche Dichter=
familien in diesen Ruinen meines Glückgebäudes noch
ganz behaglich leben könnten; aber ich Unglückseliger,
der ich an fürstlichen Aufwand gewohnt bin, und dessen
Krankheitskosten beispiellose Summen in Anspruch
nehmen, komme nicht aus mit den Ressourcen, die mir
übrig geblieben. Ich sage Dir dieses im Vertrauen
und um Dich au fait zu setzen, warum ich trotz meines

jetzigen Zuſtandes auf einigen Erwerb bedacht ſein muß.
Du merkſt alſo, warum ich Dir jetzt meinen „Fauſt"
ſchicke und endlich Dich mit dem Unterkommen deſſelben
beläſtige. Ich kann jetzt gänzlich darüber verfügen.
Hätte ich doch ſtatt des Balletts ein Drama geſchrieben,
das Du auf Deiner redenden Bühne gegeben haben
würdeſt. Jetzt ſehe zu, ob Deine Kollegen im ſingenden
und ſpringenden Fache etwas für den armen Panto‌
mimendichter tun können. Ich Narr des Glücks! könnt'
ich wie Romeo ſagen. Jetzt, wo ich kein Stück mehr
ſchreiben kann, haſt Du das große Burgtheater in
Händen. Vor 15 Jahren hätte ich unter ſolchen Um‌
ſtänden gewiß ein Drama nach dem andern geſchrieben.
Ich kam immer in der Welt überall zu frühe; dieſes
und meine falſche Poſition, die das Exil mit ſich führt,
waren mein Unglück. Von Campe habe ich ſeit zwei
Jahren keinen Brief oder vielmehr keine Antwort auf
meine dringendſten Anfragen in betreff des Druckes
meiner Geſamtausgabe. Ich bin zu gerade und zu
ehrlich, um beſtimmt herausgrübeln zu können, welchen
Hintergedanken dieſes Stillſchweigen zuzuſchreiben iſt.
Die Penſion für die Geſamtausgabe bezahlt er mir
richtig ſchon ſeit zwei Jahren, was mir freilich in dieſem
Augenblicke die Hauptſache war. Wartet er mit dem
Drucke meiner Werke, um ſie herauszugeben, ſobald ich
ſterbe, um meinen Tod als Reklame auszubeuten? Oder
hält er mit Schreiben zurück, weil er meint, daß ich in
meinen jetzigen Geldbeklemmniſſen, die ich ihm ge‌
ſtanden, Gott weiß was für Anträge ihm machen würde?
Die Verſtimmung, die ich hierüber empfand, vereinigt
mit dem Wiederaufflackern meines religiöſen Gefühls,

haben mich unlängst zu einer Tat getrieben, über die Du
sehr ungehalten sein wirst, wenn ich sie Dir einst in
ihrem Detail gestehe. Ich sage ungehalten in literarischer, nicht in moralischer Beziehung. Ich habe ein
schreckliches Autodafé gehalten, woran ich noch jetzt nicht
ohne Erschütterung denken kann. Doch ich will mich
später darüber expektorieren, da dieser Brief doch nur
dazu dienen sollte, Dir später öfter zu schreiben. Über
Deine politischen Variationen höre ich viel klagen; ich
meinesteils verzeihe sie Dir gern; werde nur nicht dumm.
Das ist alles, was ich von Dir verlange. Daß Du mir
meine religiösen Varianten zugute halten wirst, erwarte
ich gleichfalls. Zu bekehren suche ich Dich nicht, sowie
ich überhaupt meine jetzigen Meinungen für mich behalte.
Deutsche sehe ich wenig, wie ich denn überhaupt wenige
Menschen zu mir lasse. Mit meinem Vetter Karl Heine
stehe ich leider noch immer auf schlechtem Fuße, was
mich sehr bekümmert, da ich ihn von Kind auf so sehr
geliebt habe und eine innige Freundschaft uns früher
verband. In finanzieller Beziehung kann ich nicht
über ihn klagen. Vor einiger Zeit besuchte mich hier
wieder der trauernde West-östliche-Schwalben-Rabbi,
der Herr Ludwig Wihl, ehemaliger Archivarius des
seligen Gutzkow. Auch Herrn Bamberg, dessen Du Dich
gewiß erinnerst, sehe ich zuweilen; er hebbelt jetzt noch
ärger als je, besonders wenn junges Licht ist. Ich
habe heute geglaubt, das Manuskript des Balletts dir
zuschicken zu können, aber die mir versprochene Abschrift
ist mir noch nicht zugekommen, und so will ich Dir denn
dieselbe dieser Tage nachträglich zuschicken. Meine Frau,
der ich gesagt habe, daß ich Dir schreibe, läßt Dich und

Madame Laube, die graziöse Madame Laube, wie sie
sagt, aufs zierlichste grüßen. Auch ich bitte, mich ihr
zu empfehlen und ihrer Graziosität meine schönsten
Huldigungen zu Füßen zu legen. Ich habe einen
Bruder in Wien, mit welchem ich keineswegs in Un=
freundschaft stehe, wie jämmerlicher Zeitungsklatsch
behauptet hat; kennst Du ihn? Wir stehen in keiner
Verbindung außerhalb des Familienlebens, haben nie
geistige Bezüge gehabt, und so erfahren wir wenig von=
einander. Begegnest Du ihm, so grüße ihn mir freund=
schaftlichst. Und nun lebe wohl! Ich empfehle Dich
dem besonderen Schutze der Götter (alter Stil; ich
sollte eigentlich jetzt sagen: des lieben Gottes). Lieb=
reich verharrend

Dein Freund

Heinrich Heine.

Meine Adresse ist: Monsieur Henri Heine, Rue
d'Amsterdam Nr. 50 à Paris.

148a. An H. Lassalle.

Paris, den 30. April 1850.

Liebster Herr Lassalle!

Erst gestern bekam ich die Ausfertigung der Voll=
macht, die ich hier beifüge. Ich habe sie ganz in blanko
gelassen, so daß Sie selbst darin entweder Ihren eigenen
Namen oder den Namen dessen, den Sie bei eigner
Verantwortlichkeit mit dieser Sache betrauen wollen,
hineinsetzen können. In solcher Weise haben Sie ganz
freie Hand, und ich zweifle nicht, daß Sie meine Inter=

essen mit der gehörigen Vorsicht, besonders in bezug
auf eine gewisse, uns gemeinschaftlich befreundete Person, vertreten werden. Im übrigen bezieh' ich mich auf
alles, was ich in meinem vorigen Briefe gesagt habe
und ich hoffe, daß Sie die besten Maßregeln ergreifen,
damit Friedland mich nicht wieder täuscht und um einen
eigenen momentanen Zweck für sich zu fördern, die Pro-
kuration, die ich Ihnen gebe, benutze. Ich sowohl,
als meine Freunde, die meiner schrecklichen Lage wegen
dem Ausgang dieser Sache mit Ungeduld entgegen-
sehen, und sowohl Ihrer Klugheit, als auch Ihrer
Rechtlichkeit ganz vertrauen, können Sie nicht eifrig
genug bitten, mir bald Nachricht zu erteilen. Ich bitte
Sie auch, wie ich bereits in meinem vorigen Briefe
getan, mich wissen zu lassen, ob ich Ihnen nach Breslau
oder einem sicheren Bankier in Prag meine Aktien in
natura zuschicken soll, um dort deponiert zu bleiben für
unvorhergesehene Fälle. Am liebsten wäre es mir,
wenn ich, wie ich schon in meinem vorigen Briefe ausgesprochen, mich dieser Aktien mit einem großen Verlust schon jetzt gleich entäußern könnte; ich brauche nicht
gleich alles des Betrags in barem Gelde zu empfangen
und würde mich zufrieden stellen, wenn ich einen Teil
in Papieren bekäme, die mir in bestimmten Terminen
ganz sichere oder hinlänglich garantierte Auszahlungen
zusichern. Mag Friedland seinen Scharfsinn aufbieten,
mir zu einer solchen Liquidation zu verhelfen, und er
findet vielleicht reiche und dennoch edelgesinnte Leute,
die, um einen unglücklichen Dichter aus der Not zu
retten, seine Bestrebungen in dieser Beziehung unterstützen. Diesmal gilt es, daß er seine Pfiffigkeit an-

ſtrenge, ehe ich die Augen ſchließe und alle Reue zu ſpät
kommt. Meine Krankheit nimmt ſchrecklich zu von Tag
zu Tag und es wäre mir weit heilſamer über weniger
betrübſame Themata zu korreſpondieren. — Ihrer Frau
Tochter bitte ich meine herzlichſten Grüße zukommen
zu laſſen; es vergeht keine meiner ſchlafloſen Nächte,
wo nicht ihr trotziges Geſichtchen mir ins Gedächtnis
kommt. Welche weiße Haut und welches gute Herz!
— Von Ihrem Sohne habe ich keine Nachricht und bin
ſehr begierig, etwas von ihm zu erfahren. Ich möchte
ſein Geſicht ſehen, wenn ihm zu Ohren kommt, daß ich
aller atheiſtiſchen Philoſophie ſatt, wieder zu dem de=
mütigen Gottesglauben des gemeinen Mannes zurück=
gekehrt bin. Es iſt in der Tat wahr, was das Gerücht,
obgleich mit Übertreibung, von mir verbreitet hat. Hat
Ferdinand noch etwas innere Geiſtesruhe, ſo dürfte
auch bei ihm dieſe Nachricht ein heilſames Nachdenken
hervorbringen. — Und nun leben Sie wohl, melden
Sie mir bald eine erfreuliche Nachricht und genehmigen
Sie die Verſicherung meiner ausgezeichneten Hoch=
achtung.

Heinrich Heine.

50 rue d'Amsterdam.

148b. An H. Laſſalle.

Werteſter Herr Laſſalle!

Ich beſchränke mich heute darauf, Ihnen einliegend
meine fünfundzwanzig Original=Aktien der Iris zu=
zuſenden und bitte mir den Empfang anzuzeigen. Erſt
in zehn Tagen kann ich eine legaliſierte Abſchrift des

gerichtlichen Erkenntnisses, welche die Auflösung der
Sozietät ausspricht, Ihnen zusenden. Ein solches Juge=
ment scheint mir das geeignetste Aktenstück zu sein, das
Sie bei den dortigen Behörden zu den beabsichtigten
Démarchen berechtigen kann; es zu erlangen und hier
legalisieren zu lassen, ist eben die Ursache, warum ich
noch zehn Tage nötig habe. Zugleich gedenke ich, Ihnen
ein anderes Aktenstück von großer Wichtigkeit mitsenden
zu können: nämlich eine von meinem Notar bezeugte
Erklärung des jetzigen Mandatars der Iris, daß die Ge=
sellschaft zahlungsunfähig sei. Zu einem gerichtlichen
Schritte, wie der von Ihnen beabsichtigte, berechtigt
mich schon von vornherein der Umstand, daß jedesmal,
wenn ich, um Interessen zu beziehen, nach der Iris
schickte, in ihrem Domizil mir niemand Rede zu stehen
wußte, nirgends eine Iris zu sehen oder zu hören war
und ich folglich keinen Sou touchieren konnte. Ich
danke Ihnen vorläufig für den liebreichen Eifer, den
Sie in meinem Interesse bekunden und in Beantwortung
Ihres jüngsten Briefes, die ich mir noch vorbehalte,
werde ich weiter mich darüber aussprechen, welch ein
Glück es für mich und Friedland ist, wenn Ihre Inter=
vention einen guten Erfolg hat; denn nach dem Rate
meiner Freunde hegte ich anfangs die Absicht, die Iris
laufen zu lassen und mich nur an den Freund zu halten,
der mich nicht a n i m i e r t hat, in jenen Aktien zu
spekulieren (das Wort „animieren" ist hier nicht das
rechte), sondern der mir die Wohltat erwies, mir jene
Aktien al pari zu überlassen, als einen Beweis seiner
Freundschaft und aus Erkenntlichkeit für die Freund=
schaft, die ich ihm so oft erwiesen. Zeuge dessen ist

Ihr Sohn Ferdinand. Die Aktien waren aber nie über pari zu verkaufen; ich erprobte es, indem ich Friedland Order gab, mich der meinigen mit dem Nutzen, wovon er prahlte, zu entledigen. Alles war Lug und Trug; ich glaubte bestimmt, mit den honnettesten Leuten in Prag, deren Briefe mir Friedland zeigte, zu tun zu haben, während ich doch an einen Boulanger verkauft war, der mir wahrlich nie Vertrauen ein= geflößt hätte. Wie auch eine gerichtliche Klage ausfiele, soviel steht sicher, daß ich vor der öffentlichen Meinung einen solchen Prozeß nicht verlieren kann, und meine Freunde sind zu sehr über die an mir verübte Unbill empört, als daß ich nicht auf eine gewisse Genugtuung, und sei es auch nach meinem Tode, rechnen dürfte. — Ich bin heute von Leiden so angegriffen, daß ich nicht länger diktieren kann, was auch vielleicht gut ist, da eine gar zu bittere Stimmung mich überwältigt. Ihrer Tochter meine innigsten und brennendsten Grüße; sie hat keinen Begriff davon, wie oft ich an sie denke und wie sehr ich danach lechze, sie einmal wiederzusehen und zu sprechen. Wir verstanden uns schon durch einen halben Blick. Und nun, wertester Freund, leben Sie wohl und mokieren Sie sich nicht über meine religiöse Erleuchtung; wenn man so viel klaren Verstand hat wie Sie, so kann man freilich die Religion entbehren.

Ihr Freund

H. Heine.

149. An Julius Campe.

Paris, den 28. September 1850.

Liebster Campe!

Das beste Epitheton, das ich Ihrem Stillschweigen beilegen kann, ist, daß es kindisch ist. Ja, kindisch, und es erinnert an die primitiven Zeiten, wo Sie mit Ihrem Patroklus Merckel mir Makaronen durchs Fenster ins Zimmer warfen, ich glaube auf dem Valentinskamp. Seit einigen Monaten wird mir von mehreren Seiten gemeldet, daß Sie hierher nach Paris kämen. Ich glaube nicht daran, obgleich ich es sehr wünsche. Lassen Sie doch das kindische Stillschweigen; wir sind beide längst aus dem Knabenalter getreten. Was die nächsten Kundgebungen betrifft, die ich von Ihnen erwarte, so brauche ich wohl heute nicht wieder darauf zurückzukommen. Sie haben sich, wie ich höre, in bezug auf Laube geäußert, ich wäre ganz von ihm abhängig. Sie irren sich; ich brauche Ihnen nur zu sagen, daß ich sein Buch über das Parlament gelesen habe. Vor Schrecken standen mir die Haare zu Berge. Es gibt wirklich Dinge unter dem Monde, die ich nicht verstehe. Es fehlt mir hier sehr an deutschen Büchern; und Sie würden mich sehr verbinden, wenn Sie mir mit Übersendung von Büchern, die ich Ihnen pünktlich zurückschicken könnte, auszuhelfen wüßten. Ich habe z. B. im Augenblick folgende notwendig, die ich hier nicht auftreiben kann: das Buch, welches Bülow über H. von Kleist jüngst herausgegeben, Flögels Geschichte der komischen Literatur und die Kronwächter, e r s t e r und z w e i t e r Teil, von Achim von Arnim. Haben Sie seit dem

Höög- und Häwel-Book etwas Belehrendes oder Gutes
verlegt, so teilen Sie es mir mit; auch den Katalog eines
dortigen guten Antiquars wünschte ich zu haben. Sie
haben keinen Begriff davon, wie sehr sich das Personal
der Deutschen hier in Paris noch verschlimmert hat.
Wenn ich Wihl mit großem Vergnügen hier sehe, so
ist das, weil er wirklich vor den anderen emporragt,
durch Anständigkeit, und ich habe ihm auch wohl noch
manche zu herbe Beleidigung zu vergüten.

Wie freundlich und zuvorkommend Freund Hebbel
sich auch gegen mich benommen hat, so kann ich ihm
doch bis jetzt noch keinen Geschmack abgewinnen. Herr
Stahr und Mademoiselle Lewald sind hier zum Besuche,
und ich sah sie mit Vergnügen. Ich lese jetzt dessen
italienische Reise, sowie auch die Jungsche Geschichte
der Frauen; finde beides sehr bedeutend. Ich bin
freilich nicht einverstanden mit dem Weiber-Emanzi-
pations-Enthusiasmus im letzteren Buche, denn ich bin
selbst zu sehr verheiratet. Wüßte ich bestimmt, daß Sie
mir antworteten, so würde ich Sie um Nachrichten über
Ihr häusliches Wohlergehen bitten, und einige Empfehlungen für Madame Campe hinzufügen. —

Schreiben Sie mir bald; Ihr Stillschweigen hat
mir viel geschadet, und auch Ihnen wird mittelbar kein
Nutzen daraus erwachsen; denn nachdem ich Sie vergebens angegangen, eine Kombination zu finden, wodurch Sie mir hilfreich unter die Arme greifen könnten,
ohne dabei selbst zu große Opfer bringen zu müssen,
hat die Gewalt der Umstände mich genötigt, den Dienst-
erbietungen anderer wenigstens schon ein halbes Ohr

zu schenken; ich habe nichts beschlossen, aber viel an=
gehört, und da Sie mich weder als Scharlatan noch als
Lügner kennen, so dürfen Sie mir wohl auf mein Wort
glauben, wenn ich Ihnen sage, daß ich mich mit einem
Federzug aus allen meinen Nöten reißen könnte, vor=
ausgesetzt, daß es Julius Campes ernstliche Absicht
wäre, meine billigsten Ansprüche unbeachtet zu lassen.
Sie kennen den Zustand meiner Finanzen; Sie wissen,
daß Karl Heines Großmut kaum bis an die Waden
meiner Bedürfnisse reicht, und Sie können daher leicht
ermessen, daß ich den Beschlüssen der Notwendigkeit
Folge leisten muß.

Doch wozu überflüssige Worte? Sie wissen, ich
habe das „Buch der Lieder" Ihnen nicht angepriesen,
ehe es gedruckt war; Sie wissen, dasselbe war der Fall
mit den „Neuen Gedichten", und die dritte Säule meines
lyrischen Ruhmes wird vielleicht ebenfalls von gutem
Marmor, wo nicht gar von besserem Stoffe sein. Sie
begreifen wohl, warum ich die drei gerne beieinander
ließe, und hätten Sie nur die geringste Ahnung von
meinen geistigen Bedürfnissen, so begriffen Sie auch
leicht die materiellen Opfer, die ich bringe. Aber Not
bricht Eisen. Dazu kommt, daß mein Krankheitszustand
täglich unleidlicher wird und daß ich am Ende genötigt
bin, alles Geschäftliche einem bewährten Freunde zu
überlassen, der nur die Gesetze des Nutzens befolgen
würde. Ich habe heute die fürchterlich schlechteste Nacht
verbracht und würde Ihnen heute nicht schreiben, wenn
ich nicht die Gelegenheit wahrnehmen wollte, die Feder
eines Freundes zu benutzen, der im Begriff ist, ab=
zureisen.

Und nun leben Sie wohl und danken Sie dem lieben Schöpfer, daß Sie auf Ihren beiden Füßen herumgehen können im Weichbilde Hammonias und mit gutem Appetite Mockturtelsuppe speisen in Gesellschaft Ihrer Frau Gemahlin und Ihres Thronerben, dem ich pränumerando bereits meine untertänigsten Huldigungen darbringe.

Ihr Freund

H. Heine.

150. An Michael Schloß.

Paris, den 15. Februar 1851.

Hochgeehrter Herr!

Eine ganz besondere Unpäßlichkeit hat mich verhindert, Ihr wertes Schreiben früher zu beantworten, auch war ich früher nicht imstande, Ihnen die beiliegenden Gedichte zu schicken, die Ihren Wünschen einigermaßen entsprechen dürften. Seit vielen Jahren mache ich keine sangbaren Lieder mehr in der früheren Weise; nur der Frühling und der Sommer bringt Blumen, ich aber bin jetzt fünfzig Jahre alt und seit drei Jahren bettlägerig, was keine lyrische Stimmung aufkommen läßt. Das erste der überschickten Lieder sind wirklich alte Klänge, die ich aus dem Gedächtnisse aufgefischt und zugestutzt. — Ob das zweite Gedicht Ihren Zwecken entspricht, weiß ich nicht im voraus, nur ein sehr geistreicher Komponist dürfte sich an diese Rhythmen wagen. Dagegen glaube ich Ihnen im dritten Gedichte, das ich erst dieser Tage geschrieben, etwas sehr Komponierbares gegeben zu haben; nur muß der Komponist verstehen, was hier im Dunkeln vorgeht, und die Steigerung der schwülen Stimmung, die bis zur größten Leidenschaftlichkeit aufschreit und nachher doch wieder ruhig abgedämpft wird, einigermaßen wiedergeben. Jedenfalls sind hier Motive welche einen Musiker anreizen.

Ich danke Ihnen für die letzte Büchersendung; ich werde Ihnen dieser Tage die Bücher zurückschicken und eine größere Liste von Büchern, die mir allenfalls zusagen, beifügen; ich wünsche nicht, daß Sie mir zur Komplettierung einer Sendung etwas mitschicken, was ich nicht verzeichnet habe.

Empfangen Sie, hochgeehrter Herr, die Versicherung meiner ausgezeichneten Hochachtung und Ergebenheit.

151. An St. René Taillandier.

Paris, 3 novembre 1851.

Cher monsieur Taillandier!

J'ai un peu tardé à vous écrire, parce que je ne pouvais pas remettre la main sur l'article de Chasles; enfin, j'ai trouvé une espèce d'épreuve que j'ai hâte de vous faire parvenir. Je vous envoie, en même temps, une notice qu'un de mes amis a écrite il y a sept ans, et qui n'a pas été imprimée.

Ma tête est trop delabrée pour que je sois en état de dicter des notes récentes. Je me borne à vous dire que la date de ma naissance n'est pas trop exacte dans les notices biographiques sur mon compte. Entre nous soit dit, ces inexactitudes semblent provenir d'erreurs volontaires, qu'on a commises en ma faveur lors de l'invasion prussienne, pour me soustraire au service de Sa Majesté le roi de Prusse. Depuis, toutes nos archives de famille ont été perdues dans plusieurs incendies, à Hambourg. En regardant mon acte de baptême, je trouve le 13 décembre 1799 comme date de ma naissance. La chose la plus importante, c'est que je suis né, et né aux bords du Rhin, où j'avais déjà fait, à l'âge de seize ans, une poésie sur Napoléon, que vous trouverez dans mon „Buch der Lieder", sous le titre „les Deux Grenadiers", et qui vous fera voir que tout mon culte d'alors était l'empereur.

Mes ancêtres ont appartenu à la religion juive; je ne me suis jamais enorgueilli de cette origine, moi qui me sentais déjà assez humilié quand on me prenait pour une créature simplement humaine, pendant que Hégel m'avait fait croire que j'étais un dieu! J'étais si fier de ma divinité, je me croyais si grand, que, quand je passais par la porte Saint-Martin ou Saint-Denis, je baissais involontairement la tête, craignant de me heurter contre l'arc. C'était une belle époque, qui est passée depuis longtemps, et à laquelle je ne puis penser sans tristesse, en la comparant à mon état actuel, où je suis misérablement couché sur le dos. Ma maladie fait des progrès terribles!

Je n'ai pas encore reçu mon „Faust". Aussitôt qu'il arrivera, je vous l'enverrai sous bande.

En vous remerciant de tout l'intérêt que vous me témoignez, je ne saurais assez vous exprimer combien je vous affectionne et quelle haute estime je vous porte. Veuillez en recevoir l'assurance sincère de votre tout dévoué

Henri Heine.

P.-S. J'ai marqué par quelques traits de plume un passage de cette lettre que je vous permets volontiers d'intercaler dans votre article, si vous trouvez occasion de le faire sans que je paraisse y avoir part; je n'ai pas besoin de vous recommander l'à-propos, à vous qui avez fait preuve de tant de tact, et qui avez toute l'adresse d'un diplomate, quoique vous soyez imprégné du génie d'outre-Rhin.

152. An Betty Heine.

Paris, den 5. Dezember 1851.

Liebste Mutter!

Da in diesem Augenblick wieder die größte Aufregung in Paris herrscht, und gestern und vorgestern großes Blutvergießen stattfand, so eile ich, Dir zu melden, daß ich mich wohl befinde und außer dem Bereiche jeder Gefahr bin. Meine Krankheit hat wenigstens den Nutzen, daß ich mich in den Parteikampf nicht mische; wäre ich gesund, so hätte ich jetzt jeden Augenblick Gelegenheit, verstümmelt oder gar totgeschossen zu werden. — Meine Frau läßt sich leider nicht zurückhalten, bei jedem Tumult die Nase auf die Straße hinauszustecken, und war vorgestern mitten im Feuer. Ich habe leider nichts zu befehlen in Frankreich, und wie überall fehlt auch in meinem Hause die notwendige Autorität. —

Mit Ludwig Napoleon, fürchte ich, geht es noch sehr schlecht. Leider hat er nicht begriffen, daß die

Franzosen die Republik zwar nicht lieben, aber doch sie
behalten wollen. Was soviel gekostet hat, läßt man
sich nicht gerne nehmen. —

Wie viele Menschen haben einen Widerwillen
gegen ihre Maitresse, können sich aber doch nicht ent=
schließen, diejenige zu verlassen, für welche sie schon
soviel Geld ausgegeben. —

Das Kistchen mit Büchern habe ich erhalten und
danke für die Sendung. Ich hoffe, daß das Verzeichnis,
das mir nicht zurückgeschickt worden ist, nicht verloren
ging, antworte mir hierüber. Von Gustav habe ich
Brief erhalten, er schreibt darin, daß er seine Frau so
sehr liebe. Leider bemerke ich, daß er meine Geschäfte
nicht so ausgeführt hat, wie er es mir früher glauben
machte, und ich fürchte hier neuen Verdruß einzuernten.

Ich habe Euch in meinem letzten Brief gesagt, daß
ich an Gustav alles zurückgezahlt habe, ich zweifle nicht,
daß Ihr gefühlt habt, warum ich dergleichen erwähne.
Ich bin ein kranker Mensch, und die Stunde kann
immer kommen, wo mir das Reden unmöglich ist. —

Dich, liebes Lottchen, grüße ich herzlich. Grüße
mir Deinen Mann, und küsse meine zwei Nichten und
meinen Neffen, dessen wir hier immer mit vieler Liebe
gedenken. — Meine Verbringerin hat sich eine grüne
Robe angeschafft, welche ich die Vitzliputzlirobe nenne,
ich habe ihr nämlich berechnet, daß die Robe soviel kostet,
wie das Honorar für das Gedicht Vitzliputzli, welches
im „Romancero" enthalten ist. Wir leben in der größten
Harmonie, im schönsten, kostspieligsten Frieden. Wir
sprechen oft von Euch, und oft bis tief in die Nacht
schwatzen wir von der lieben Mutter. Wenn Ännchen

mir schreibt, bitte ich sie, nur recht schwarze Tinte zu
nehmen, da ich meine Familienbriefe immer selbst lese,
und meine Augen besonders im Winter sehr schwach sind.

Der „Romancero" erregt mehr Begeisterung, als
ich erwartete. Ich versichere Euch, es ist ein sehr
schwaches Buch, man darf es aber nicht sagen. Ich habe
es mit gelähmten Kräften geschrieben. —

Ich hoffe, liebe Mutter, daß Du recht wohl bist,
und ich werde immer meine Gesundheit nach der Deinigen
richten. Du verstehst mich. —

Schreib mir bald und viel.

Dein getreuer Sohn

H. Heine.

153. An St. René Taillandier.

Paris, den 25. Oktober 1852.

Liebster Herr Taillandier!

Ich kann Ihnen nicht mit Worten sagen, wie groß
meine Betrübnis ist, daß Sie mir die Ehre eines Be=
suches just in einem Augenblicke zudachten, wo ich an
unserer Nationalkrankheit — ich meine nämlich die
Krankheit aller Menschen von Kopf: die Migräne —
am furchtbarsten litt. Ich hatte mich so sehr gefreut,
Sie wiederzusehen und Ihnen mündlich für all die
viele Liebe und Freundlichkeit, die Sie mir erwiesen
haben, zu danken. Mit Buloz ist mir jüngst ein
Ähnliches passiert, und ich hatte den Schmerz, daß er
mir in einem Moment angekündigt wurde, wo ich eine

schnöde Operation erlitt. Das sind die Nebenfatali=
täten einer Krankheit, die mich immer mehr und mehr
aufzehrt. Ich hoffe, Sie werden gütig genug sein,
solche Zustände berücksichtigend, dennoch wieder eine
Reise nach der Rue d'Amsterdam zu machen, — ich bitte
Sie, kommen Sie so bald als möglich.

Ich habe durchaus nicht vergessen, daß Sie kein
vollständiges Exemplar des „Romancero" besitzen, und
ich schicke Ihnen anbei eine schöne Stereotypausgabe;
ich füge hinzu das „Buch der Lieder" im selben Drucke.
Sobald ich eine ähnliche Ausgabe von meinen „Neuen
Gedichten", die ich jüngst in veränderter Gestalt her=
ausgegeben, erhalten habe, werde ich sie Ihnen eben=
falls zukommen lassen. Ich begleite diese Büchlein mit
einem Exemplar einer neuen Ausgabe des zweiten
Salonbandes, den Sie längst kennen; nur die Vorrede,
die ich mit großer Bekümmernis geschrieben, dürfte
Ihnen etwa Neues bieten.

Indem ich Sie freundschaftlichst grüße, verharre
ich mit Ergebenheit

Ihr

H. Heine.

154. An Betty Heine.

Paris, den 29. Dezember 1852.

Liebste gute Mutter, meine liebe gute Schwester, und
alles, was daran herumbaumelt und bummelt!

Euer Brief, worin die Beschreibung von Mutters
Geburtstagsfeier, habe ich mit Vergnügen erhalten,
und mich recht daran gefreut. — Heute gratuliere ich

Euch) zum neuen Jahre, welches sich ziemlich gut für
mich) ankündigt. Ich) habe die Hoffnung, daß das neue
Jahr besser sein wird, als das alte. Daß ich) Euch alles
Liebe und Gute wünsche, brauche ich) Euch nicht erst
zu sagen. Der Himmel erhalte Euch) im Wohlsein,
Eintracht und guter Laune! Meine Frau läßt eben=
falls gratulieren, und ist eben im Begriff, mit neuen
weißen Vorhängen die Fenster zu verzieren, um das
hereinbrechende Jahr freundlich) zu empfangen. Sie
ist sehr liebenswürdig gelaunt und macht dieses Jahr
weniger Neujahrsgeschenke als sonst, was wirklich) ein
Fortschritt ist. Meinen lieben Neffen Ludwig läßt sie
freundlich) grüßen, und auch) ich) grüße sowohl Ludwig
wie meinen Schwager Moritz. Auch Anna und Lenchen
lasse ich) herzlich) grüßen, und noch) vor Ablauf des
nächsten Monats finde ich) Gelegenheit, sie wissen zu
lassen, daß sie in Paris einen Onkel haben, der sie sehr
liebt. —

Meiner lieben Mutter küsse ich) das ganze Gesicht
und die beiden lieben Hände. Meine Frau sagt, die
liebe Mutter müsse mit der neuen Mütze gewiß sehr
schön ausgesehen haben.

Und nun lebt wohl. Schreibt mir viel und be=
haltet lieb   Euren getreuen

H. Heine.

155. An Betty Heine.

Paris, den 21. Juni 1853.

Liebste gute Mutter!

Ich) weiß nicht, wer von uns beiden dem andern
Antwort schuldig ist, aber zu melden habe ich) nichts,

als daß ich mich wohl befinde, nämlich so wohl, als
man es in meiner langweiligen Krankheit sein kann.
Meine Frau befand sich wohl bis auf gestern Abend,
wo sie etwas klagt, ich hoffe aber, es hat keine Bedeutung. Ich verliere immer gleich den Kopf, sobald
meiner lieben Frau nur das Geringste fehlt. Die
Männer sind große Narren! Die größten Narren sind
aber diejenigen Männer, die ihre Frauen nicht lieben,
da sie doch für dieselben Ausgaben machen müssen,
und sich für dasselbe Geld ein zärtliches Gefühl verschaffen könnten. — Mein liebes Lottchen und die
Kinder lasse ich herzlich grüßen. Meine liebe Nichte
Anna bitte ich noch besonders zu küssen. — Therese
hat mich hier besucht, aber in Gesellschaft von Carl, der
als Schildwache mitgeschickt worden, damit ich nichts
sage, das sie nicht wissen solle. — Ich denke beständig
an Dich, liebe Mutter, und liebe Dich unaussprechlich.

Ich arbeite sehr viel, was mich freilich anstrengt,
aber zugleich wohltätig zerstreut. —

Ich umarme Dich zärtlich, und bitte den lieben
Gott, daß er Euch gesund und heiter erhalte.

Dein getreuer Sohn

H. Heine.

156. An Charlotte Embden.

Paris, den 16. Juli 1853.

Liebste Schwester!

Entschuldige mich, daß ich auf Deinen Brief nicht
gleich geantwortet habe, ich hatte niemand bei der Hand,
dem ich deutsch diktieren konnte. Auf die Anfrage,

welches das eingeschickte Blatt enthält, behufs meiner
Biographie, will ich Dir nur weniges sagen:

Wie ich mit Vor- und Zunamen heiße, weißt Du,
sowie Du auch die Namen unserer Eltern weißt, so
daß Du diese Rubrik selbst füllen kannst. Meine Frau
mit Vor- und Zunamen heißt Mathilde Crescentia
Heine, ich nenne sie am liebsten Mathilde, weil der
Name Crescentia, welcher auch der ihrer Mutter ist,
mir immer in der Kehle wehe tat. Was das Datum
meiner Geburt betrifft, so bemerke ich Dir, daß ich laut
meines Taufscheins den 18. Dezember 1799 geboren
bin, und zwar zu Düsseldorf am Rhein, wie Dir ebenfalls bekannt sein wird. Da alle unsere Familienpapiere
durch die Feuersbrunst in Hamburg zugrunde gegangen
und in den Düsseldorfer Archiven das Datum meiner
Geburt nicht richtig angegeben sein kann aus Gründen,
die ich nicht sagen will, so ist obiges Datum allein
authentisch, jedenfalls authentischer als die Erinnerungen
meiner Mutter, deren alterndes Gedächtnis keine ver-
lorengegangenen Papiere ersetzen kann. — Was die
Unterrichtsanstalten betrifft, worin ich abgerichtet
worden, so sind sie Dir auch bekannt: sie beginnen mit
dem Franziskanerkloster zu Düsseldorf, später verbrachte
ich zwei Jahre in der protestantischen Anstalt von
Bahrenkamp, hernach ging ich die Klassen des Lyceums
durch, welches jetzt das Gymnasium heißt. Sowohl die
Lehrer des Franziskanerklosters, als die des Lyceums
werden meiner Mutter in Erinnerung sein, und ich
glaube, nicht nötig zu haben, sie hierher zu setzen. Auf
den Universitäten zu Bonn, Göttingen und Berlin, wo
ich später lange Zeit zubrachte, habe ich bei sehr be-

rühmten Leuten Unterricht genoſſen, aber es iſt mir zu
langweilig, ihre Namen abzuleiern. Was nun gar die
Bücher betrifft, ſo verweiſe ich in dieſer Beziehung auf
Campe, der da beſſer Beſcheid weiß als ich ſelber, und
er kann Dir beſagte Rubrik füllen. — Im übrigen
brauche ich wohl nichts mehr zu erwähnen, und das
bereits Erwähnte langweilt mich hinlänglich. — —

157. An Alexandre Dumas.

Paris, le 28 mars 1854.

Mon cher Dumas,

La chronique de votre Journal annonce que je
publie en ce moment un nouveau poëme, dont elle
indique même le titre; c'est une nouvelle controuvée.

Je n'ai jamais écrit un poëme qui puisse avoir
un rapport quelconque avec ce titre, et je vous prie,
mon cher ami, d'insérer cette rectification dans
votre journal.

Je ne serais pas fâché si vous aviez l'oblige-
ance d'annoncer en même temps à vos lecteurs que
je ferai paraître sous peu une édition complète de
mes poésies traduites de l'allemand, tant par moi-
même que par des collaborateurs amis.

Ne donnez pas à cette insinuation l'air d'une
réclame, vu qu'elle a uniquement pour but de mettre
mes pauvres poésies à l'abri du zèle malencontreux
de certains littérateurs et industriels, qui veulent
s'ériger en truchements de mes vers sans avoir reçu
pour cela la moindre mission ni de moi-même, ni

de mon auguste père Phœbus Apollo. Après un pareil avertissement, toute tentative ultérieure d'empiéter sur mes prérogatives d'auteur ne serait plus seulement de l'outrecuidance, ce serait de la déloyauté.

Il y a quelques semaines, vous exprimiez dans votre feuille l'intention de venir bientôt me voir. C'était une bonne pensée. Mais je vous préviens que, si vous remettez votre visite encore longtemps, il se pourra bien que vous ne me trouviez plus dans mon appartement actuel, rue d'Amsterdam, 50, et que je sois déjà parti pour une autre demeure, qui m'est tout à fait inconnue; de sorte que je ne pourrai laisser à mon portier ma nouvelle adresse pour le cas où des amis retardataires comme vous viendraient demander après moi. Je ne me fais pas une grande idée de ma future résidence; je sais seulement qu'on y entre par un couloir obscur et fétide, et cette entrée me déplaît d'avance; aussi ma femme pleure quand je parle de ce déménagement.

Madame Heine a bonne souvenance de toutes les amabilités que vous nous avez prodiguées il y a douze ans ou même plus.

Depuis six ans, je suis alité: dans le fort de la maladie, quand j'endurais les plus grandes tortures, ma femme me lisait vos romans, et c'était la seule chose capable de me faire oublier mes douleurs.

Aussi, je les ai dévorés tous, et, pendant cette lecture, je m'écriais parfois: ,,Quel ingénieux poëte que ce grand garçon appelé Alexandre Dumas!"

Certes, après Cervantes et madame Schariar, plus connue sous le nom de la sultane Schehera-

zade, vous êtes le plus amusant conteur que je
connaisse.

Quelle facilité! quelle désinvolture! et quel bon
enfant vous êtes! En vérité, je ne vous sais qu'un
seul défaut: c'est la modestie. Vous êtes trop
modeste.

Mon Dieu! ceux qui vous accusent de vanterie
et de rodomontades ne se doutent pas de la grandeur de votre talent. Ils ne voient que la vanité.
Eh bien, je prétends, moi que, de quelque haute
taille que soit la vôtre, et quelques soubresauts
élevés qu'elle fasse, elle ne saurait atteindre les
genoux, que dis-je! pas êmme les mollets de votre
admirable talent. Encensez-vous tant que vous
voudrez, prodiguez-vous à vous-même les louanges
les plus hyperboliques, donnez-vous-en à cœur joie,
et je vous défie de vous préconiser autant que vous
le méritez pour vos merveilleuses productions.

Vos merveilleuses productions! „Qui, c'est
bien vrai!" s'écrie en ce moment madame Heine,
qui écoute la dictée de cette lettre; et la perruche
qu'elle tient sur la main, s'évertue à répéter: „Oui,
oui, oui, oui, oui!"

Vous voyez, cher ami, que, chez nous, tout le
monde est d'accord pour vous admirer. — A vous
de cœur.   Henri Heine.

158. An den Fürſten Hermann Pückler=Muskau.

Paris, den 1. April 1854.

Ew. Durchlaucht

haben mir einen Beſuch verſprochen, und jetzt ſehe ich
mit einer empfindſamen Ungebuld, wie ſie bei den

Kranken gewöhnlich ist, der Erfüllung jenes Versprechens entgegen. Um ganz sicher zu sein, daß Sie recht bald, und wenn es Ihnen möglich ist, bereits morgen, Sonntag, zu mir kommen, beeile ich mich, Ihnen zu sagen, daß Sie mir durch Ihren Besuch nicht bloß eine Freude bereiten, sondern auch einen Dienst erweisen. Ich habe nämlich die Absicht, Sie wegen einer sehr wichtigen Sache zu konsultieren; und wenn mir da auch Ihr Rat nicht viel hälfe, so wäre die Besprechung mit einem Manne von soviel Geist und Gemüt für mich wenigstens eine große Herzenserleichterung in einem Augenblick, wo ich keinen vernünftigen Menschen sehe, welcher der transrhenanischen Zustände nur halbwegs kundig wäre. Ehrlich gesagt, ich darf auch denjenigen Landsleuten, die sich am eifrigsten hier um mich zu bekümmern scheinen, kein sonderliches Zutrauen schenken. Sie finden mich zu jeder Tagesstunde bereit, Sie zu empfangen. Ich bitte Sie, niemandem zu sagen, daß ich Sie noch durch einen besonderen Beweggrund antreibe, Ihren freundlichen Besuch nicht länger aufzuschieben. Ich setze voraus, daß Sie von Ihrer Unpäßlichkeit wieder befreit sind.

Mit der Bewunderung, die ich immer Ihrem Genius zollte, und mit den Gefühlen der Dankbarkeit, welche ich Ihnen schulde für die große Teilnahme, die Sie mir erwiesen, verharre ich

Ew. Durchlaucht getreusam ergebenster

Heinrich Heine.

159. An Betty Heine.

Paris, den 31. August 1854.

Liebe gute Mutter!

Ich habe Dir heute eine große Nachricht mitzuteilen. Ich habe nämlich meine alte Wohnung in Paris ganz aufgegeben, und ich wohne jetzt nahe bei der Barrière von Paris, in einem Hause, welches ich ganz allein okkupiere, und wozu ein ganz großer Garten mit ganz großen Bäumen gehört, und wo ich die schöne Jahreszeit aufs kostbarste genießen kann. Ich habe, um diese Revolution zu machen, die größten Geldopfer aufgewendet, und bereue es wahrlich nicht, da meine Gesundheit so außerordentlich dadurch gefördert wird. Mein System ist jetzt, alles für meine Gesundheit zu tun und nichts für andere, nicht einmal für die Verbringerin, der ich doch nicht genug hinterlassen könnte. — Meine Adresse ist: aux Batignolles, grande rue No. 51 à Paris.

Du hast keinen Begriff, liebe Mutter, wie sehr die gute Luft und der Sonnenschein, den ich in meiner alten Wohnung gar nicht hatte, mir wohl tut. Gestern saß ich, wohler als je, unter den Bäumen meines eigenen Gartens und aß die schönen Pflaumen, die mir überreif fast ins Maul fielen. Ich dachte an Euch und nahm mir vor, Euch gleich heute zu schreiben, obgleich ich noch in der größten Verwirrung bin. — Meine Frau, die sich immer, wenn sie von sich selber spricht, auf deutsch „meine Frau" nennt, was sich sehr komisch papageienhaft ausnimmt, läßt Euch herzlich grüßen. Sie läßt mir eben sagen: „dis à ma mère que meine Frau est très ocupée, et que meine Frau l'embrasse mille fois." —

Mein Lottchen, sowie auch die jungen Damen und Ludwig, ebenfalls Moritz, lasse ich herzlich grüßen. — — —

Ich habe die Korrektur von zwei Bänden eines Werks ganz an Campe überlassen, und ich will lieber einige Jahre weniger unsterblich sein, als meine Augen zu sehr anstrengen. —

Behaltet lieb

Euren getreuen

H. Heine.

160. An St. René Taillandier.

Paris, novembre 1854.

Mon cher monsieur Taillandier!

J'ai encore à vous remercier de la traduction de mes poésies, qui a eu, comme on me dit, un succès foudroyant. Vous m'avez fait un grand plaisir, et rendu en même temps un grand service, un service pour ainsi dire cuit à point.

N'ayant pas encore reçu de Hambourg les exemplaires de la Lutèce, j'ai été dans la nécessité d'en demander quelques-uns à la librairie de Frank et je m'empresse de vous envoyer ce livre, qui, j'espère, vous amusera beaucoup.

Je ne sais si je vous ai dit que Cotta est consterné de l'infâme perfidie qu'on a ourdie contre moi dans la Gazette d'Augsbourg, pendant l'absence du rédacteur en chef, mon ami Kolb, qui était en Suisse, et qui, depuis, se trouve mortellement malade à Stuttgart. Vous voyez que la bonne foi ne réside pas dans la vieille Allemagne, comme des touristes sentimentaux veulent le faire croire aux Français.

Depuis deux jours, je suis installé dans mon nouvel appartement, où j'espère vous voir bientôt.

Votre tout dévoué

Henri Heine.

161. An Michel Chevalier.

Paris, 18 février 1855.

Mon cher ami!

Je ne sais si vous m'accordez encore le droit de vous donner ce nom, car je m'aperçois que dans ce pays de l'instabilité tout subit la loi de la prescription, et que l'amitié n'y est nullement viagère. Quant à moi je suis un malheureux qui ne change que de chemise, et encore j'espére que bientôt je pourrai me soustraire aussi à ce changement et que j'aurais endossé ma dernière chemise. Ma maladie va de mal en pis.

Je vous envoie la nouvelle édition de mon livre de l'Allemagne; ce n'est plus le même livre, vu qu'une partie du premier volume et tout le socond contiennent du nouveau. Je n'ai pas besoin de vous dire que la préface n'est pas à votre adresse; je me repens presque aujourd'hui de l'avoir écrite; mais j'étais dans un moment de juste indignation. Il ne s'agit pas ici d'Enfantin, qui n'était jamais pour moi autre chose qu'un mythe; lui aussi ne s'est guère préoccupé de moi, pas plus que si je m'appelais Osiris — quoiqu'il ait bien su que ce pauvre Osiris était très souffrant, depuis qu'il a été déchiré en morceaux par le méchant Typhon. Je lui ai écrit une fois, non au Dieu Typhon, mais au divin Enfantin; cependant, depuis sa missive datée des bords du Nil, il ne m'a honoré d'aucune ligne. C'est un Dieu et il peut dire: prosternez-vous ou reniez-moi! Ce que je viens de faire, c'était mon droit et il ne peut pas m'en vouloir. J'en ai renié bien d'autres qui valaient mieux. Ce n'est donc pas d'un Dieu que je me plains: le griefs m'arrivent de plus bas. — Mon cher Michel, mon engouement à réclamer les droits de la matiére a cessé depuis que je vois combien cette matiére devient envahissante, après s'être vu un peu réhabilitée; elle ne se contente plus d'être établie sur un pied d'égalité avec l'esprit, non d'usurpation en usurpation elle va jusqu'à insulter l'Esprit. Ah, Madame la matière, c'est très bête à vous, et vousê tes une sotte!

Je me tais car ce que j'allais dire devient très mesquin de ma part. D'ailleurs il n'y a rien de plus niais que de se plaindre par le temps qui court. Je devrais même m'abstenir de me plaindre de ma santé.

J'ai déguerpi de la rue d'Amsterdam et je demeure à présent aux Champs-Élysées, 3, avenue Matignon.

Soyez persuadé que je vous aime beaucoup et que je serai jusqu'à ma dernière heure, mon cher Michel, Votre tout dévoué

Henri Heine.

Paris, 6 mars 1855.

Monsieur,

J'ai l'honneur de vous envoyer ci-joint un exemplaire de ma dernière publication allemande, que je vous prie de vouloir bien accepter comme un témoignage de ma respectueuse sympathie pour votre personne. Le second et le troisième volume de cette publication forment un ouvrage à part que j'ai intitulé Lutèce et dont une version française paraîtra le mois prochain. J'avais retardé l'envoi de mon livre dans l'espoir de vous présenter en même temps cette traduction française; mais de raisons d'une susceptibilité presque sentimentale dont vous souririez sans doute, me font vivement désirer de voir ce livre déjà à présent dans vos mains. Du moins, si des insinuations malveillantes sur ce livre par rapport à vous, Monsieur, ont su vous approcher, je vous sais ainsi en état de vous convaincre par vous-même que je ne suis pas le méchant homme qui aurait vilipendé M. Guizot. Le but de mon livre de Lutèce n'échappera point à votre perspicacité, et si vous prenez réellement la peine de le lire, vous avouerez, j'aime à le croire, que j'ai fait quelque chose pour faire vivre dans la mémoire de ceux qui viendront après nous les quelques années de l'époque parlementaire dont on ne saurait assez apprécier l'importance pour l'histoire et dont on oubliera le véritable génie à cause du grand tumulte des événements et des passions effrénées qui, depuis, ont envahi la société entière. Dans le drame de cette époque, la postérité ne

verra que trois personnages: Louis-Philippe,
M. Thiers et M. Guizot, et ce sont naturellement
les trois héros de mon livre.

Veuillez agréer l'assurance de ma haute ad-
miration et du profond respect avec lequel je suis,
Monsieur,

Votre tout dévoué serviteur.

163. An Dr. L. Wertheim.

Paris, den 28. April 1855.

Liebſter Wertheim!

Da Sie mich ſehr freundſchaftlich vernachläſſigen,
und ich Sie oft Ewigkeiten lang nicht ſehe, ſo will ich
heute, um Ihres Beſuches ganz ſicher zu ſein, Ihnen
ſagen, daß ich Sie für eine höchſt wichtige, in Ihren
ärztlichen Beruf einſchlagende Sache zu ſprechen habe.
Es iſt alſo nicht bloß als Freund, ſondern auch als
Arzt, daß ich Sie ſehen will. —

Ich befinde mich ſehr ſchlecht, und Gruby, welcher
mich eben verläßt, ſagt mir, daß er Sie geſtern geſehen.
Der alte Jaubert iſt die Treppe hinabgefallen und hat
ſich ſehr beſchädigt. Meine „Lutetia" auf franzöſiſch
macht hier viel Spektakel; ob ſie gefällt, weiß ich nicht,
iſt mir auch ſehr gleichgültig. Nur Narren wollen
gefallen; der Starke will ſeine Gedanken geltend machen.

Ihr freundſchaftlich ergebener

Heinrich Heine.

164. An Camille Selden.

Liebenswürdigste und reizendste Person!

Ich bedaure lebhaft, Sie neulich so wenig gesehen zu haben. Sie haben mir einen sehr angenehmen Eindruck hinterlassen, und ich empfinde ein großes Verlangen, Sie wiederzusehen. Kommen Sie von morgen ab, wenn es Ihnen möglich ist, unter allen Umständen, kommen Sie so bald wie möglich. Ich bin bereit, Sie zu jeder Stunde zu empfangen, jedoch wäre mir's am liebsten von vier Uhr bis — so spät wie Sie wollen.

Ich schreibe Ihnen selbst, trotz meiner schwachen Augen, und zwar, weil ich im Augenblick keinen Sekretär habe, auf den ich mich verlassen kann. Meine Ohren sind betäubt von allerlei widerwärtigem Geräusch, und ich bin die ganze Zeit über sehr leidend gewesen.

Ich weiß nicht, warum Ihre liebevolle Sympathie mir so wohltut; ich abergläubisches Wesen — bilde ich mir doch ein, mich habe eine gute Fee in der Stunde der Trübsal besucht. Nein, war die Fee gut, so war auch die Stunde eine Stunde des Glücks. Oder wären Sie eine böse Fee? Ich muß das bald wissen.

Ihr Heinrich Heine.

165. An Camille Selden.

Paris, le 20 juillet 1855.

Ma chère amie!

Vous êtes à Paris et pourtant vous tardez encore à venir me serrer la main. J'ai grande

envie de sentir le musc de vos gants, d'entendre
le son de votre voix, de poser une empreinte vivante sur votre Schwabengesicht. — Ne vous
fâchez pas: — quelque gracieuse que vous soyez,
vous avez une figure de Gelbveiglein souabes!

Mais venez bientôt. Tout à vous,

Henri Heine.

166. An Camille Selden.

Paris, den 15. August 1855.

Liebstes Wesen!

Ich schrieb Ihnen gestern diese Zeilen, ohne sie
indessen abzusenden; denn ich war so krank! — Heute
höre ich zu meinem lebhaften Bedauern, daß Sie gestern
gekommen sind, und ich beeile mich, Ihnen zu schreiben
und Sie zu bitten, bald, aber recht bald diesen Besuch zu
wiederholen. Ich bin viel wohler. Tausend Dank für
die Gedichte, obwohl ich sie noch nicht gelesen habe.

Allerzärtlichst

der Ihrige

Heinrich Heine.

167. An Camille Selden.

Sonntag, den 30. September 1855.

Liebes Herz!

Das Wetter ist schlecht, mit mir steht's ebenso
schlecht wie mit dem Wetter, und ich will meine Lotos-

blume nicht den Unbilden dieser spleenigen Nebel aus=
setzen. Ach du lieber Gott, wie gern gäbe ich Ihnen
einen jener strahlenden indischen Sonnentage, wie man
sie an den Ufern des Ganges erlebt und wie sie sich für
die Lotosblumen schicken.

Komm' bald — aber wie gesagt, nicht heute. Ich
erwarte Sie am Mittwoch Nachmittag.

Hoffentlich paßt Ihnen der Tag.

Je pose etc.   H. Heine.

168. An Camille Selden.

Liebste, zierlichste Katze!

Ich will Sie morgen, Mittwoch, nicht sehen, und
zwar, weil ich eine Migräne nahen fühle; wenn Sie aber
einige Augenblicke am Freitag nachmittag bei mir zu=
bringen können, so würde mich das dafür entschädigen,
daß ich Sie so lange nicht sehen kann. Von Freitag
ab sollen mir alle Tage recht sein, und je öfter Sie
kommen, desto glücklicher für mich.

Meine gute, reizende, holde Mouche, komm' und
sumse mir um die Nase mit Deinen kleinen Flügeln!
Ich kenne ein Lied von Mendelssohn mit dem Refrain:
„Komm bald!" Diese Melodie klingt mir fortwährend
durch den Kopf; „Komm' bald!"

Ich küsse die beiden lieben Pfötchen, nicht auf ein=
mal, sondern eines nach dem andern.

Leb' wohl.

Heinrich Heine.

169. An Camille Selden.

Mittwoch, 3 Uhr [November 1855].

Liebſte Seele!

Bin ſehr elend. Huſtete vierundzwanzig Stun=
den lang; daher heute Kopfſchmerz, wahrſcheinlich auch
morgen, deshalb bitte ich die Süßeſte, ſtatt morgen
(Donnerstag), lieber Freitag zu mir zu kommen. Bis
dahin muß ich lungern. Mein Serinsky hat für die
ganze Woche ſich krank melden laſſen. Welche un=
behagliche Mißſtände! Ich werde faſt wahnſinnig vor
Ärger, Schmerz und Ungeduld. Ich werde den lieben
Gott, der ſo grauſam an mir handelt, bei der Tier=
quälergeſellſchaft verklagen. Ich rechne auf Freitag.
Unterdeſſen küſſe ich in Gedanken die kleinen pattes
de mouche.

Dero wahnſinniger

H. H.

170. An Camille Selden.

Liebſte Seele!

Ich bin ſo verwirrt, daß ich nicht mehr weiß, ob
ich Sie gebeten habe, heute Donnerstag, oder erſt
morgen, Freitag, zu kommen.

Heute bin ich leidend, und um ſicher zu gehen,
wollen wir Ihren lieben Beſuch auf nächſten Sonn=
abend legen, aber dann rechne ich auch darauf. —
Komm' bald! —

311

Ich benuße die Gelegenheit, um Ihnen das Manu=
ſkript der Gedichte zu ſchicken, und bitte Sie, es wieder
mitzubringen, damit Sie nach erfolgter Durchſicht es
mit mir zuſammen leſen und mir Ihre Bemerkungen
über die vielleicht zweckmäßigerweiſe vorzunehmenden
Änderungen mitteilen können.

Liebſtes, geliebtes Geſchöpf! ich bin ſehr krank,
moraliſch ebenſo krank wie phyſiſch. Die deutſche Ehr=
lichkeit und Redlichkeit benehmen ſich gegen mich
hundsföttiſch.

Ich ſchließe die Lotosblume in meine Arme und bin

Ihr ergebener

Heinrich Heine.

171. An Michel Lévy.

Paris, 6 décembre 1855.

Mon cher Lévy!

Veuillez me dire pourquoi je ne reçois plus
d'épreuves? je dois présumer que vous voulez retarder l'impression à cause du nouvel an; c'est
aussi mon idée, que mon livre ne doit paraître
qu'au milieu du mois prochain (il se vendra bien
sans l'attrait du cadeau d'étrennes), mais je désire
pas l'interruption de l'impression; cependant c'est
votre affaire.

En attendant, ayez la bonté de dire à l'imprimeur que je désire revoir mon manuscript et
qu'il m'envoie ce manuscript du 2ᵉ volume des
Reisebilder en m'indiquant jusqu'où la composition
est déjà faite; j'ai beaucoup de changements à faire
dans les feuilles dont je n'ai pas encore reçu des

épreuves, et si je les faisais à présent, sur le manuscript, le prote aura une besogne moins fastidieuse. Enfin je lui épargne une peine en ne faisant pas plus tard ces changements sur des épreuves déjà paginées.

J'étais si malade ces jours-ci que quelque compatriotes allemands qui sont venus à Paris pour voir l'exposition ont retardé leur retour en Allemagne dans l'espérance de pouvoir assister à mes funérailles; ils en sont pour leurs frais. Je suis encore très faible et abruti par la souffrance. Ne tardez pas trop de venir me voir; ne craignez pas que je vous retienne trop longtemps à causer; je ne peux pas parler.

N'oubliez pas le manuscript que je redemande pour quelques jours.

Votre tout dévoué.

Henri Heine.

172. An Camille Selden.

Süßeste, feinste Mouche!

Oder soll ich von Ihrem Siegelring absehen und Sie nach dem Parfüm Ihres Briefes benennen? In diesem Falle müßte ich Sie nennen: „Zierlichste Moschusfatze".

Ich habe Ihren Brief gestern erhalten, — die pattes de mouche hüpfen mir beständig im Kopfe herum, vielleicht gar im Herzen. Mein lebhaftester Dank

für all die Zuneigung, die Sie mir bekunden. Die
Übersetzung der Gedichte ist sehr schön, und ich wieder=
hole, was ich Ihnen vor Ihrer Abreise darüber gesagt
habe. Auch ich freue mich, Sie bald wiederzusehen
und auf das liebe Schwabengesicht poser une empreinte
vivante zu können. Ach, dieser Satz würde eine weniger
platonische Bedeutung gewinnen, wenn ich noch ein
Mann wäre! Aber ich bin nur noch ein Geist; das mag
Ihnen schon ganz recht sein, mir aber behagt es
nur so so.

Die französische Ausgabe meiner Gedichte erscheint
soeben und macht Furore. Es kann aber immerhin noch
zwei oder drei Monate dauern, ehe die noch nicht ver=
öffentlichten Gedichte, z. B. der „Neue Frühling“, in
einem der letzten Bände der französischen Ausgabe
erscheinen werden. Sie sehen, Sie haben nicht viel
versäumt.

Ja, ich freue mich, Sie wiederzusehen, holde
Mouche meiner Seele! Die anmutigste der Moschus=
katzen und doch zugleich lieblich wie eine Angorakatze,
gerade die Art, die ich gern habe.

Früher habe ich lange Zeit die Tigerkatzen geliebt,
aber die Sorte ist zu gefährlich und die empreintes vi-
vantes, die sie manchmal auf meinem Gesicht hinter=
ließen, waren sehr fatal.

Mir geht's immer noch sehr schlecht, fortwährend
Widerwärtigkeiten, Wutanfälle, — Wut über meinen
verzweifelten Zustand.

Ich bin ein Toter, den es dürstet nach den glü=
hendsten Genüssen, die das Leben gewährt! Es ist
entsetzlich.

Lebe wohl! Möge Ihnen das Bad Stärkung und Gesundheit bringen.

Herzlichste Grüße

von Ihrem Freunde

Heinrich Heine.

173. An Camille Selden.

Liebstes Geschöpf!

Ich habe heut entsetzliches Kopfweh und fürchte die Folgen dieser Migräne für morgen. Ich bitte Sie demnach, nicht morgen, Sonntag, zu kommen, sondern erst Montag, es sei denn, Sie hätten in meinem Viertel zu tun, in welchem Falle Sie auf Ihre Gefahr herankommen mögen.

Ich habe ein großes Verlangen, Dich wiederzusehen, letzte Blume meines trübseligen Herbstes, tolle Geliebte.

Ich bin nach wie vor mit toller Zärtlichkeit

Dein ergebener

Heinrich Heine.

174. An Camille Selden.

Heute keine Schule, denn der Schulmeister ist noch nicht „curé", wie das alte Weib Liszt sagt; darum will ich auf Deinen Besuch verzichten. Laß mich aber

wissen, ob Du morgen, Montag, kommen kannst. Ich
habe starkes Kopfweh; es wäre selbstsüchtig, Dich
kommen zu lassen, ohne mich mit Dir unterhalten zu
können.

Deiner Antwort gewärtig, bleibe ich

der liebsten Mouche

allertollster

Heinrich Heine.

175. An Camille Selden.

Liebes Kind!

Ich gratuliere Dir zum neuen Jahre und schicke
Dir anbei eine Schachtel Schokolade — die wenigstens
de bon goût ist. Ich weiß sehr gut, daß es Dir nicht
ganz recht ist, wenn ich dergleichen Konvenienzen be=
obachte, aber es geschieht auch unserer äußeren Um=
gebung wegen, die in der Nichtbeachtung der üblichen
Aufmerksamkeit einen Mangel an wechselseitigem Estime
sehen würde. Ich liebe Dich so sehr, daß ich für meine
Person gar nicht nötig hätte, Dich zu estemieren. Du
bist meine liebe Mouche, und ich fühle minder meine
Schmerzen, wenn ich an Deine Zierlichkeit, an die An=
mut Deines Geistes denke. Leider kann ich nichts für
Dich tun, als Dir solche Worte, „gemünzte Luft", sagen.
Meine besten Wünsche zum neuen Jahr, ich spreche sie
nicht aus — Worte!

Ich bin vielleicht morgen imstande, meine Mouche zu sehen, dann lasse ich es ihr wissen. Jedenfalls aber kommt sie übermorgen zu ihrem

Nebukadnezar II.,

ehemaliger königlich preußischer Atheist, jetzt Lotosblumenanbeter.

176. An Camille Selden.

Paris, den 11. Januar 1856.

Liebes Kind!

Ich habe einen Anfall von Migräne, der, wie ich fürchte, noch bis morgen anhalten oder noch schlimmer werden wird. Ich schreibe Dir eiligst, um Dich wissen zu lassen, daß morgen keine Schule ist, und daß Du folglich über Deinen Nachmittag ganz nach Belieben verfügen kannst. Ich rechne aber auf Dich übermorgen, Sonntag. Solltest Du nicht kommen können, so laß mich's wissen, liebstes, süßes Kind.

Ich werde Dich niemals prügeln, selbst wenn Du eine solche Strafe durch allzu große Dummheit verdienen solltest. Um die Rute zu schwingen, bedarf es vor allem einer größeren Kraft, als ich sie besitze. Ich bin niedergedrückt, leidend und traurig.

Küsse die pattes de mouche.

Dein Freund

Heinrich Heine.

Paris, 11 février 1856.

Mon cher monsieur Lévy.

J'ai attendu en vain jusqu'à ce moment une seconde épreuve de la 16ᵉ feuille que l'imprimeur m'avait envoyée l'autre jour pour répondre à votre exclamation. Je vous ai déjà dit que c'est une feuille très scabreuse, et que je tiens fort à me rassurer sur le compte des corrections — je ne serai pas tranquille avant d'avoir reçu une seconde épreuve pour me rassurer à cet égard. — Aussitôt que j'aurai cette épreuve, je rendrai aussi les autres feuilles, qui finissent le livre. Je ne sais pas si c'est exprès que vous mettez sur le titre l'année 1855.

Est-ce que M. Théophile Gautier vous a envoyé quelque chose pour les Reisebilder?

Votre tout dévoué

Pour M. Henri Heine.

Anmerkungen.

Die Grundsätze der Auswahl und Herausgabe sind dieselben geblieben wie im ersten Bande. Aus der Pariser Zeit des Dichters sind bedeutend mehr Briefe erhalten, als aus den Jugend- und Wanderjahren, so daß von dem auf uns gekommenen Briefgut ein großer Teil mit Rücksicht auf den verfügbaren Raum, wegfallen mußte. Es war die Absicht des Herausgebers, daß die aufgenommenen Briefe in ihrer Gesamtheit ein möglichst vollständiges Bild von Heines innerem und äußerem Leben bieten sollten und besonders die Entstehungsgeschichte seiner Werke lebendig spiegelten. Um den Genuß einer fortlaufenden Lektüre nicht zu stören, sind Wiederholungen nach Möglichkeit vermieden worden, während um den gesamten, großen Umfang seiner geistigen und persönlichen Beziehungen aufzuzeigen, auch hier und da ein Schreiben des Dichters aufgenommen ist, das geringeres Interesse erregt. — Wer die einzelnen Veröffentlichungen von Heines Briefen in ihrer zeitlichen Folge kennen zu lernen wünscht, sei auf die einleitenden Worte in den „Anmerkungen“ des ersten Bandes verwiesen, wo sich auch einige wenige bibliographische Winke finden, die dem Weiterstrebenden den Weg zeigen. Nachgetragen seien aus der jüngsten Heine-Literatur die schönen Aufsätze von Hermann Hüffer (Heinrich Heine. Berlin 1906), die von Elster's Hand pietätvoll gesammelt, die „Heine-Philologie“, wenn auch nicht die ganz zünftige, von erfreulicher Seite zeigen und für denjenigen, der das Treiben im Lager der Heine-Gegner kennen zu lernen wünscht, das Buch von Adolf Bartels: Heinrich Heine. Auch ein Denkmal. Dresden und Leipzig 1906. —

*   *   *

1. „Die Macht der Dinge": Anspielung auf das Trauerspiel Ludwig Robert's, des Schwagers Varnhagens: „Die Macht der Verhältnisse." — „Madame Valentin": in deren Hause er in Paris verkehrte. Vgl. (auch zu dem folgenden): Strodtmann, H. Heine's Leben und Werke. 2. Aufl. II., S. 14 f. — Moritz „Schlesinger", dessen musikalische Soiréen Heine gelegentlich besuchte. — „Dr. Donndorf": ein ehemaliger Göttinger Studienfreund. — „eine große Hand": vermutlich die des Fürsten Metternich. Vgl. auch Bartels, H. Heine 1906. S. 42.

2. Moses Moser, der langjährige, treue Freund (vgl. die zahlreichen Briefe an ihn im ersten Bande dieser Ausgabe) hatte Heine's Vorgehen gegen Platen (vgl. die Briefe 138 ff. nebst Anmerkungen im ersten Bande) nicht gebilligt und ihm Poeteneitelkeit vorgeworfen. Es ist dies gleichsam der Absagebrief an Moser, den er allzu leichten Herzens aufgibt. Später hat er ihm nur noch einmal, am 8. November 1836, geschrieben.

3. Den Grafen Magnus von Moltke, dessen Anschauungen über den Adel Heine in seiner Vorrede zu den „Kahldorf'schen Briefen" (vgl. Bd. I, Brief 154) entgegengetreten war, lernte der Dichter in Paris flüchtig kennen und gab ihm eine persönliche Hochachtungserklärung, die er öffentlich in der „Allgemeinen Zeitung" wiederholte. Vgl. Strodtmann a. a. O. und Bartels, H. Heine 1906, S. 32.

4. „Herr Donndorf": vgl. Anm. 1. — „Kolb": Dr. Gustav K., mit dem Heine während seiner Münchener Redaktionstätigkeit an den „Neuen Politischen Annalen" (vgl. Bd. I, Brief 119 ff.) intimer verkehrt hatte und der im Winter 1831 in Paris lebte, um die französischen Zustände kennen zu lernen und für die „All-

gemeine Zeitung", deren Chefredakteur er später wurde, Mitarbeiter
zu werden. — „nach dem Abdruck des überschickten Gemälde=
berichts": abgedruckt im Cotta'schen „Morgenblatte" 1831.
Nr. 257—74. Heine schildert darin den gewaltigen Eindruck des
„Salons" von 1831 und lenkt die Aufmerksamkeit der deutschen
Künstler auf den großen Fortschritt, den die französische Malerei
in jüngster Zeit durch Männer wie Horace Vernet, Delacroix,
Decamp, Leopold Robert, Paul Delaroche gemacht hat.

5. „Der beiliegende Aufsatz": „Allgemeine Zeitung" 1831.
Nr. 73. „Französische Zustände". Paris, 1. März. Für diesen
und die folgenden Beiträge Heine's zur „Allgemeinen Zeitung"
sei ein für allemal auf die sorgfältige Zusammenstellung Friedrich
Meyer's in seinem „Verzeichnis einer Heinrich Heine=Bibliothek"
Leipzig 1905, S. 31 ff. hingewiesen. — Die „Tribüne": das
Hauptorgan der französischen Republikaner.

6. Den Brief an Thiersch hat Elster 1899 in der „Deut=
schen Dichtung" Bd. 27, H. 1. veröffentlicht. — „Herr Prévost":
nach einer ansprechenden Vermutung, die Elster mitteilt, L. Prévost,
der Verfasser eines Buches über Hegel. — „Sie ... haben
unterdessen Griechenland erobert": Thiersch lebte 1831—32 in
Griechenland, wo er für die Wahl des Prinzen Otto von Bayern
zum König wirkte.

7. „Mit dem Saint=Simonismus": jenem Gedankengebäude
des Grafen Claude Henri Saint=Simon, das darin gipfelte,
„alle Verhältnisse und Gegensätze der menschlichen Gesellschaft
mit festen Grundsätzen mittels einer allgemeinen physiko=politischen
Wissenschaft zu ordnen". Seine Schüler führten seine Ideen
sowohl nach der ethisch=religiösen wie nach der sozialpolitischen
Seite weiter aus und gewannen, namentlich mit der Julirevolu=
tion, in Paris ständigen Boden. Auch Heine gehörte in Paris
bald zu der engeren Gemeinde. Vgl. über den Saint=Simonismus
und Heines Stellung zu ihm: Strodtmann, H. Heines Leben und
Werke. Bd. 2, S. 66 ff. „Michel Chevalier", gleichfalls Saint=
Simonist, der die Lehre besonders nach der volkswirtschaftlichen

Richtung ausbaute, aber gleich vielen anderen Ende des Jahres 1831 aus der „Gemeinde" austrat. In der Folge zog sich Enfantin, ein Hauptschüler Saint=Simons, mit einer Schar von Anhängern aus Paris zurück. — „Fürst Pücklers neuere zwei Bände": die Briefe eines Verstorbenen, die in der 2. Aufl. von 1832 4 Bände umfaßten.

8. „Obgleich an einer lahmen Hand leidend": Mit diesen ersten Lähmungserscheinungen beginnt nach Rahmer „H. Heines Krankheit und Leidensgeschichte. 1901, S. 20 ff. die „Zentralerkrankung Heine's". — „Dr. Christiani": Rudolf Christiani, den Heine 1823, beim Besuch seiner Eltern in Lüneburg kennen gelernt hatte. — „der Mirabeau der Lüneburger Heide": scherzhafte Anspielung auf Christianis Teilnahme an der Beratung eines neuen hannoverschen Staatsgrundgesetzes. Vgl. Elster, Deutsche Rundschau 108, S. 139 und H.'s Gedicht an Chr. Werke (Elster) Bd. I. S. 302. — „Plapperlotte"! Heine's Schwester, Charlotte Embden.

9. „Legationsrat Dr. Lindner": Heine's früherer Mitredakteur der Cotta'schen „Neuen Politischen Annalen" in München. — „Tjutchefs": der Dichter Feodor Iwanowitsch T. zur Zeit von Heine's Aufenthalt in München Attaché der dortigen russischen Gesandtschaft. Mit ihm, seiner Gemahlin, einer geborenen Gräfin Bothmer und seiner Schwester unterhielt H. rege, herzliche Beziehungen. — „Professor Oppenheim": der Frankfurter Maler Moritz O., dem Heine 1827 bei der Durchreise zu einem Porträt gesessen hatte, das später in den Besitz von Julius Campe überging. Vgl. dazu den Brief Heine's an O. vom 25. Juli 1851, die Beschreibung des Bildes bei Strodtmann a. a. O. I, 670 f. und die „Erinnerungen" von Oppenheim, die Karpeles in der „Deutschen Revue" im Augustheft 1897, S. 151 f. mitteilt.

10. „die Europe littéraire", jenes von Victor Bohain 1833 gegründete Zeitungsunternehmen, das, mit großem Pomp inszeniert, nur der Wissenschaft und den schönen Künsten dienen sollte, es aber nicht einmal zu einem vollen Jahrgange brachte. Heine, sogleich als Mitarbeiter gewonnen, schrieb für das Blatt eine Reihe

322

zusammenhängender Artikel über neuere deutsche Literatur, die später in dem Buche „De l'Allemagne" von neuem veröffentlicht wurden.

11. „die Vorrede": zu den „Französischen Zuständen", (Werke [Elster] Bd. V, S. 11 ff.), welche von der Zensurbehörde arg verstümmelt worden war. — „Professor Raumer": der Historiker Friedrich v. R., seit 1819 Professor an der Berliner Universität. — „Der Titel der Broschüre ist ‚Vorrede'": Campe gab die Broschüre in Druck, doch noch vor der Ausgabe erfolgte von Heine der Befehl, sie zu vernichten. Das geschah, bis auf e i n Exemplar, nach dem später für die Gesamtausgabe der „Werke" die alte Gestalt wieder hergestellt werden konnte. Unerklärlicher Weise ließ aber H. bereits im Juli 1833 die inkriminierte „Vorrede" als Broschüre bei Heideloff u. Campe in Paris, zugleich mit einer Übersetzung der „Französischen Zustände" drucken. — Vgl. die Briefe an Laube vom 10. Juli und an Varnhagen vom 16. Juli 1833. Jedenfalls hat H. die Veröffentlichung veranlaßt und später anderen Personen zur Last gelegt. — „das Manuskript von G.." Geiger, der Herausgeber der „Vorrede" bei Heideloff u. Campe.

12. „Unsere Freundin": Rahel Varnhagen, die am 7. März 1833 gestorben war. — „ein Artikel über Litteratur (den ich für die Europe littéraire geschrieben)": État actuel de la littérature en Allemagne, deutsch u. d. T. „Zur Geschichte der neueren schönen Literatur in Deutschland." — „bei Roberts Erlöschen . . . .": Ludwig R., der Schwager Varnhagens, und seine Frau waren im Juli 1832 in Baden-Baden fast gleichzeitig der Cholera erlegen. — „Koreff": Dr. Ferdinand K. war Varnhagen von seiner früheren Tätigkeit als Adlatus des Staatsministers Hardenberg in Berlin her bekannt. Auch als Dichter genannt, lebte später als Arzt in Paris.

13. „neuer Freund": Laube hatte soeben die Redaktion der „Zeitung für die elegante Welt" in Leipzig übernommen und sich an Heine um Beiträge gewandt. — „mein Programm zur deutschen Litteratur": „Zur Geschichte der neueren schönen Litteratur in

Deutschland“. Paris und Leipzig, Heideloff u. Campe 1833. —
„eine Selbstbiographie“: Laube hatte Heine für ein „geplantes
Taschenbuch“ um poetische Beiträge, eine Selbstbiographie und
ein Bild gebeten. Vgl. Houben, Zeitschrift für Bücherfreunde
Bd. 9, 1, S. 32. 1905. — „in betreff meiner Lieder, die im
‚Freimütigen‘ stehen sollen: „Der Freimütige“ 1833. Nr. 5.
6. 15. 32. 33. 61. „Verschiedene, von H. Heine“. Seraphine.
Clarisse. Hortense. Angelique. Diane. Sämtl. Werke (Elster)
Bd. I, S. 225 ff. — „Was Sie über mich geschrieben“: in der
„Zeitung f. d. elegante Welt“.

14. „Ihr plötzliches Beitreten“: in der „Zeitung für die
elegante Welt.“

15. Von Elster in der „Deutschen Rundschau“ 1901.
Bd. 108, S. 140 veröffentlicht, vorher im Auszug bereits in
Maximilian Heine’s „Erinnerungen“ mitgeteilt. — „mein liebes
Mühmchen Charlotte“: eine Tochter von Isaak Heine, des ältesten
Bruders von Heine’s Vater. — Vgl. die witzig erzählte Geschichte
dieser Verlobung in Maximilian Heine’s „Erinnerungen“ S. 69 ff.
— „nach Ottensen“: wo sich die Villa des Onkels Salomon H.,
der seine Nichte Charlotte aussteuerte, befand. — „gleich nach
dem Tode Goethe’s“: scherzhafte Anspielung auf das intensive
Goethestudium Christiani’s, dem er den größten Teil seiner Muße-
zeit widmete. — „eine sehr gute Übung im Französischen“: Die
Braut Christiani’s war in Bordeaux geboren und ganz französisch
erzogen. — „meinem Oheim“: Salomon Heine.

16. „die verlangten Briefe“: die Rahel Varnhagen an Heine
geschrieben hatte, — „die französische Übersetzung der Zustände“:
„De la France“. Paris 1833. — „dem Übersetzer“: nach Betz,
Heine in Frankreich, S. 190 (auf Grund einer Notiz von P. Poussin):
A. Specht dagegen nach den „Blättern f. lit. Unterhaltung“
1842, S. 880: A. Michiels. — „hat ein hiesiger Deutscher die
Vorrede ergänzt“: „Vorrede“ zu H. H.’s Französischen Zuständen
nach der französischen Ausgabe ergänzt und herausgegeben von
P. G..g.r (Geiger nach Meyer, Heine-Bibliothek S. 38). —

Die „Rezension von Weiße": „Jahrbücher für wissenschaftliche Kritik", Mai 1833. — „Michel Chevalier": einer der eifrigsten Anhänger des Saint-Simonismus, mit dem H. viel verkehrte.

17. „einige Verse": erst 1843, bei ihrem Wiedersehen, hat Heine in das Stammbuch Andersen's das schwermütige Gedicht „Lebensfahrt" (Sämtliche Werke [Elster] I, 308) geschrieben.

18. „liebes Lottchen": die Schwester des Dichters, Charlotte Embden geb. Heine. — „Marie und Ludwig": deren ältere Kinder. — „Burgmüller": Norbert N., Komponist in Düsseldorf. — „Max": Maximilian Heine: der Bruder des Dichters.

22. „dem Improvisator Langenschwarz": der kürzlich in Rußland gewesen war und dort Maximilian H. kennen gelernt hatte. — „Karl": Karl Heine, der Sohn Salomons.

23. Von Karpeles in der „Neuen Freien Presse" 9. Juli 1905 abgedruckt. Vgl. meinen Aufsatz „Heine über Goethe." Berl. Tgbl. 1906 Nr. 476.

24. „Die Varnhagen in drei Bänden": Rahel, ein Buch des Andenkens für ihre Freunde. Berlin 1834.

25. „Mitteilung Ihrer Kunstkennerschaft": Anleitung zur Kunstkennerschaft, oder Kunst, in 3 Stunden ein Kenner zu werden. Hannover 1834.

26. von Legras, H. Heine poète, S. 399, veröffentlicht.

27. „Bücher über 20 Bogen": vgl. Geiger, Das junge Deutschland und die preußische Censur 1900, S. 5.

28. vgl. Legras, H. Heine poète S. 399.

29. „in einer Liebesgeschichte": Im Oktober 1834 hatte Heine seine spätere Frau „Mathilde", Crescentia Eugenie Mirat kennen und leidenschaftlich lieben gelernt.

31. „auf dem Schlosse einer schönen Freundin": der Fürstin Belgiojoso. — „Ihrem Bruder": Varnhagen von Ense.

33. „während Ihrer Gefangenschaft": Juli 1834 bis März 1835 in der Stadtvogtei später Hausvogtei in Berlin. — „nur die beifolgenden vier Gedichte": „Mitternachtszeitung": 2.—14. 1. 1836.

Sämtl. Werke (Elster) I, 240. II, 29. I, 243, 238. — „Ihren Roman": „Das junge Europa". — „an Wolff": O. L. B. Wolff, den Heine 1835 in Paris besuchte; er hat altfranzösische und alt=deutsche Lieder gesammelt, sich auch selbst als Romanschriftsteller usw. versucht.

35. „dem literarischen Greuel, der losgebrochen ist": die Verfolgungen des „Jungen Deutschland" durch den Bundestag. — „Dem Journal, das Sie jetzt zur Auferstehung bringen": die Mitternachtszeitung. — „ihrer neuen Revue": die „Deutsche Revue", von Gutzkow und Wienbarg begründet.

36. vgl. Legras, H. Heine poète S. 403.

37. „eine Literaturgeschichte von Schlesier": Schlesier, ein Mitläufer des „Jungen Deutschland", vor allem Journalist. — „Wienbarg": Ludolf W. (1802—72), Mitglied des „Jungen Deutschland", Verf. der „Aesthetischen Feldzüge" 1834 u. f. w. und vielgeschäftiger Journalist und Redakteur.

40. „Durch Herrn Savoye": ein ehemaliger Advokat aus Zweibrücken, der wegen Verbreitung revolutionärer Flugschriften zu zehnjähriger Landesverweisung verurteilt, mit Heine in Paris bekannt geworden war. — „von Ihrer Literaturgeschichte": Geschichte der deutschen Literatur. 4 Bde. Stuttgart 1839—40.

41. „Mathilde": Crescentia Mirat. — „das Meisterwerk von Giacomo": Meyerbeer's Hugenotten. — Levasseur: Mitglied der „großen Oper" seit 1828. — „das besprochene große Verlags=unternehmen": eine Gesamtausgabe von Heine's Werken. Vgl. Brief 45.

42. Von Legras a. a. O., S. 404, veröffentlicht.

45. „die Brodhagsche Buchhandlung" in Stuttgart. Die Verhandlungen wegen der Gesamtausgabe zerschlugen sich, wohl aber kam es zu einer Einigung in betreff einer Prachtausgabe des „Don Quixote" (1837), für die Heine eine Vorrede schrieb.

46. „die Wirkung meiner Menzeliade": in der Vorrede zum dritten Teil des „Salon". — „ein miserabler Wurm, der Doktor":

der Hamburger Professor W. der in den von ihm redigierten
„Kritischen Blättern der Börsenhalle" Heine's „Französische Zustände" arg mitgenommen hatte.

52. „der einliegende Korrespondenzartikel":

Stuttgart, den .. Oktober.

Die Taschenspielerkünste, womit Herr Wolfgang Menzel seit
so vielen Jahren seinen Mangel an gelehrter Bildung und Wissenschaft zu verbergen gewußt, sind in einer Streitschrift von Dr. Strauß
mit so gründlicher und doch faßlicher Kritik enthüllt worden, daß
der literarische Gaukler auch bei dem geistesärmeren Mittelstand
der Lesewelt allen Kredit verloren hat, und Baron Cotta genötigt
ist, damit der Skandal ein Ende nehme, die Redaktion des hiesigen
Literaturblattes in andere Hände zu geben. Die Broschüre „Über
den Denunzianten" hat jetzt auch auf die gesellschaftlichen Verhältnisse des Herrn Menzel einen schlimmen Einfluß geübt: einige
modernisierte Deutschtümler, sowie auch ein paar Dichterlinge von
der schwäbischen Schule, welche bis jetzt, aus Haß gegen die
Richtungen Heines und des übrigen jungen Deutschlands, den
Denunzianten desselben protegierten, drohen sich jetzt ebenfalls
von ihm abzuwenden, und haben ihm einen Termin gestellt, binnen
welchem er, zur Wiederherstellung seiner Ehre, die von Heine
gebotene Genugthuung annehmen, oder ihre Gesellschaft auf immer
meiden müsse. — Soviel ist gewiß, daß Herr Menzel jetzt Stuttgart verlassen will und bereits Anstalten trifft, sich nach Walden-
burg in Schlesien zurückzuziehen, wo ihm sein Stiefvater, der bekannte Ökonom Elsner, der in der Viehzucht einen Namen er-
worben, die günstigste Aufnahme zugesagt hat.

53. „Über Ihre goldene Federgeschichte": Die Redaktion
des „Telegraphen" hatte eine goldene Feder als Preis für das
beste lyrische Gedicht ausgesetzt. (Karpeles). — „ein hübsches
Zwischenbüchlein": die geplante Biographie Grabbes?

54. „mein Projekt mit Heideloff": wohl der Plan eines
„Almanachs" gemeint.

56. „ich beschäftige mich mit einer sehr ingeniösen Um=
wandlung desselben": gemeint ist der Plan einer Monatsschrift
„Paris und London".

58. „Schwabenspiegel": Heine's Angriff gegen die Dichter
der „schwäbischen Schule", Schwab, Kerner, Pfizer usw., die
ihn, besonders Pfizer, heftig befehdet hatten. Geschrieben ist der
„Schwabenspiegel" im Frühjahr 1838, gedruckt wurde er, sehr
verzögert und verstümmelt, im Jahrbuch der Literatur. — „Dellove":
der Pariser Verleger von „Shakespare's Mädchen und Frauen",
einer Sammlung von Stahlstichen, zu der Heine den Text ver=
faßt hatte. — „Vornstedt", „Wihl", „Beurmann" verkehrten im
Hause Heine's in Paris, lohnten ihm aber schlecht die Gastfreund=
schaft, indem Beurmann Ende 1837 einen gehässigen Artikel
über Heine veröffentlichte, Wihl schrieb 1838 in Gutzkows
„Telegraph", der im Verlage von Hoffmann und Campe erschien,
einen Angriff gegen ihn.

59. „die verlangten biographischen Notizen": vgl. Anm. 13.
— „Ihre völlige Freiheit": Im Januar 1839 durfte Laube
Muskau, wo er den Rest seiner Haft verbrachte, verlassen. —
„Das Jahrbuch selbst": „Jahrbuch der Literatur". hrsg. von
Gutzkow, im Verlage von Hoffmann und Campe. I. 1839.

60. „einige Worte Vorrede, vielleicht in metrischer Form":
Sämtl. Werke (Elster) S. 8 ff.: „Das ist der alte Märchen=
wald . . . ." — „Schiffs ‚Gevatter Tod'". Hermann Schiff, ein
Vetter Heine's, Journalist und Verfasser von Novellen und vor
allem jüdischen Geschichten.

62. „aus der ‚Eleganten Welt'": Heine ließ dort (Nr. 75,
am 18. April 1839) einen offenen Brief an Campe „Schrift=
stellernöten" (Sämtl. Werke [Elster] VII, S. 338 ff.) abdrucken —
„jene Erklärung": im ‚Telegraphen' 1839, Nr. 34: „die Antwort von
Hoffmann und Campe auf Heine's Erklärung" in Sachen des
„Schwabenspiegels" in der „Zeitung f. d. elegante Welt" 1839,
Nr. 28. — „Therese Levasseur": die Geliebte Rousseaus.

63. „von dem neuen Verluste": dem Tode von Varnhagens Schwester, Rosa Maria Assing.

66. „den ‚Telegraphen'": Nr. 137. 138. August 1840: Vorrede zu Börne's Leben von K. Gutzkow.

67. „die darin erwähnte Broschüre": Ludwig Börnes Urteil über H. Heine.... Frankfurt a. M. Bei Johann David Sauerländer 1840.

68. „Gathy": der Musikschriftsteller August G., der mit großer Schwärmerei an Heine hing, vielfach zwischen ihm und Campe vermittelte und den Dichter 1831 in einer Broschüre als „Verkünder des Völkerfrühlings" gefeiert hatte. Vgl. Strodtmann, H. Heine's Leben und Werke II² S. 221 f.

69. „das schnöde Märchen": In seinem „Börne" hatte Heine, wie er selbst später zugab, unvorsichtiger Weise, Börne's Freundin, eine Frau Wohl, die spätere Gattin von Salomon Strauß aus Frankfurt a. M. beleidigt. Strauß reiste nach Paris und verbreitete in der deutschen Presse die unbewiesene Behauptung, er hätte Heine auf offener Straße geohrfeigt. Später, nach vielem Hin und Her, kam es (7. September 1841) zum Duell, bei dem Heine, der selbst in die Luft schoß, leicht verwundet wurde.

70. „das infame Dreimännerzeugnis": Die Wahrheit der Behauptung von Strauß (vgl. die vorhergehende Anm.) wurde durch einen Dr. med. Schuster, einen Journalisten Rolloff und einen gewissen Anton Hamberg bezeugt, doch stellte sich heraus, daß keiner bei dem Vorfall zugegen gewesen war. (Vgl. Sämtl. Werke [Elster] VII, 13.) — „mein Sekundant": Dr. Heinrich Seuffert, der Pariser Korrespondent der Augsburger „Allgemeinen Zeitung". — „einer der Straußschen Sekundanten: der Arzt Raspail und eben jener Hamberg.

73. Im „Mephistopheles" veröffentlichte Fr. Steinmann, ein Jugendfreund Heine's, einige Studentenbriefe des Dichters. — „Gathy": vgl. Anm. 68.

74. „Die Ungerechtigkeit, die man gegen Sie ausübt": Die preußische Regierung hatte 1841 ein Verbot über den gesamten

Verlag von Hoffmann und Campe verhängt. — „unseren großen
Dramatiker": Gutzkow, der sich seit 1839 (zuerst „Richard Savage")
mit viel Erfolg dem Drama zugewandt hatte.

75. „Das Brautpaar": eine Tochter seiner Schwester Charlotte hatte sich mit einem Herrn von Voß verlobt. — „Mein
Haarseil im Nacken": das Haarseil ist eine ursprünglich aus
Haaren, später aus Seide oder Wolle dargestellte Schnur, welche
durch einen Wundkanal gezogen wird, um in demselben Entzündung
und Eiterung zu erzeugen und zu unterhalten. Man benützte es,
Geschwülste durch Eiterung zu zerstören, große Abscesse zu ent-
leeren usw. (Eulenburgs Real-Encyklopädie III, 392 ff.).

77. „Armand Heine": ein Vetter des Dichters, später Mit-
inhaber des Bankhauses Oppenheim & Foulb in Paris.

79. Von K. E. Franzos in der „Deutschen Dichtung",
Bd. 35, H. 1. 1903 mitgeteilt. Amalie M., die Mutter des
Komponisten hatte soeben ihren jüngsten Sohn Heinrich ver-
loren. (Vgl. die Äußerungen Heine's über ihn: (Sämtl. Werke
[Elster] VI, 46 ff.). — „bei der vortrefflichen Nonne": wohl
scherzhafte Bezeichnung Amalie M.'s im Familienkreise.

80. „Daß Sie wieder die ‚Elegante' eingenommen": Laube
übernahm Ende 1842 von neuem die Redaktion der „Zeitung für
die elegante Welt". — „ein kleines humoristisches Epos": „Atta
Troll".

81. „Seuffert": Dr. Heinrich S., der Pariser Korrespondent
der „Allgemeinen Zeitung". — „eine Parallele zwischen der
Rachel und der Dorval": die beiden berühmten Schauspielerinnen.

83. „Statt der mißfälligen Cancan-Strophe": Kaput I,
Strophe 6. (Sämtl. Werke [Elster] II, 355. — „Seuffert": vgl.
Anm. 81. — „Voß": der Verleger der „Zeitung für die elegante
Welt."

84. „ein Haarseil": vgl. Anm. 75.

89. vgl. Legras, H. Heine, S. 405. — „M. Cousin":
der berühmte französische Philosoph.—„dans l'un de ces numéros":
„der Allgemeinen Zeitung". Vgl. Sämtl. Werke (Elster) VI,

408 ff. — „Leroux": Philosoph, Journalist und Sozialist, An=
hänger des Saint=Simonismus. — „le beau secrétaire": Mignet.
— „Daunou": Politiker und vielseitiger Schriftsteller und Jour=
nalist. Er war bis zu seinem Tode (1840) beständiger Sekretär
der „Akademie der Inschriften". — „M. Stolz": der Übersetzer
von Mignet's „Notices et mémoires historiques".

90. Die Briefe an Mathilde wurden — in deutscher Über=
setzung — zuerst im „Nachlaß" 1875 veröffentlicht. — „Madame
Darte": in deren Pensionat Mathilde zurückblieb. — „die
Aurecia", eine Freundin Mathildens.

91. „den obersten der Tröpfe". Alexander Weill? vgl.
Karpeles, H. Heine 1899, S. 260 ff.

97. In Maximilian Heine's Erinnerungen S. 175 mit=
geteilt.

99. Von Karpeles im „Lotsen" Hamburg 1901, Heft 36,
veröffentlicht, aber wohl irrig in die Jahre 1829—31 gesetzt,
während Elster ihn auf 1843 datiert. Vgl. auch Meyer,
Heine=Bibliothek S. 170. — „den Custine": wohl „Madame de
Varnhagen par le Marquis de Custine", Londres 1838,
gemeint.

101. „Bückeburg": Der Großvater Heine's, Samson H.,
stammte aus Bückeburg.

103. „ein höchst humoristisches Reise=Epos": „Deutschland,
ein Wintermärchen". — „in betreff Rothschild's": Heine hatte
das Erscheinen einer von Fr. Steinmann verfaßten, heraus=
fordernden Geschichte des Hauses Rothschild im Verlage von Hoff=
mann und Campe zu verhindern gewußt. — „meine Gedichte aus
der Ruge'schen Revue". In den von A. Ruge und K. Marx
herausgegebenen „Deutsch=Französischen Jahrbüchern", 1844, H. 1. 2.,
erschienen die „Lobgesänge auf König Ludwig [von Bayern] von
Heinrich Heine". Sämtl. Werke (Elster) II, 169 ff.

104. „mein großes Gedicht": „Deutschland, ein Winter=
märchen". — „die Personenschilderungen der verstorbenen Freunde":
vgl. die an den größten Teil der Genannten gerichteten Briefe

und das Adressaten-Verzeichnis in Bd. 1. — „bei Laube": in
der „Zeitung für die elegante Welt".

105. Von K. E. Franzos in der „Deutschen Dichtung"
Bd. 17, S. 191 veröffentlicht; von Elster, „Deutsche Rund=
schau" 91, S. 400 wieder abgedruckt und erläutert. — „Den
einliegenden Artikel": Der Aufsatz über Heine's Jugendfreund
„Ludwig Marcus" (Werke [Elster] VI, S. 111 ff.). — „Seuffert":
vgl. Anm. 81. — „Mme. d'Angoult": die Freundin von Franz
Liszt, deren vertraute Beziehungen zu ihm sich aber gerade in
dieser Zeit lockerten und die fortan gegen ihn intrigierte; in der
„Allgemeinen Zeitung" schrieb sie allerdings nicht über ihn, gab
aber im nächsten Jahre in ihrem Roman „Nélide" eine nur
wenig verhüllte Darstellung ihres Verhältnisses zu ihm. — „über
Lehmann": wahrscheinlich der Maler Heinrich L., der „Rafael
des Hamburger Ghetto" vgl. Heine's Gedicht: König Langohr I
(Sämtl. Werke [Elster] II, 192 ff.).

106. Von La Mara in „Briefe hervorragender Zeitgenossen
an Franz Liszt". Bd. 1, 1895 unter Nr. 30 veröffentlicht . .
Undatiert. — Die Datierung geht daraus hervor, daß Liszt am
25. April sein letztes Konzert gab und Heine den „Artikel"
über Konzerte (vgl. Sämtl. Werke [Elster] Bd. VI, S. 441 ff.),
wie er im Brief 105 vom 22. April schreibt, erst umarbeiten will,
vgl. auch Elster, Deutsche Rundschau 91, S. 398 f.

107. „das Schicksal meines Manuskripts": „Neue Gedichte
von H. Heine". Enthielten auch das „Wintermärchen" und er=
schienen im September.

109. „Pauline . . . ." Freundinnen und Mitbewohnerinnen
der Pension der Madame Darte, in der Mathilde während Heines
Abwesenheit lebte.

112. Legras, Henri Heine poète, S. 406. — „à Chaillot,
no. 101": die Pension der Madame Darte.

113. In der „Neuen Zeit", Jg. 14., B. 1., S. 14 f., 1896
veröffentlicht. — „Weitling": Wilhelm W., von Haus aus
Schneider, erlitt wegen seiner kommunistischen Broschüren „Die

Garantien der Gesellschaft" und das „Evangelium der armen
Sünder" die heftigsten Verfolgungen (vgl. Heines „Geständnisse"
Sämtl. Werke [Elster] VI, 44 f.). — „Teilnahme am ‚Vorwärts'":
einer von Bernays und Börnstein in Paris herausgegebenen deut=
schen Zeitung. — „Mein Buch": die „Neuen Gedichte". —
„mein großes Gedicht": „Deutschland, ein Wintermärchen". —
„eine Vorrede": Sämtl. Werke (Elster) II, 427 ff. — „Heß":
bekannter Pädagoge in Frankfurt a. M. Er war seinerzeit zum
Ehrenmitglied jenes „Vereins für Kultur und Wissenschaft der
Juden" ernannt worden, dem Heine während seiner Berliner
Studentenzeit angehörte. — „Jung": Alexander J., der Verf.
der „Ausstellungen über Heinrich Heine" im „Literarischen Zodiakus",
1835, Augustheft. Trotz allem Tadel gegen den Politiker und
Journalisten, hatte er dem Dichter begeistertes Lob gespendet. —
„Weill": Alexander W., Deutschfranzose, eifriger Journalist, Verf.
der „Elsässer Dorfgeschichten", zu denen Heine eine Vorrede schrieb.
Später wurde das Verhältnis zu W., der aus einem eifrigen
Republikaner ein Anhänger des zweiten Kaiserreichs wurde, kühler.

116. „den Fall": den Tod Salomon Heine's. — „Therese":
Therese Halle, die Tochter Salomons. — „Karl": „Karl Heine",
Sohn Salomons. — „Onkel Henry": der jüngste Bruder
Salomons.

117. „wegen des Testamentes": Salomon Heine hatte den
Dichter nur mit 8000 M. bedacht; von Weiterzahlung der Rente
war im Testament nicht ausdrücklich die Rede. — „Sieveking":
der Hamburger Syndikus Karl S., in dessen Hause Heine freund=
schaftlich verkehrt hatte. — „Halle": Dr. Adolf H., der Gatte der
jüngsten Tochter Salomons, Therese.

119. „am ‚Vorwärts'": vgl. Anm. 113.

122. „Madame Straus": vgl. Anm. 69. — „die Stellen" . . . . .
im „Börne".

124. Humboldt's Bemühungen waren vergeblich. Vgl. seine
Antwort bei Strodtmann, H. Heine's Leben und Werke II²,
S. 336 f.

125. „Brief wegen Mendelssohn": Felix Mendelssohn-
Bartholdy, in dessen Elternhaus Heine in Berlin verkehrt und
den er in Paris wieder getroffen hatte. — „noch nie hat jemand
so viel für mich getan": Lassalle kehrte im Januar 1846 von
Paris [nach] Berlin zurück und suchte Heine's Berliner Freunde
für eine Vermittlung in der Erbschaftsangelegenheit des Dichters
zu gewinnen. So gelang es ihm den Fürsten Pückler zur Abfassung eines Schreibens an Karl Heine zu veranlassen. Vgl.
„Briefwechsel und Tagebücher des Fürsten H. v. Pückler-Muskau"
Bd. III, S. 405 ff. — „Grün": Anastasius G. (Graf Auersperg,
der Verf. der „Spaziergänge eines Wiener Poeten", den Heine
im Winter 1837/38 kennen gelernt hatte und der ihn noch später
wiederholt in Paris besuchte. — „Musenalmanach von Püttmann": „Album", Borna 1847, brachte von Heine: „Pomare" 1.2.3.
(Sämtl. Werke [Elster] I, 345 ff.); „Wenn dich ein Weib verraten hat ...": a. a. O. S. 294; „An die Jungen" ebd. S. 410;
„Karl I" ebd. S. 342; „Die schlesischen Weber", ebd. Bd. II,
S. 177. — „Sieveking": vgl. Anm. 117. — „Dieffenbach":
ein Jugendfreund Heine's, der in Berlin inzwischen als Chirurg
berühmt geworden war. Heine hatte ihn konsultieren wollen, da
dies vereitelt war (vgl. Brief 124), hatte Lassalle ihn wohl mündlich für den kranken Freund um Rat gefragt. — „Roger": der
Heine befreundete Sänger. — „mein Ballett": „Die Göttin
Diana". (Sämtl. Werke [Elster] VI, 99 ff.). — „Ealmonius":
der Schwager Lassalle's, Ferdinand Friedland aus Prag, der
den Dichter bei seinen Finanzoperationen unterstützte und den
Heine, mit einer Anspielung auf den Hofbankier Friedrichs des
Großen, seinen „Ealmonius" nannte. Vgl. A. Meißner's
„Erinnerungen", S. 15 ff.

127. Von Karpeles in der „Deutschen Revue" 22, S. 159,
veröffentlicht. — „den Pückler'schen Brief": vgl. Anm. 125.

128. Von Elster in der „Deutschen Rundschau" 91, S. 401 ff.
veröffentlicht. — „zu einem Auftrage": geht wahrscheinlich auf

eine Unterſtützung Laſſalle's in dem Streit ſeiner Freundin, der Gräfin Hatzfeldt mit ihrem Gatten.

129. „eine falſche Todesnachricht": vgl. Strodtmann, H. Heine's Leben und Werke II², 337. — „meinen Nekrolog": „Literariſche Zeitung" vom 15. Auguſt 1846. — „Monſieur Straus": vgl. Anm. 69.

131. „das Manuſkript": des Tanzpoems „Doktor Fauſt" — Es iſt nicht aufgeführt worden. Erſchien in franzöſiſcher Sprache in der „Revue des Deux mondes", deutſch 1851 bei Hoffmann und Campe. — „mein Brief": „Erläuterungen". Sämtl. Werke (Elſter) VI, 495 ff.

133. „Chriſtine Trivulzi": Familienname der Fürſtin Belgiojoſo.

134. „ein Ballet von mir": „Doktor Fauſt, ein Tanzpoem" — In Wahrheit iſt es nicht aufgeführt worden.

135. Von Karpeles in der „Neuen Freien Preſſe", 18. Februar 1906, veröffentlicht. — „Signora Erneſta": die Freundin Gautiers Erneſta Griſi.

139. „in der Kriſis meiner Kur": Kurz vor Ausbruch der Revolution hatte Heine eine Heilanſtalt aufgeſucht. — „auf der Penſionsliſte": Im März 1848 hatte die „Revue rétrospective" eine Mitteilung über die Penſion, die Heine aus den geheimen Fonds der Regierung Ludwig Philipps erhielt, gebracht.

141. „Schattenküſſe, Schattenliebe …": „Seraphine" 9. Sämtl. Werke (Elſter) I, 229.

143. „Odilon Barrot": der bekannte Politiker; Heine hatte ihn bereits 1831 in Boulogne sur mer kennen gelernt.

144. „Dein Brief": mit der Nachricht vom Tode ihrer jüngſten Tochter.

146. „Folgen ihres Leichtſinns": Sie war gefallen und hatte ſich dabei den Fuß verrenkt. — „meine ſogenannte Bekehrung": vgl. darüber Strodtmann, H. Heine. II² 374 ff.

147. Von A. v. Weilen in der „Neuen Freien Preſſe", 11. Februar 1906, veröffentlicht. — „Herrn Bamberg": Felix B.,

der Freund Hebbels und Herausgeber seiner „Briefe" und „Tagebücher". — „einen Bruder in Wien", Gustav H.

148 a und b. Die beiden Briefe an den Vater Ferdinand Lassalles
wurden mir freundlichst von der Buchhandlung von Gilhofer und
Ranschburg in Wien, in deren Besitz sie sich befanden, zur Verfügung gestellt. — „Friedland": Ferdinand F., der Schwager
von Ferdinand Lassalle und Heines Berater in Geldgeschäften.

149. „die dritte Säule meines lyrischen Ruhmes": der
„Romanzero".

150. „die beiliegenden Gedichte": „Altes Lied": Sämtl.
Werke (Elster) I, 413. — „Das goldene Kalb" ebb. S. 355. —
„Nächtliche Fahrt" ebb. S. 369. — vgl. Hüffer, H. Heine
S. 108 ff.

151. „l'article de Chasles": Ein Artikel Philarete Chasles
über Heine erschien bereits 1835 in der „Revue de Paris". —
„la date de ma naissance": vgl. H. Hüffer, H. Heine S. 261.

156. „das Datum meiner Geburt": Der 13. Dezember 1797
gilt jetzt allgemein als Heines Geburtstag. Zeugnisse und Exkurse
zu dem Streite für und wider dieses Datum findet man besonders bei Elster, Vierteljahrschrift für Literaturgeschichte Bd. 4
und H. Hüffer, H. Heine S. 245 ff.

160. „la traduction de mes poésies": in der „Revue
des deux mondes" vom 1. November 1854: „le livre de
Lazare". — „l'infâme perfidie": Man hatte in der „Augsburger Allgemeinen Zeitung" vom 21.—26. September 1854 eine
unberechtigte Rückübersetzung der „aveux d'un poète de la
nouvelle Allemagne par H. Heine" aus der „Revue des
deux mondes" vom 15. September veröffentlicht.

161. Legras, H. Heine poète S. 114. — „la préface":
die sich gegen die ehemaligen Saint-Simonisten richtete. —
„Enfantin": Prosper E., einer der Führer des Saint-Simonismus.

162. „ma dernière publication allemande": „Vermischte
Schriften von Heinrich Heine". 1854.

163. „Gruby": Dr. G., ein geborener Ungar, war Heines
Arzt seit 1849.

164. Die Briefe an Camille Selden sind in deren Buche
„les derniers jours de Henri Heine" 1884 enthalten. — Ich
habe versucht, die aufgenommenen undatierten Schreiben mit den
datierten in eine plausible zeitliche Folge zu bringen.

169. „mein Serinsky": Heines Sekretär.

— ———————

Adressaten-Verzeichnis.

Andersen, H. C. Heine lernte den dänischen Dichter 1833
in Paris kennen, wo er ihn auch zehn Jahre später noch einmal sah. Vgl. auch Äußerungen Heines über A. in den
„Erinnerungen an H. Heine von Heinrich Rohlfs". Garten-
laube 1862, S. 488. — Nr. 17.

Assing, Rosa Maria, die Schwester Varnhagens, die den Arzt
und Schriftsteller Dr. Assing geheiratet hatte, in dessen Hause
Heine in Hamburg freundschaftlich verkehrte. Nr. 31.

Belgiojoso, Christine von. Heine verkehrte gleich nach seiner
Ankunft in Paris viel in ihrem Hause und besuchte sie auf
ihrem Landgut. Nr. 26. 28.

Bundesversammlung. Nr. 39.

Campe, Julius. Vgl. das Adressaten-Verzeichnis von Bd. I.
Nr. 11. 27. 32. 34. 37. 38. 43. 46. 47. 53. 58. 60 bis
62. 64. 66—68. 70. 71. 73. 74. 86. 103. 104. 107.
115. 117. 119. 121. 129. 140. 149.

Chevalier, Michel. Heine hatte ihn bei seiner Ankunft in
Paris in den Reihen der Saint-Simonisten getroffen und war
auch später, trotz allem Gegensätzlichen in prinzipiellen Fragen,
mit ihm oft zusammen. Nr. 161.

Chezy, Helmina v., lernte Heine als Berliner Student im Hause
der Frau von Hohenhausen kennen; 1835 sahen sie sich in
Paris wieder. Nr. 24.

Christiani, Rudolf. Heine war mit Christiani seit 1823, wo
sie sich in Lüneburg kennen gelernt hatten, befreundet. Im
Jahre 1833 verlobte sich Christiani mit einer Cousine Heines,
der Tochter Isaak Heines. Vgl. die Briefe an ihn im
ersten Bande dieser Ausgabe. Nr. 15.

Cotta, Johann Friedrich von. Vgl. das Adressaten-Verzeichnis
von Br. I. Nr. 4. 5.

Detmold, J. H. Vgl. das Adressaten-Verzeichnis von Br. I.
Nr. 25. 48. 52. 54. 111. 118.

Dumas, Alexandre, verkehrte mit Heine häufig in Paris bis
zu dessen Tode. Nr. 157.

Embden, Charlotte. Vgl. das Adressaten-Verzeichnis von
Br. I. Nr. 19. 72. 76—78. 82. 102. 108. 116. 141. 142.
144. 156.

Gautier, Théophile. Seit G. eine höchst anerkennende Besprechung der „Reisebilder“ 1837 geschrieben hatte, trat ihm
Heine persönlich nahe und unterhielt einen regen Verkehr mit
ihm. Nr. 135.

Guizot. Seit 29. November 1840 Minister der auswärtigen
Angelegenheiten, gewährte Heine den Weiterbezug einer
französischen Staatspension. Er interessierte sich lebhaft für
deutsche Literatur. Nr. 162.

Gutzkow, Karl, forderte 1835 Heine zur Mitarbeit an der
„Deutschen Revue“ auf, die er gemeinschaftlich mit Wienbarg
plante. Gab später den „Telegraphen“ in Campes Verlag
heraus. Nr. 57.

Halle, Therese, die Tochter Salomon Heines. Nr. 99.

Heine, Betty, die Mutter des Dichters. Nr. 18. 20. 75. 76.
81. 87. 88. 114. 120. 132. 134. 136. 137. 139. 142. 146.
152. 154. 155. 159.

Lévy, Michel, der Pariser Verleger von „Lutèce", „De l'Allemagne", „Poèmes et légendes". Nr. 171. 177.

Lewald, August, hatte Herbst 1827 Heine flüchtig in Hamburg kennen gelernt und sie sahen sich fortan häufiger, auch noch in Paris. Nr. 29. 11. 15. 55.

Liszt, Franz, lernte Heine gelegentlich seiner Pariser Konzerte kennen. Nr. 106.

Lumley, Benjamin, Direktor von „Her Majesty's Theatre" in London, veranlaßte ihn 1846 zum Faust=Ballett. Nr. 131.

Marx, Karl. Marx war im Herbst 1843 nach Paris gekommen, um die französischen politischen Zustände und besonders den Sozialismus kennen zu lernen. Nr. 113.

Merckel, Friedrich. Vgl. das Adressaten=Verzeichnis von Bd. I. Nr. 8.

Meyerbeer, Giacomo. Nr. 21.

Meyerbeer, Amalie, die Mutter des Komponisten. Nr. 79

Mignet, der berühmte Historiker, mit dem Heine bald nach seiner Ankunft in Paris einen regen Verkehr begann und den er auch später zu einem seiner Testamentsvollstrecker ernannte. Nr. 36. 42. 89. 143.

Moltke, Graf Magnus von, dessen Anschauungen über den Adel Heine in seiner Vorrede zu den „Kahldorfschen Briefen" entgegengetreten war, lernte der Dichter in Paris flüchtig persönlich kennen. Nr. 3.

Moser, Moses. Vgl. das Adressaten=Verzeichnis von Bd. I. Nr. 2. 44.

Mouche, die. Vgl. Selden, Camille.

Pückler=Muskau, Hermann Fürst, hatte Heine Ende der dreißiger Jahre und öfter in Paris besucht und ein freundschaftliches Verhältnis mit ihm angeknüpft und ihn auch in dem Erbschaftsstreit auf das loyalste unterstützt. Nr. 158.

Schloß, Michael, der Verleger der „Rheinischen Musikzeitung"

in Köln wandte sich, gelegentlich eines Preisausschreibens für
Liederkompositionen, 1851 auch an Heine mit der Bitte um
einen geeigneten Text. Nr. 150.

Selden, Camille. Heines „Mouche" (so nannte er sie nach
einem Emblem ihres Siegelringes); eigentlich hieß sie Elise
v. Kriniz. Sie lernte den Dichter erst 1855, kurz vor
seinem Tode, kennen und wurde der Trost und das Glück
seiner letzten Monate. Vgl. ihre eigenen Aufzeichnungen:
„Les derniers jours de Henri Heine". Paris 1884. In
deutscher Übersetzung: Jena 1884. Nr. 164—170. 172—176.

Taillandier, Saint-René, einer der erfolgreichsten Übersetzer
von Heines Werken in das Französische, der durch seine
Arbeiten besonders in der „Revue des deux Mondes" viel
zum Verständnis der deutschen Literatur in Frankreich beigetragen hat. — Nr. 151. 153. 160.

Thiersch, Friedrich, (1784—1860), seit 1826 ordentlicher
Professor der klassischen Philologie in München. H. ver-
kehrte während seines Münchener Aufenthaltes gern in dem
Hause des liberalen Mannes. Nr. 6.

Toussenel, Théodore. Einer der Hauptmitarbeiter am literarischen Teile des „Temps" und fruchtbarer Übersetzer aus
dem Deutschen in das Französische, unter anderem des
„Wilhelm Meister". Nr. 23.

Varnhagen von Ense, Karl August. Vgl. das Adressaten-
Verzeichnis von Bd. I. Nr. 1. 7. 12. 16. 56. 63. 94.
123. 127.

Wertheim, L. Freund und Arzt Heines in Paris. Nr. 122.
138. 163.

<hr>

Gesamt-Verzeichnis zu Band I. und II.

Moderne Zeitfragen

Wissenschaftliche Abhandlungen zur
Kultur der Gegenwart in Einzelheften

Herausgeber: Dr. Hans Landsberg.

Heft 13. Modernes Christentum Dr. Albert Kalthoff.
 „ 14. **Die Hamburg-Amerika-**
 Linie . . . **Prof. Dr. Karl Thieß.**

 „ 15. Der kommende Krieg { Major Karl v. Bruch-
 hausen.

 „ 16. Kuren und Bäder { Prof. Dr. med. Martin
 Mendelssohn.

 „ 17. Parlamentarismus
 und Sozialdemokratie Ed. Bernstein.

Weitere Essays von Professor Dr. Ernst Schweninger, Professor Dr. Theobald Ziegler, Felix Weingartner u. a. m.

Jedes Heft 1 Mark
im Abonnement —,80 Mark

Diese interessante Sammlung ist für jeden gebildeten Laien zur Orientierung auf fremden Wissensgebieten unentbehrlich. Die einzelnen Hefte sind von der Presse durchweg ausgezeichnet besprochen worden.

Ausführliche Prospekte stehen den Interessenten gern zur Verfügung.

MODERNE GEISTER

Herausgeber Dr. Hans Landsberg.

Eine Sammlung von Essays

zur Kunst und Literatur der Gegenwart.

===== Heft 1: =====

Ein Jahrhundert deutscher Malerei

von

Rudolf Klein.

128 Seiten mit 4 Vollbildern 1 Mark.

Die weiteren Hefte werden enthalten:

Essays über Strindberg, Frenssen, Hauptmann, Strauß, Brahms, Hense ꝛc.

Pan-Verlag, Berlin W. 35.